本书由北京师范大学中国社会管理研究院资助出版

儿童成长与社区教育

基于湘县的田野调查

CHILD GROWTH
AND COMMUNITY EDUCATION
Based on the Fieldwork in Xiang County

张网成　著

社会科学文献出版社
SOCIAL SCIENCES ACADEMIC PRESS (CHINA)

目 录

第一章　绪论

一　背景与问题 …………………………………………… 003

二　文献综述 ……………………………………………… 011

三　理论依据 ……………………………………………… 015

四　研究目的与内容 ……………………………………… 028

五　研究设计与实施 ……………………………………… 029

六　概念界定 ……………………………………………… 030

第二章　儿童成长的环境系统

一　乡镇环境 ……………………………………………… 037

二　村庄环境 ……………………………………………… 039

三　家庭环境 ……………………………………………… 043

四　儿童成长表现 ………………………………………… 060

小结 ………………………………………………………… 068

第三章　家庭教育现状

一　家庭教育主体 ………………………………………… 073

二　家庭教育价值观 ……………………………………… 079

三　家庭教育方式 ………………………………………… 083

四　家校合作 ……………………………………………… 090

五　家庭教育的社区支持 ………………………………… 094

六　家庭教育成效与问题 ………………………………… 104

小结 ………………………………………………………… 113

第四章 学校教育现状

一 农村学校教育简史 …… 117
二 学校基本信息 …… 121
三 家庭作业负担 …… 127
四 素质教育 …… 133
五 社区服务学习：校社合作 …… 135
六 家校合作 …… 139
小结 …… 145

第五章 社区教育现状

一 农村社区教育简史 …… 149
二 社区人文环境 …… 153
三 儿童社区活动 …… 164
四 社区组织活动 …… 173
五 社区安全隐患 …… 175
小结 …… 179

第六章 社区教育重建

一 对社区教育的潜在需求 …… 183
二 家长与儿童的参与意愿 …… 189
三 社区教育的作为空间 …… 196
四 社区教育的发展路径 …… 201
五 社区教育重建的关键举措 …… 216

参考文献 …… 219

第一章

绪论

一 背景与问题

中国农村社区正经历千年未有之巨变。农村社区的共同体结构及文化规范基础在快速消解的过程中失去了其原有的凝聚和联结能力，农村社区的资源要素包括社区成员在大规模甄别和分流的过程中要么被更强大的、建立在社会分工和交换价值基础上的社会吸纳，要么被暂留在社会体系之外。这是一个现代经济和现代社会革命传统经济和传统社区的历史进程。对于农村儿童来说，他们受教育的目的不再是成为合格的"社区人"或社区成员，而是要优先成为合格的"社会人"或社会成员，其受教育的环境不再是相对封闭的、稳定的熟人社区，而是开放的、迅速流动的陌生人社会。相应地，其受教育模式不再沿袭传统的"家庭教育+社区教育"二元社区教育模式，而是转向了"学校教育+家庭教育"的二元分工教育模式。① 不过，从各国的教育实践来看，二元分工教育模式最终会逐步转向"学校教育+家庭教育+社区教育"三元社会教育模式。

（一）三方教育政策建构

"家庭—学校—社区"三方合力的教育理念是目前公认的、解决现代儿童教育问题的最佳方案。三方合力的教育理念在20世纪90年代被引入中国，并很快得到官方的认可。1993年中共中央、国务院印发的《中国教育改革和发展纲要》就明确要求"全社会都要关心和保护青少年的健康成长，形成社会教育、家庭教育同学校教育密切合作的局面"。从政策建构的角度来看，以教育部为主要承载主体的"三方教育"政策体系的建构主要是围绕建立和完善"家校合作"和"校社合作"两条主线展开的。沿着"家校合作"主线，1994年出台的《中共中央关于进一步加强和改进学校德育工作的若干意见》第15条明确提出了"要通过家长委员会、家长学

---

① 这一教育模式内含的假设是，学校和家庭采取一致行动，可以确保儿童获得和谐、全面的发展。不过，家庭和学校在儿童教育上有着明确的分工，前者主要负责学龄前儿童教育，后者主要负责学龄儿童教育。推动二元社区教育模式向二元分工教育模式转化的关键是现代社会的功能分化和义务教育制度的确立。随着这种教育模式的转化，家庭教育中父亲主要负责向母亲主要负责转移。

校、家长接待日等形式同学生家长建立经常联系,大力普及家庭教育知识,吸收家长参加德育过程"。21世纪以来,《中共中央 国务院关于进一步加强和改进未成年人思想道德建设的若干意见》(2004年)、《国家中长期教育改革和发展规划纲要（2010—2020年)》(2010年）等法律法规都对家长教育和家校合作等提出了"建立中小学家长委员会,引导社区和有关专业人士参与学校管理和监督"的明确要求,要求"学校、家庭、社会密切配合"。2012年教育部出台的《关于建立中小学幼儿园家长委员会的指导意见》更是国家层面出台的第一个专门规范家校合作的法规,根据这一文件,家校合作工作要上升为现代学校制度的组成部分。2015年教育部公布的《关于加强家庭教育工作的指导意见》再一次明确要求建立家长委员会、办好家长学校,要求"将家庭教育工作纳入教育行政干部和中小学校长培训内容,将学校安排的家庭教育指导服务计入工作量",充分发挥学校在家庭教育中的重要作用,推动家庭教育和学校教育、社会教育的有机融合。2017年教育部又在《义务教育学校管理标准》中明确要求"建立党组织主导、校长负责、群团组织参与、家庭社会联动的德育工作机制","拓宽师生、家长和社会参与学校治理的渠道,建立健全学校民主管理制度,构建和谐的学校、家庭、社区合作关系,推动学校可持续发展"。2021年新修订的《中华人民共和国教育法》在要求"未成年人的父母或者其他监护人应当配合学校及其他教育机构,对其未成年子女或者其他被监护人进行教育"的同时,也要求"学校、教师可以对学生家长提供家庭教育指导"。2021年10月23日第十三届全国人大常务委员会第三十一次会议通过的《中华人民共和国家庭教育促进法》(自2022年1月1日起施行)要求"中小学校、幼儿园应当将家庭教育指导服务纳入工作计划","定期组织公益性家庭教育指导服务和实践活动",预期能在一定程度上纠正目前"家校合作"中以学校为中心的做法,使家庭在"家校合作"中获得更加对等的地位和力量。不过,建立更加健康、平等的"家校合作"关系,不仅有赖于各种家庭教育促进措施增强家庭教育能力,也有赖于学校及其教师改变观念。

沿着"校社合作"的主线,1992年国务院发布的《九十年代中国儿童发展规划纲要》提出要坚持"动员社会力量,多渠道、多形式地发展幼儿教育"的方针,办好学前教育,"建立起以政府财政拨款为主、充分调动社会参与办学的有效机制,进一步缓解经费不足的紧张状况","发展社区教育,建立起学校(托幼园所)教育、社会教育、家庭教育相结合的育人机制","加强儿童校外教育、科技、文化、体育、娱乐等活动场所的建设"及"继续实施'希望工程',帮助家庭经济困难的儿童就学"。1995年,国家教委颁布了《少年儿童校外教育机构工作规程》,提出校外教育机构工作要实行"学校、家庭、社会相结合"的原则,"鼓励企业、事业组织、社会团体及其他社会组织和公民个人,依法举办各种形式、内容和层次的校外教育机构或捐助校外教育事业",但同时规定"校外教育机构开展各项活动不得以营利为目的,不得以少年儿童表演为手段,进行经营性展览、演出等活动"及"少年儿童校外教育机构教师应依照《教师法》的规定取得教师资格"。2004年教育部出台《关于推进社区教育工作的若干意见》,要求各级教育主管部门"积极抓好社区内的婴幼儿教育、青少年学生的校外素质教育,加强未成年人的德育工作"。2016年,教育部等九部门联合发布的《关于进一步推进社区教育发展的意见》既要求"社区教育机构要紧密联系普通中小学、青少年校外活动场所、社会组织等,充分利用社区内的各类教育、科普资源,开展校外教育及社会实践活动,为青少年健康成长提供良好的社区教育环境",也要求"有条件的中小学、幼儿园可派教师到社区教育机构提供志愿服务"。2017年,教育部在《义务教育学校管理标准》中要求学校"充分利用社会艺术教育资源,利用当地文化艺术场地资源开展艺术教学和实践活动,有条件的学校可与社会艺术团体及社区建立合作关系","通过考察探究、社会服务、设计制作、职业体验等方式培养学生创新精神和实践能力","引入社会和利益相关者的监督,密切学校与社区联系,促进社区代表参与学校治理"。2017年中共中央办公厅、国务院办公厅印发的《关于深化教育体制机制改革的意见》提出要建立"政府依法宏观管理、学校依法自主办学、社会有序参与、各方合力推进"的教育体制机制。2018年修正的《中华人民共和国义务教育法》提出要"形成学校、家庭、社会相互配合的思想道德教育体系,促进学生养成良好的思想品德和行为习惯"。2021年新修正的《中华人民共和国教育法》规定"企业事业组织、社会团体及其他社会组织和个人,可以通过适当形式,支持学校的建设,参与学校管理",也要求"学校及其他教育机构应当同基层群众性自治组织、企业事业组织、社会团体相互配合，加强对未成年人的校外教育工作"，而"学校及其他教育机构在不影响正常教育教学活动的前提下，应当积极参加当地的社会公益活动"。2021年10月23日第十三届全国人大常务委员会第三十一次会议通过的《中华人民共和国家庭教育促进法》也提到了"校社合作"，主要是要求"具备条件的中小学校、幼儿园应当在教育行政部门的指导下，为家庭教育指导服务站点开展公益性家庭教育指导服务活动提供支持"。

从上面的政策文本看，无论是在"家校合作"方面还是在"校社合作"方面的支持和合作都是双向的，合作方式也是多维度的。需要在此说明的是，虽然在逻辑上，"家庭—学校—社区"三方合作还应该包括"家社合作"，但这条主线在目前的政策中并没有像其他两条主线那样得到展开。① 这可能与政策制定者对于儿童之于社区教育的需求并未真正了解有关，也可能与教育部门无力承担儿童社区教育的主体责任有关。不管怎么说，"家庭—学校—社区"三方合力教育政策体系的建构已近三十年，它在多大程度上促进和协助农村的家庭、学校及社区教育主体做出了必要的调整和改变，以确保能为身处巨大社会变迁中的儿童提供足够的成长关爱和支持？这是本书关注的一个核心问题。

（二）农村儿童教育问题

令人遗憾的是，尚无迹象表明，家庭、学校和社区三方合力的成效足以抵消农村社区转型及市场化给农村儿童教育带来的不利影响。农村儿童教育形势依然严峻，而且还处于变得更加严峻的过程之中。这里用两个关键指标加以说明。

一个是升学率指标。计算《中国教育统计年鉴2010》和《中国统计年

---

① 《中华人民共和国家庭教育促进法》重申了要"建立健全家庭学校社会协同育人机制"，而且专门设立了"社会协同"一章来规范和促进"家社合作"，但真正涉及"家社合作"的只有三条：一是要求居民委员会、村民委员会"设立社区家长学校等家庭教育指导服务站点"，二是要求图书馆等"公共文化服务机构和爱国主义教育基地每年应当定期开展公益性家庭教育宣传、家庭教育指导服务和实践活动"，三是要求医疗保健机构对父母或其他监护人"开展科学养育知识和婴幼儿早期发展的宣传和指导"。事实上，除了第三条外，前两条规定并无新意，而第三条是否能够实施以及实施后能有多大效果都是未知数。基于以上考虑，笔者并不认为《中华人民共和国家庭教育促进法》是建构"家社合作"的基础性文件。如果没有社区教育重建，该文件的最终功能可能会局限于强化"家校合作"。

鉴2011》的相关数据可以发现，2009年全国农村初中升高中的比例仅为17.9%，相当于同年城镇初中升学率（92.1%）的19.4%，或1990年城镇初中升学率的31.8%；农村高中升大学的比例仅为23.6%，相当于同年城镇高中升学率（84.1%）的28.1%，或1990年城镇高中升学率的63.1%；而且城乡差距在持续扩大中，从1990年到2009年，农村初中升学率仅提高了8.1个百分点，而城镇初中升学率则提高了35.8个百分点；农村高中升学率提高了16.3个百分点，而城镇高中升学率则提高了46.7个百分点。① 近年来这种情况并没有发生根本变化。根据《中国教育统计年鉴2018》提供的数据，2017年全国乡村初中生毕业后升入普通高中的比例仅为13.36%，相当于同年城镇初中升学率（78.28%）的17.07%。

另一个是儿童行为问题检出率指标。从学界开展的实证研究成果看，21世纪以来农村儿童行为问题的检出率要明显高于城市儿童。② 如2002年哈尔滨市的调查结果显示，农村小学生和城市小学生的行为问题检出率分别为19.26%和11.38%；③ 2010年全国13个省市的调查显示，农村小学生和城市小学生的行为问题检出率分别为10.7%和7.2%；④ 2014年镇江市的调查显示，农村和城市6~16岁儿童行为问题的检出率分别为22.74%和19.75%；⑤ 2016年山东省12~16岁青少年行为问题调查显示，农村地区和城市地区的青少年行为问题检出率分别为15.80%和12.16%；⑥ 2016年中山市的调查显示，农村和城区3~6年级学生的行为问题检出率分别为9.95%和7.45%。⑦ 除了城乡差异外，调查还发现留守儿童的行为问题检出率要远高于非留守儿童，随迁子女的行为问题检出率高于当地儿童。如2009年对河南某县的调查发现，留守儿童行为问题检出率高达33.17%，

---

① 邓飞：《我国城乡教育公开的现状与发展测评研究》，博士学位论文，陕西师范大学，2012。
② 20世纪80年代末，在全国22个省市进行在校学生行为问题调查。根据上海市数据的分析，4~16岁儿童行为问题检出率为12.25%，城市与农村无明显差异。参见唐慧琴、忻仁娥、林霞凤《上海地区少年儿童行为问题调查（摘要）》，《上海精神医学》1992年第1期。
③ 武丽杰等：《哈尔滨市学龄儿童行为问题流行病学调查》，《中国学校卫生》2002年第6期。
④ 余晓敏：《小学生行为问题及影响因素研究》，博士学位论文，华中科技大学，2010。
⑤ 赵蓓等：《镇江市6~16岁儿童青少年行为问题检出率及社会能力调查》，《四川精神卫生》2018年第4期。
⑥ 郭伟桐：《山东省12~16岁青少年行为问题及社会能力流行病学调查》，硕士学位论文，山东大学，2020。
⑦ 何淑华等：《中山市学龄儿童行为问题及影响因素研究》，《预防医学》2019年第5期。

高于非留守儿童（22.69%）；① 2016 年民政部组织的全国农村留守儿童调查数据也显示，留守儿童行为问题的检出率高达 32.28%，远高于非留守儿童；② 2009 年苏州和宿迁的调查显示，苏州随迁子女（1~6 年级）的行为问题检出率为 21.8%，高于宿迁农村儿童行为问题检出率（16.3%），更高于苏州城市儿童行为问题检出率（8.8%）；③ 2013 年广西武鸣县的调查显示，城市随迁子女（3~6 年级）的行为问题检出率为 22.82%，高于农村留守儿童（18.45%）和农村非留守儿童（9.55%）；④ 2014 年广州市白云区的调查结果显示，随迁子女（1~6 年级）的行为问题检出率为 13.1%，高于本地儿童（8.5%）。⑤

上述升学率和行为问题检出率两项指标足以表明，农村儿童在成长过程中不仅面临日益增加的"成才"压力，而且面临越来越大的"成人"压力。无论是升学率还是行为问题检出率，都是个人、家庭、学校、社区等多种因素综合作用的结果。不过，从城乡升学率差异及其变动趋势看，学校是影响升学率至关重要的因素。学校作为重要的公共服务机构，长期以来执行的都是城市偏向（Urban Bias）发展战略。这种发展战略主要有人、财、物投入上的城乡区分和重点－非重点差异。21 世纪初推行的"撤点并校"教育改革和"划片区招生"政策，在很大程度上强化了城市偏向发展战略。尽管有些领域的城乡教育投入近年来有缩小的趋势，但总体上，政策的城市偏向一直没有发生根本改变。在每年度的财政投入中，有一部分会被当期消耗掉，还有一部分则会累积下来，使城乡中小学校在基础设施、教学环境、师资力量、教学质量、校园文化等软硬件方面的鸿沟不断扩大，并逐渐沉淀出"累积性因果效应"。⑥ 根据吴春霞等人的研究，1993~2005年，全国小学生均和初中生均的预算内公用经费城乡比累计分别达到

---

① 党云皓、姚梅玲：《农村留守儿童心理行为问题现状调查》，《中国妇幼保健》2010 年第 11 期。
② 胡宏伟、郭少云：《照顾状态与留守儿童行为问题——基于中国留守儿童数据调查》，《河北大学学报》（哲学社会科学版）2018 年第 3 期。
③ 陈宝林等：《苏州外来儿童心理行为问题特征分析》，《中国学校卫生》2010 年第 4 期。
④ 尹富权等：《留守流动儿童与城乡儿童的行为问题比较》，《中国健康心理学杂志》2014 年第 5 期。
⑤ 王栋：《广州市白云区学龄期流动儿童行为问题影响因素的比较分析》，硕士学位论文，南方医科大学，2015。
⑥ 韩俊：《基本公共服务均等化与新农村建设》，《红旗文稿》2007 年第 17 期。

32.54∶1 和 30.72∶1。① 在 2010 年《国家中长期教育改革和发展规划纲要（2010—2020 年）》提出城乡义务教育一体化之前，每年城乡教育财政支出差一直是比较大的。如 2009 年全国城镇普通小学生均教育经费为 5398 元，而农村普通小学生均教育经费只有 3842 元，前者比后者多 1556 元，前者是后者的 1.4 倍。② 2011 年起，义务教育财政投入的城乡差距迅速缩小，但差距始终存在。从近年来教育部网站上公布的全国教育事业发展情况看，中小学教育城乡差异的累积效应还在继续扩大中。如 2017 年全国城镇普通小学生均教育经费增加到 10670 元，而农村普通小学生均教育经费也相应增加到 9768 元，前者仍然比后者多 902 元，前者依然比后者高出 9.23%。③

在催生儿童行为问题的各项因素中，家庭教育是最重要的影响因素。与通常强调农村家庭教育能力受制于家庭教育支出能力④和家长文化程度⑤等因素的影响不同，本书更注重劳动力迁移带来的影响。这一点从流动儿童与非流动儿童、留守儿童与非留守儿童在行为问题检出率方面的巨大差异中可以看出。根据联合国儿童基金会的推算，2000 年我国共有流动儿童 1982 万人、留守儿童 2699 万人，合计 4681 万人；2015 年流动儿童增加到 3426 万人，留守儿童增加到 4061 万人，合计 7487 万人，占当年农村儿童总数 1.33 亿人的 56.29%。⑥ 儿童留守或流动，均与农民工尤其是外出农民工有关，是投资政策城市偏向和市场经济资源向城市集中等因素综合作用的结果。⑦

---

① 吴春霞、何忠伟、郑小平：《城乡公共品财政投入差距及影响因素分析——以农村义务教育为例》，《农村经济》2009 年第 5 期。
② 根据《中国教育经费统计年鉴 2010》和《中国教育统计年鉴 2010》计算得出。
③ 根据《2017 年全国教育经费执行情况统计公告》和《2017 年全国教育事业发展统计公报》计算得出。
④ 如 2017 年中国教育财政家庭调查结果显示，城市家庭生均教育支出为 1.01 万元，而农村家庭仅为 3936 元。参见魏易《揭开中国家庭教育支出的"盖子"》，《中国青年报》2018 年 1 月 15 日，第 10 版。
⑤ 如《2017 中国住户调查年鉴》数据显示，54.9% 的城镇家庭户主具有高中及以上学历，而 87.8% 的农村家庭户主具有初中及以下学历。
⑥ 联合国儿童基金会：《2015 年中国儿童人口状况——事实与数据》，https：//www.unicef.cn/reports/population-status-children-china-2015? a = show&c = index&catid = 226&id = 4242&m = content，第 8~9 页。
⑦ 一个有待关注的新现象是城镇流动儿童数量的迅速增长。根据联合国儿童基金会的报告《2015 年中国儿童人口状况——事实与数据》，城镇流动儿童数量已从 2000 年的 310 万人迅速攀升到 2015 年的 2826 万人。

从国家统计局发布的 2015～2020 年《农民工监测调查报告》提供的数据看，2015～2019 年全国农民工总量从 27747 万人逐渐增加到 29077 万人，外出农民工总量从 16884 万人逐步增加到 17425 万人；即便在 2020 年，农民工和外出农民工总量也分别达 28560 万人和 16959 万人。这意味着，随着新冠肺炎疫情得到有效控制，农民工和外出农民工的数量还会持续增长一段时间，尽管增速可能会放缓。相应地，农村留守儿童和流动儿童的总数还处于持续增长的态势，农村留守儿童及流动儿童占农村儿童总数的比例也会继续提高。儿童留守意味着监护人（半）缺位和家庭教育能力的下降，儿童流动意味着家庭监护能力不足和家庭教育功能降低。① 这两种情况都会对儿童教育产生不利影响。

从上面的分析可以看出，农村儿童的两大教育主体——学校和家庭，其教育能力受多种结构性因素的制约，很难在短期内扭转劣势，成为农村儿童成长友好型力量。简单地说，扭转农村儿童教育的不利局面，短期内很难依靠提升家庭和学校的教育能力来实现。在此背景下，社区教育作为第三方力量，能否为农村儿童健康成长提供更好的支撑，就成为一个特别值得考量的问题。之所以对农村社区教育有很高的期望，是因为其拥有巨大的可塑空间。自 1995 年中小学校实行双休日制度以来，② 加上寒暑假、节日长假，中小学生每年的闲暇时间长达 170 天，接近全年的一半。如果算上在学校学习和做家庭作业之外的时间，③ 那么有近 70% 的校外（除睡眠外）时间是留给家庭、社区和儿童自己的。而且，2009 年教育部颁发的《关于当前加强中小学管理规范办学行为的指导意见》（教基一〔2009〕7 号）和 2018 年教育部等 9 部门联合制定的《中小学生减负措施》（教基〔2018〕26 号）及 2021 年中共中央办公厅、国务院办公厅《关于进一步

---

① 历年的《农民工监测调查报告》都发现，升学难、费用高、孩子没人照顾是农民工家长反映频率最高的三个随迁子女教育问题。
② 1995 年 3 月 25 日，时任国务院总理的李鹏签署了国务院第 174 号令，发布《国务院关于修改〈国务院关于职工工作时间的规定〉的决定》，决定自 1995 年 5 月 1 日起实行双休日，即"国家机关、事业单位实行统一的工作时间，星期六和星期日为周休息日"。教育部门普遍自当年 9 月起实行双休。
③ 根据中国睡眠研究会 2019 年 3 月发布的《2019 中国青少年儿童睡眠指数白皮书》，我国 6～17 周岁青少年儿童中，超六成睡眠时间不足 8 小时，课业压力成为影响青少年儿童睡眠的第一因素。这说明，《中小学生减负措施》制定得很及时、很有必要。

减轻义务教育阶段学生作业负担和校外培训负担的意见》(中办发〔2021〕40号)的执行力度越大,"双减"工作成效越显著,这部分校外时间客观上就越长。① 在此背景下,家庭利用校外时间的能力越是受限,社区教育应该发挥的作用就越大。如果能充分利用好这些闲暇时间,社区教育不仅可以培养农村儿童的兴趣爱好、特长和适应社会生活的能力,而且可以通过"家社合作"弥补家庭教育的短板,通过"校社合作"提升学校教育的质量。究竟如何才能使农村社区教育的功能充分发挥出来?这将是本书重点关注的另一个核心问题。

二 文献综述

有关"家庭—学校—社区"三方合力教育和社区教育的研究有多个切入维度:有的选择理论论述,有的选择实务分析;有从观察家校合作入手的,也有从观察校社合作或家社合作入手的;有以介绍域外经验为己任的,也有以阐述本土实践为主的;有的偏重于解读政策文本,有的则更重视政策实施效果;等等。正因如此,从文献搜索的情况看,目前的相关成果还是比较丰富的。本书分别以"学校教育""家庭教育""社区教育"为主题词在CNKI上搜索(时间为2021年7月23日)发现,三类主题文献的现有量分别有93034篇、73045篇和32473篇;以"家校合作""家校协同"为主题词在CNKI上搜索,相关文献分别有7230篇和812篇;以"家社合作""家社协同"为主题词的文献分别有20篇和1篇;以"校社合作""校社协同"为主题词的文献分别有149篇和78篇;以"三方合作教育""家校社合作""三方协同教育"为主题词的文献分别有101篇、79篇和58篇。虽然这些文献未必都真的与家庭教育、学校教育、社区教育及"家校社"三方合力教育有关,但从上述数量关系中还是可以看出:第一,"三方教育"相关研究虽然已在儿童教育研究中有了一席之地,但整体上处于初始阶段、影响不大;第二,在家庭、学校和社区三者之间的双边关

---

① 目前政策走势显示,政策制定者试图通过推动学校和教师开展课后服务来解决"双减"带来的时"空"问题。但政策制定者显然高估了学校和教师的配合意愿和教师的课后服务能力,因此政策实施的效率和效果都不容乐观。

系讨论中，目前的研究偏重于家庭和学校之间的合作，关于家庭与社区、学校与社区合作的研究还比较少见，尤其是关于"家社合作"的研究可以说才刚刚开始——这与制度建设中"家社合作"维度发育不足的情况相一致；第三，关于"家庭—学校—社区"三方合力教育的研究总体上还很少。

进一步分析可知，在以"家校合作"为主题词的7230篇文献中，有7名作者的贡献量在10篇以上，单人贡献量在5篇以上的作者有20名，说明在"家校合作"研究方面已经会聚了较多的资深研究者。在以"校社合作"为主题词的149篇文献中，贡献最多的两名作者每人也只有3篇，另有两人各自贡献了2篇，其余都是每人1篇，说明在"校社合作"研究方面尚未出现资深研究者。在以"家社合作"为主题词的20篇文献中，尚未出现贡献2篇以上文献的作者，说明缺少关注或持续关注该领域的学者。在以"三方合作教育"为主题词的101篇文献中，实际上只有一名作者贡献了2篇；在以"家校社合作"为主题词的79篇文献中，有两名学者各贡献了3篇；在以"三方协同教育"为主题词的58篇文献中，实际上只有一名作者贡献了2篇。这说明，在三方合力教育方面，目前也缺乏资深研究者。总体来看，目前的研究力量主要集中在"家校合作"方面，而关于"家庭—学校—社区"三方合力教育的研究不仅总体上数量少，而且缺少资深研究者。但即便是关于"家校合作"的研究，也基本上"还停留在对工作的简单经验总结上，停留在政策诠释上，停留在对国外经验的零散介绍上，停留在家长教育、家庭教育以及德育功能等单项研究上，尚不能对政策和实践中存在的问题进行有效的指导"。[①]

目前学术文献中的研究力量分布，在很大程度上反映了三方合力教育的实践。从文献中关于三方合力教育实践的描述看，"家庭—学校—社区"三方合力教育尚未发挥"良性互动"作用，导致很多活动流于形式，交流的路径比较单一，合作层次较低。具体表现在三个方面：一是在家校合作、学校和社区共建活动中，许多学校缺乏整体规划，有的还未将这两项工作纳入学校整体的计划，致使组织的活动没有达到理想效果；二是三方合作多是单向的交流，缺乏双向的沟通，因而缺乏相互了解，不

---

① 吴重涵：《从国际视野重新审视家校合作——〈学校、家庭和社区合作伙伴：行动手册〉中文版序》，《教育学术月刊》2013年第1期。

能默契配合;① 三是三方合作的时间断断续续，合作的内容缺少前后呼应，缺乏连贯性，致使合作的效果不理想。② 相比较而言，家校合作的效果要好于校社合作及家社合作。但即便是家校合作，学校方面也是说的多，肯下功夫、"动真格"的少。③ 造成这种局面的原因有二：在家庭方面，家长缺乏参与意识，将教育看成学校的事，不能积极配合学校教育；在学校方面，对家校沟通持消极态度，怀疑家长的决策能力。④ 家校合作不力，不仅会增加教师的职业压力与职业倦怠，也会降低家长的教育功能，还会使学生生存于两个相互阻隔的情境中，导致学生焦虑、不适甚至身心发展异常。⑤ 关于学校和社区之间、家庭和社区之间的合作不畅问题，学界归纳了以下三个方面的原因：一是学校及家庭对社区参与学生教育还缺乏认同，二是社区缺乏参与学生教育的意愿和专业能力，⑥ 三是家庭、学校和社区三方之间尚未形成相互认同的教育理念，资源共享、平等合作的意识也有待加强。⑦

在文献回顾过程中，可以观察到三方合力教育实践存在一个明显的"简化"趋势，即"家校社合作"演变成对学生的全天候监控、"家校社合作"简化为家校合作、"家校合作"衰减为"家长配合学校"。之所以会出现这种现象，与传统上将学视为教的直接结果（教是自变量，学是因变量）的教育理念仍然根深蒂固有关。⑧ 在这种教育理念下，学校是一个输入与输出系统，学生是这个系统的输入对象与输出产品。为了保证输入

---

① 吴霓、叶向红：《学校、家庭、社区三方联动促进教育协调发展的现状及对策——基于北京市石景山区教育实践的思考》，《教育研究》2012 年第 12 期。
② 蒋秀江：《学校、家庭、社区三位一体的青少年心理健康教育模式研究》，《山东广播电视大学学报》2018 年第 2 期。
③ 吴重涵：《从国际视野重新审视家校合作——〈学校、家庭和社区合作伙伴：行动手册〉中文版序》，《教育学术月刊》2013 年第 1 期。
④ 岳瑛：《我国家校合作的现状及影响因素》，《天津市教科院学报》2002 年第 3 期。
⑤ 朱赛红：《教师与家长关系的现状分析——从几则案例说起》，《当代教育科学》2004 年第 2 期。
⑥ 梁达理：《基础教育学校、家庭、社区三方联动助推学生教育的信息技术模型建构研究》，硕士学位论文，北京邮电大学，2017。
⑦ 郭润明：《建立学校—家庭—社区教育共同体的条件探析》，《教育科学论坛》2015 年第 24 期。
⑧ 张永、张艳琼：《家校社合作的反思与重构：基于实践共同体的视角》，《终身教育研究》2020 年第 3 期。

产品的质量，学校需确保所有的学生都接受同样的教学；为有计划地输出产品，学校需要一种统一的教学评价体系。为保证所有学生在课程上都能获得同样的或相当的教学，学校会力图保证学生身体上的出席与心理上的专心。前者可以通过家庭成员监护、学校强制实现；后者需要通过纪律、处罚加以规范。学习的主体不再是学生，而是教师。高质量的"家校社合作"也就变成以学校和教师为中心的对学生的全方位监控，家庭、学校和社区都处于监控范围，家长、教师和社区组织代表等利益相关者则成为监控网络的节点。由于"社区"不像家长和学校那样具有强制性教育义务，"家校社合作"在实际操作过程中就逐渐简化为家庭与学校之间的合作。在以学校和教师为中心的教育制度和差序向上流动的升学制度的双重作用下，"家校合作"进一步衰减为"家长配合学校"。家长除了配合学校监督孩子完成家庭作业外，还要为孩子选择各种课外班。

笔者在文献回顾过程中观察到的另一个现象是，学术界普遍忽视了谁是社区教育主体的问题。与家庭和学校作为承担教育责任的独立的社会组织（机构）不同，与共同体渐行渐远的"空心化"社区不再是一个有独立内涵的概念。行政化程度越来越高的社区居委会/社区党委，可以算是一个社区社会组织，但它本身并不是社区，也不能代表社区。今天的农村社区与城市社区一样，是开放的，并非系统的、封闭的。社区内外有着各式各样宗旨、参差不齐但有可能从正反两个方面以直接和间接两种方式影响儿童教育和儿童成长的组织，包括企业、培训机构、个体工商户、娱乐群体、宗教团体、私立幼儿园、课外补习班、老年协会、养老机构、邻里互助小组、宗族、家庭、乐队、戏班等。在此背景下，迫切需要一个以社区儿童教育为己任的组织（或联合体），负责挖掘需求、整合资源、制定政策、执行规则。这是一个使社区教育发展成为开放系统的必要前提。如果没有明确的社区教育主导组织，法规政策关于社区教育的定位必然是模糊的，[①] 学术界关于社区教育及"家庭—学校—社区"三方合力教育的严肃讨论就很难开展起来，[②] 而实际发生的家庭和学校与现有社区内外各组织

---

① 吴遵民、赵华：《我国社区教育的"三无"困境问题研究》，《中国远程教育》2018年第10期。
② 曹瑞、麦清、郝琦：《校外教育、社区教育和社会教育概念分析》，《中国校外教育》2014年第S2期。

之间的合作就只能是零星的、盲目的、低效的甚至是冒险的。遗憾的是，社区居委会显然不是这样的组织，而我们目前也没有类似的组织。其结果是，在目前社会信任普遍缺失的情况下，家长和学校都避免跟这些组织合作，"家庭—学校—社区"三方合作实际上退化成家校合作。也就是说，"家校社合作"最终衰减为"家长配合学校"，这不仅是传统教学理念深嵌于学校教育制度设计和运行机制的结果，也与社区转型过程中未能重塑社区教育主体有关。

三 理论依据

在将家庭、学校和社区视为儿童成长过程中三类最重要的教育主体并且主张三者之间应该彼此支持的理论中，布朗芬布伦纳的人类发展生态学理论和爱普斯坦的交叠影响域理论是最负盛名的。

（一）人类发展生态学理论

人类发展生态学理论由布朗芬布伦纳（Urie Bronfenbrenner）1979年在《人类发展生态学》一书中首次提出。作者将人类发展生态学（The Ecology of Human Development）理解为"对不断生长的有机体与其所处的变化着的环境之间相互适应过程进行研究的一门学科，有机体与其所处的即时环境的相互适应过程受各种环境之间的相互关系，以及这些环境赖以存在的更大环境的影响"。[①] 布朗芬布伦纳所说的"生态"是指个体正在经历着的，或者与个体有着直接或间接联系的环境；而"环境"即"生态环境"（Ecological Environment）则是指"有机体本身以外的影响人的发展或者受人的发展影响的任何事件或条件"。布朗芬布伦纳指出，个体与环境的关系有三个特征：第一，发展着的人不能被看作环境在其之上任意施加影响的一块白板，而是一个不断成长的并时刻重新构建其所在环境的动态的实体；第二，由于环境有影响作用，并需要与发展主体相互适应，因此，人与环境之间的作用是双向的，呈现一种互动的关系；第三，与发展过程相

[①] Urie Bronfenbrenner, *The Ecology of Human Development* (Cambridge: Harvard University Press, 1979), p. 21.

联系的环境不仅是单一的、即时的情景，还包括了各种情景之间的相互联系，以及这些情景所根植的更大的环境。按其与个体互动的频率及密切程度，环境由内向外分为四级，即微观系统（Microsystem）、中间系统（Mesosystem）、外在系统（Exosystem）和宏观系统（Macrosystem）。每一层系统都与其他层次的系统及个体交互作用，共同影响个体发展的许多重要方面。这些不同层次、不同性质的环境相互交织在一起，像俄罗斯套娃（Russian Dolls）一样，前者逐个地被包含在后者之中，形成了一种同心圆样式的结构。[1]

微观系统，亦被译为"小系统"或"微系统"，指的是"发展着的人在具有特定物理和物质特征的情景中所体验到的活动、角色和人际关系的一种模式"。[2] 在此定义中，情景是指人们可以参与的面对面的交往场所，如家庭、幼儿园、学校等，它具有特定的物理、物质特征，如一定的时空、温度、光照以及各类器具等。这个定义的关键概念是"体验"，它不仅涉及任何科学意义上环境的客观特征，还包括在环境中的人对这些特征的主观感受。这就是说，很难简单地用客观物理特征和事件阐述清楚影响人类行为和发展的外部因素，因为事实上影响人的心理发展历程的强大力量，主要来自那些特定情景中对人及其发展产生意义的环境部分，而所谓的产生意义，是与人的主观体验不可分割的。根据人类发展生态学的观点，儿童的发展是其与所在环境相互作用的结果；在儿童的生活和发展中，与其直接接触的微观系统对其发展的影响尤为突出。家庭是儿童首要的生存环境与发展环境，家庭生活的所有方面都影响着儿童的成长和发展。随着儿童的成长，他们慢慢进入了家庭之外的同伴、幼儿园/学校（教师和同学）、邻里、社区等社会群体和机构环境，并与这些环境中的人、事、物发生直接的互动。因此，对于儿童来说，家庭、幼儿园/学校、社区儿童活动中心等都是其直接生活于其中的小系统，这些环境中的人、事、物距儿童生活最近，对儿童的发展都有着极其重要而又直接的、长期的影响。图1-1中，刘杰和孟会敏将网络纳入儿童成长微观系统，凸显了

---

[1] Urie Bronfenbrenner, *The Ecology of Human Development* (Cambridge: Harvard University Press, 1979), p. 3.

[2] Urie Bronfenbrenner, *The Ecology of Human Development* (Cambridge: Harvard University Press, 1979), p. 22.

网络对当代儿童的重大影响。①

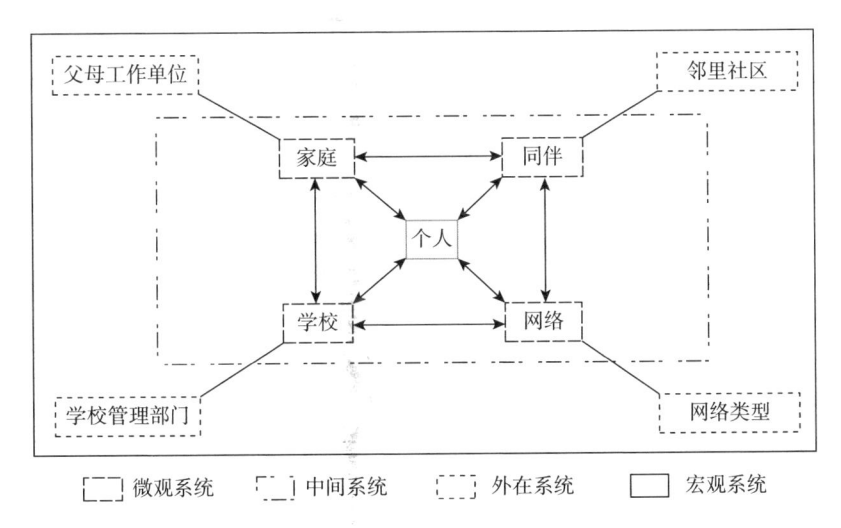

图 1-1　人类发展生态学理论的行为系统模型

资料来源：刘杰、孟会敏《关于布朗芬布伦纳发展心理学生态系统理论》，《中国健康心理学杂志》2009 年第 2 期。

鉴于微观系统对儿童成长的重要性，有必要对微观系统的构成三要素做进一步说明。微观系统的首要核心要素是"活动"，但这里所说的"活动"并非一般意义上的。目前的中文文献中，一般将 Molar Activity 简单翻译成"活动"或"克分子活动"。这显然有悖于布朗芬布伦纳的本意。事实上，布朗芬布伦纳非常明确地区分了 Molar Activity 和 Molecular Behavior 的含义。② 前者是"一种持续的行为，具有自己的动力，并被环境中的参与者认为具有意义或意图"，与此相对立，后者是"瞬间的，通常没有意义或意图"。③ 例如，如果老师向学生们提出一个带有预定答案的问题，那么他让学生参与的就是 Molecular Behavior；如果老师以一个没有预设答案的问题在学生中开启一场对话，那么他让学生参加的就是 Molar Activity。

---

① 根据中国互联网络信息中心发布的第 46 次《中国互联网络发展状况统计报告》，截至 2020 年 6 月，我国 19 岁以下网民为 1.72 亿人。

② 英文中，Molar 是 Molecular 的近义词。Molecular 作为名词是指分子，是独立存在而保持物质化学特性的一种粒子，作为形容词有分子的、由分子组成的等词义。Molar 一词，作为名词指白齿、磨牙，作为形容词有白齿的、磨碎的、用于研磨的、与质量有关的等词义。

③ Urie Bronfenbrenner, *The Ecology of Human Development* (Cambridge: Harvard University Press, 1979), p. 6.

布朗芬布伦纳认为，Molar Activity 会产生一种动力，一种推动个体发展的内在能量；而 Molecular Behavior 不会导致共同意义的生成，因而无助于个体发展。据此，本书暂将 Molar Activity 和 Molecular Behavior 分别译为"沟通行动"和"应答行为"。在布朗芬布伦纳看来，沟通行动的复杂程度还会受到活动的持续时间及目标结构的调节的影响。根据对儿童发展产生的影响力大小，可以将沟通行动区分为以下几种情形：参加其他人设计的沟通行动，但彼此间没有形成互动；参加其他人设计的沟通行动，且与他人形成互动；设计沟通行动，并与其他人合作参与；与他人合作设计复杂的沟通行动并在团队情景中持续开展活动。

人际关系（Interpersonal Relationships）是微观系统的另一核心要素。"每当一个人在一个环境中关注或参与另一个人的活动时，就会产生一种关系。"[①] 人际关系的基本单位是二分体（Dyad），即二人系统（Two-person System）。在布朗芬布伦纳看来，人际关系有三个核心特征：一是互惠（Reciprocity），即关系中的参与者彼此影响；二是权力平衡（Balance of Power），即关系中拥有更多权力的一方（如教师）给另一方（如学生）转移一些权力，以便后者对环境及学习情景有更多的控制力；三是情感关系（Affective Relation），即通过参与互动，参与者倾向于对彼此产生感情，这些感觉可能是积极的、消极的或矛盾的，可能是平等的，也可能是不平等的。根据人类发展生态学理论，人际关系同样有不同的演进尺度：仅是可以观察到的二分体中的观察者；参加联合活动二分体，且接受来自他人的权力责任；参加三人及更多人联合活动二分体，且积极向其他人转移权力；参加三人及更多人联合活动二分体，积极向其他人转移权力，且在一个或多个关系中持续活跃。

微观系统中第三个核心要素是角色（Role）。所谓角色，是指"在社会中占据特定位置的人所被期望的一系列活动和关系"。[②] 布朗芬布伦纳认为，如果一个人有机会观察并逐渐更多地扮演新的角色，他就会不断地发展。角色的发展尺度同样是由低到高的：观察他人扮演不同的角色；与不

[①] Urie Bronfenbrenner, *The Ecology of Human Development* (Cambridge: Harvard University Press, 1979), p. 56.

[②] Urie Bronfenbrenner, *The Ecology of Human Development* (Cambridge: Harvard University Press, 1979), p. 85.

同的人和不同的角色积极互动；扮演不同角色，并与不同的人互动；持续为自己及其他人设计、组织和扮演不同的角色。

中间系统是微观系统的系统，"是指由发展的人积极参与的两个或多个情景之间的相互关系（例如，对儿童来说，学校、家庭和社会同伴之间的关系；对成人来说，家庭、工作单位和社会生活之间的关系等）"。[①] 当发展的人进入一个新的情景时，中间系统就形成或者扩展了，如儿童进入小学后，家庭和学校构成的中间系统就形成了。"环境的发展潜力将随着一个环境与其他环境（如福利机构和家庭）之间存在的支持性联系的增多而提高。因此，当补充性联系是非支持性的或是根本不存在补充性联系时，即当中间系统的联系微弱时，对发展的影响最为不利。"[②] "当环境间存在的间接联系鼓励相互信任的发展、积极支持、目标一致，能量平衡积极地向有利于发展中的个体的行动转移时，中间系统的发展潜力将会提高。"[③] 也就是说，通过建立联系，家庭和学校这两个微观系统间的关系便构成了儿童的一个重要中间系统。家庭与学校形成支持性的联系——有效的家校合作，对儿童的发展至关重要。

外在系统是中间系统的系统，"是指发展的人虽然并没有参与，但却影响或受其中所发生的一切所影响的一个或多个环境"。[④] 它是影响儿童发展的社会环境，并不包括儿童本身。对儿童成长影响较大的四个外在系统分别是父母的工作单位、家庭所处的邻里社区、学校管理部门、学生可以访问的网络类型。外在系统对儿童心理成长的影响是潜移默化的、渐进式的。例如，教育管理部门强化学校教师家访考核制度，会促使教师与家长之间更多地联系与交流，这会进一步促使教师和家长更多地关心儿童的学习问题，从而间接影响儿童的学业；工作单位为了使家长能安心工作而决定资助社区公益机构开设四点半课堂，这会增加儿童放学后与同伴交往的

---

① Urie Bronfenbrenner, *The Ecology of Human Development* (Cambridge: Harvard University Press, 1979), p. 25.
② Urie Bronfenbrenner, *The Ecology of Human Development* (Cambridge: Harvard University Press, 1979), p. 25.
③ Urie Bronfenbrenner, *The Ecology of Human Development* (Cambridge: Harvard University Press, 1979), p. 25.
④ Urie Bronfenbrenner, *The Ecology of Human Development* (Cambridge: Harvard University Press, 1979), p. 25.

机会，从而间接提高儿童社交能力。

宏观系统是指"各种较低层次的生态系统（微观系统、中间系统和外在系统）在整个文化或者亚文化水平上存在或可能存在的内容上和形式上的一致性，以及与此相联系并成为其基础的信念系统或意识形态"。① 在整个文化或者亚文化及其所包含的较低层次的生态系统中，具体的各方面的表现可能差距很大，但是却具有内部的同源性。布朗芬布伦纳认为，外在系统、中间系统、微观系统决定着人们的行为和发展的进程，而宏观系统决定着这三级生态系统的具体特征。每种文化都有自身对各级生态系统的独特的构建蓝图，因此，任何关于人的发展的研究都必须考察宏观系统的影响作用。

布朗芬布伦纳的个体发展模型还包括时间维度，即历时系统（Chronosystem），或称长期系统。历时系统，是指在个体发展中所有的生态系统都会随着时间的变化而变化，因此各生态系统的变迁也会对个体发展产生影响，例如随着时间的变化，微观系统中可能会有弟弟妹妹出生、父母离异等情况发生。② 布朗芬布伦纳将个体发展环境的变化称为"生态转变"，每次转变都是个体人生发展的一个过渡阶段，比如升学、结婚、退休等。

布朗芬布伦纳的生态学理论进一步扩大了"环境"的概念，认为环境处于一个不断变化发展的过程，突破了以往研究中对环境进行限定的局限性。依据该理论，与家庭及学校对应的"社区"教育的主体，首先是多元的，由不同的儿童服务机构或组织构成；其次是分层的，因为这些儿童服务机构或组织分别处于微观系统、中间系统及外在系统之中；最后是交互影响的，即相同层次和不同层次的儿童服务机构或组织之间存在复杂的交互影响关系。在生态学理论框架内，"社区"既是一个集合概念（Collective Definition），也是一个事后概念（Ex-post Definition），除非社会生态系统在运行过程中生成了协调各儿童服务机构或组织的顶层组织。不过，布朗芬布伦纳的生态学理论也有明显的局限性，如所研究的环境是客观的现实环

---

① Urie Bronfenbrenner, *The Ecology of Human Development* (Cambridge: Harvard University Press, 1979), p. 26.
② Urie Bronfenbrenner, "Ecological Models of Human Development," *International Encyclopedia of Education* 3 (1994), http://titleiiiptlproject.wikispaces.umb.edu/file/view/35bronfebrenner94.pdf/45583-4098/35bronfebrenner94.pdf, 最后访问日期：2022年2月27日。

境，不包括知觉环境，他的生态系统只包括外部动因，不包括内部动因；①过分强调环境对个体发展的影响，忽略了个体的主动性、能动性和反思性。②

（二）交叠影响域理论

儿童在成长过程中会受到各种因素的综合影响，其中最重要的是家庭教育、学校教育和社区教育。早期的研究将家庭、学校和社区视为互相竞争的对象，因而各自追求不同的目标才能实现儿童利益的最大化。家庭教育是后期学校教育成功的根基，是婴幼儿教育的主要影响者，但到了学龄阶段，家庭则必须"淡出"，因为这时候学校已经接手了。只有在一方遇到问题（如家长辅导不了孩子家庭作业）时，才会联系其他方（如学校或社区辅导机构）。这类基于埃米尔·迪尔凯姆社会分工论而提出的教育主体分离理论，往往将儿童教育的失败归咎为家长无能或教育机构歧视。③从20世纪60年代开始，研究者逐渐注意到仅靠学校教育无法避免弱势群体儿童输在起跑线上，正规教育系统自身无法解决部分学生和学校的劣势问题，即便有家庭参与学校教育也无法确保儿童获得心理健康和教育发展，④ 因此推动家长参与学校教育、动员社会支持家庭及学校教育，逐渐成为新的共识。约翰·霍普金斯大学家长与社区项目的主持人乔伊丝·L. 爱普斯坦教授（Joyce L. Epstein）在具体深入研究美国中小学校与家庭、社区的关系后，提出了必须在学校、家庭与社区之间发展一种新型伙伴关系的观点，并提出了服务于家庭、学校和社区伙伴关系建设的交叠影响域理论（Theory of Overlapping Spheres of Influence）。⑤

交叠影响域理论认为，家庭、学校和社区这三个教育主体的活动共同或者单独影响着儿童（学生）的学习和发展，三者之间的关系对儿童会产

---

① 杜宁娟、范安平：《从Bronfenbrenner生态系统理论的外层系统看儿童发展》，《健康研究》2013年第1期。
② 齐芳：《从社会工作实务看系统生态理论的优势与局限》，《重庆社会工作职业学院学报》2003年第2期。
③ 何瑞珠：《家庭学校与小区协作：从理念研究到实践》，香港中文大学出版社，2002。
④ J. S. Coleman, & T. Hoffa, *Public and Private High Schools: The Impact of Communities* (New York: Basic Books, 1987), pp. 221-225.
⑤ 乔伊丝·L. 爱普斯坦等：《学校、家庭和社区合作伙伴：行动手册》（第三版），吴重涵、薛惠娟译，江西教育出版社，2012，第4~7页。

生交互叠加影响。图1-2呈现了交叠影响域的外部结构。影响儿童（学生）成长的三个主体家庭、学校和社区，其经验、价值观和行为既有彼此独立的（不一致的）部分，也有两两共同的部分及三方共同的部分（统一的认识和合作）。儿童（学生）的成长主要依托这三个主体的影响，它们在促进儿童（学生）的发展中发挥着不同的作用，但其影响可以是交互叠加的和不断累积的。有些教育活动需要家庭、学校和社区分开进行，其对儿童（学生）的影响取决于三类教育主体各自的能力；有些活动则需要两类主体或三类主体共同开展，它们之间必须相互配合好，才能保证活动对儿童（学生）产生积极的影响。[1] 在理想的三方合力教育模式下，家庭、学校和社区不仅应该注意自身对儿童（学生）的教育责任和影响力，同时应该关心彼此间的沟通与联系，以发挥合成的影响力。在各自独特的责任领域，家庭、学校和社区都应该是主导者和组织者，在责任交叠的领域，家庭、学校和社区则都需要在双向连接、三向重叠的过程中彼此配合、互相支持。如学校是影响儿童（学生）教育的制度化机构，除了承担好自己的责任外，还应该承担起协助家长和社区提升教育能力和教育素质的责任，并设法将家长和社区对儿童（学生）的影响力吸收到学校教育过程中；同样，社区作为儿童（学生）活动的主要场所，除了承担自己的责任（如提供安全的、适于儿童活动的场所和设施）外，还应该主动协助家庭和学校解决一些实际困难（如放学后的儿童监护），并吸引家长、学生和学校老师参加社区活动。爱普斯坦强调，在家庭、学校和社区之间建立伙伴关系的核心意义在于它有助于儿童（学生）在学校和未来的生活中取得成功。[2] 其暗含的一个重要假设是，如果儿童（学生）感到有人关爱他们并鼓励他们努力学习，他们就会尽全力去学习，并坚持在学校里学习而不会辍学。伙伴关系并不是保证儿童（学生）一定会成功，而是在这样的三方伙伴关系的模式下，可以促进儿童（学生）在参与中取得自己的成功。[3]

---

[1] 周来娣：《基于重叠影响阈理论对江阴市农村初中家校沟通的调查研究》，硕士学位论文，苏州大学，2011。

[2] Joyce L. Epstein, "School/Family/Community Partnerships: Caring for the Children We Share," *The Phi Delta Kappan* 9 (1995): 701-712.

[3] 杨启光：《重叠影响阈：美国学校与家庭伙伴关系的一种理论解释框架》，《外国教育研究》2006年第2期。

图1-2中的时间维度意味着，交叠影响域理论认为交叠区的大小会随着学生年龄/年级的增加而增大，也会随着三个主体参与教育的行为或活动而发生变化。

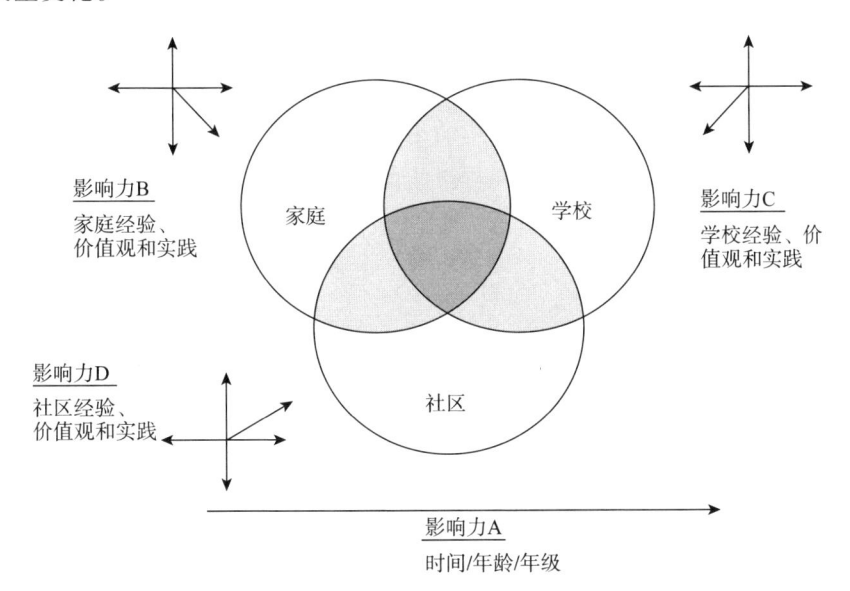

图1-2　家庭、学校和社区对儿童学习的交叠影响域理论模型（外部结构）

资料来源：乔伊丝·L.爱普斯坦等《学校、家庭和社区合作伙伴：行动手册》（第三版），吴重涵、薛惠娟译，江西教育出版社，2012，第143页。

要理解交叠影响域理论，必须了解交叠影响域理论模型的内部结构。内部结构主要解释三个主体在何处以及如何发生互动和影响。该理论认为，当学校、家庭和社区中的人们形成共同的经验和价值观并采取一致的行动时，对儿童（学生）的交叠影响便会产生。三个主体之间的交互作用可以分为机构和个体两个层次。在机构层面，交互行动可能是面向所有或部分家庭、社区组织的集体性活动，如学校邀请全体家长或家校委员会成员参加的家长大会或课堂观摩，社区邀请学校和家长代表参加的暑期托管服务筹备会议等；在个体层面，交互行动则发生在作为个体的教师、家长、学生或社区人士之间，如某个家长与教师就孩子学习问题的单独交流，忙于工作的家长与邻居协商孩子课后照料事项等。时间作用在交叠影响域的内部结构中仍然存在，家庭、学校和社区对学生的影响力是交叠且不断累积的，将持续地影响不同年龄、不同年级学生的成长。爱普斯坦认为，家庭、学校和社区三个主体中只有学校是教育发挥影响力的制度化机构，因此，在三个主体伙伴关系的建立过程中，学校事实上起着主导作用，也更应关心其与家庭和社区之间的联系与合作，以发挥合成的影响力。在图1-3中，爱普斯坦并没有呈现家庭、学校和社区三者之间交互作用的完整形态，而只展示了家庭和学校交叉重叠的部分。显然，爱普斯坦关于交叠影响域理论模型内部结构的论述受到了人类发展生态学理论的影响，但去除了对儿童来说具有间接影响的先赋性的环境，如先天的家庭条件、社会经济制度等，重点突出了家庭、学校和社区。不同之处在于，爱普斯坦指出不同系统之间既有交叠部分，也有分离部分。①

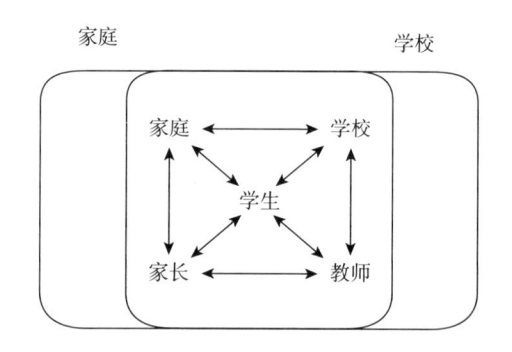

图1-3 家庭、学校对儿童学习的交叠影响域理论模型（内部结构）

注：在完全模型中，内部结构还包括社区、个体商业和社区机构，也包括发生在非交叠区域的相互作用。

资料来源：乔伊丝·L. 爱普斯坦等《学校、家庭和社区合作伙伴：行动手册》（第三版），吴重涵、薛惠娟译，江西教育出版社，2012，第144页。

根据钱德勒·巴伯等人的研究，家庭、学校和社区之间的交互行动还有参与深度上的不同。他们将"家—校—社"三方合作分为三个层面，即最低层面、联合层面和决策层面，三个层面的主要差别是家庭和社区组织成员参与学校教育的程度不同。② 最低层面参与的主要特征是学校向家庭以及社区告知、提出合作要求，家长和社区组织代表支持学校教育，如教师要求家长监督学生完成家庭作业，家长和社区成员受邀参与学校举办的

---

① 张俊等：《面向实践的家校合作指导理论——交叠影响域理论综述》，《教育学术月刊》2019年第5期。
② 钱德勒·巴伯、尼塔·H. 巴伯、帕特丽夏·史高利：《家庭、学校与社区——建立儿童教育的合作关系》（第四版），丁安睿、王磊译，江苏教育出版社，2013。

节庆活动等。最低层面的家长参与之所以必要，是因为家长是监护人和学习经纪人，对于儿童成长与发展负有不可推卸的教育责任。最低层面的社区参与也是必要的，因为社区教育是儿童学校教育的必要补充。不过，也要防止家长的过度参与而导致对学生的全天候监控，如给儿童报名参加各种补课班致使儿童缺少正常的娱乐和休闲时间。联合层面参与的主要特征是家长在许多方面参与到学校的运行之中，学校与社区在许多问题上都相互交流，如家长和社区组织代表参与到课堂教学中，作为志愿者照管上学路上的儿童或在课堂上分享各自领域的专业知识等。决策层面参与的主要方式是成立家庭社区学校咨询委员会，使家长和社区代表参与学校事务决策、学校教师参与社区事务决策，如参与课程设置。与最低层面参与及联合层面参与相比，决策层面参与才是真正意义上的参与。

通过搜集和分析各类成功的"家—校—社"合作行动计划，爱普斯坦归纳了六类三方合作活动，并在1998年被全美家长教师联合会当作衡量各种"家—校—社"合作是否成功的评价标准。一是当好家长（Parenting）：学校和社区提供信息和安排活动，帮助家长掌握必要的养育孩子的知识和技能，创造一种视孩子为不同年级学生的家庭氛围；家庭和社区提供信息，帮助学校理解家庭。二是相互交流（Communicating）：提供有效的家校双向交流，使家长了解学校教学计划和学生进步情况。三是志愿服务（Volunteering）：学校、社区招募和组织家长参加校内外志愿服务活动，支持学生和学校教学。四是在家学习（Learning at Home）：帮助家长具备指导孩子学习和辅导作业的技能，向家长提供如何在家帮助孩子学习的信息，包括指导孩子做家庭作业、完成课程相关活动、进行学习决策和计划等。五是参与决策（Decision Making）：通过家校委员会等组织使家庭参与学校决策、管理和对外宣传。六是与社区协作（Collaborating with Community）：将社区为学生、家庭和学校提供的资源和服务，与其他商业组织机构和团体协调起来加以利用；学校反过来为社区服务。[①] 从上述六类合作活动的内容看，家校合作是"家—校—社"三方合作的核心。

为了建设长期和全面的"家—校—社"合作伙伴关系，确保六类合作

---

① 乔伊丝·L.爱普斯坦等：《学校、家庭和社区合作伙伴：行动手册》（第三版），吴重涵、薛惠娟译，江西教育出版社，2012，第145~151页。

活动在必要时发生，爱普斯坦提出了组织合作伙伴行动小组行动五步法。第一步是建立合作伙伴行动小组（Action Team for Partnerships，简写为ATP）。其主要责任是评估现存的家庭社区参与实践，为新合作伙伴关系提供选择，实施选择的方案，为其他活动委派代表，评估随后的步骤，继续改进并为六种合作活动提供协调。第二步是获取资金和其他支持。第三步是确定行动起点。第四步是制订年度行动计划。第五步是继续制订、评估和改进计划。爱普斯坦还强调，合作伙伴行动的顺利开展，离不开清晰的政策、政府领导人和学校校长的强力支持。[1]

在儿童发展的不同阶段，尽管家庭教育、学校教育和社区教育的作用方式和影响程度不断变化，但最终都会经过自我教育的内化过程，转化为儿童自我教育的能力，并影响其自我教育的基本价值观。儿童教育的成效如何，取决于家庭教育、学校教育、社区教育和自我教育之间能否形成良性互动格局。[2] 如图1-4所示，在幼儿期，家庭教育起着至关重要的作用，但随着儿童年龄的增长，家庭教育的影响会逐渐下降；进入幼儿园小班后，学校教育对儿童成长的影响日益增大，并开始与家庭教育产生交互影响，但这一时期家庭教育的影响远远大于学校教育；进入幼儿园大班后，社区教育开始日益显著地影响儿童成长，并开始与家庭教育和学校教育产生交互影响，这一时期家庭教育的影响依然强劲，但学校教育和社区教育的影响相对增大；进入小学后，儿童自我教育能力逐渐形成，并开始与家庭教育、学校教育和社区教育产生复杂的交互影响，儿童自身的情绪感受能力和接受能力深受家庭教育、学校教育和社区教育的交叉影响，这一时期学校教育和社区教育的合力影响将逐渐超越家庭教育的影响；进入初中后，儿童自我教育能力迅速增强，学校教育和社区教育的影响开始逐渐超过家庭教育的影响，这一时期儿童自我教育的影响还是远不如学校教育、社区教育和家庭教育的合力影响；进入高中后，社区教育的影响开始下降，但还是超过了家庭教育的影响，儿童在这一时期的自我教育能力成长更多取决于学校教育，但社区教育和家庭教育的影响依然不能低估；进

---

[1] 乔伊丝·L.爱普斯坦等：《学校、家庭和社区合作伙伴：行动手册》（第三版），吴重涵、薛惠娟译，江西教育出版社，2012，第13~17页。
[2] 许丽静、郭泉源：《城乡一体化进程中"家庭—学校—社区"三位一体教育良性互动策略研究——以福建省晋江县域教育现状为例》，《现代教育科学》2015年第4期。

入成年期后，个体自我教育的影响迅速超过学校教育、家庭教育和社区教育，但依然会受到家庭教育、学校教育和社区教育的影响。

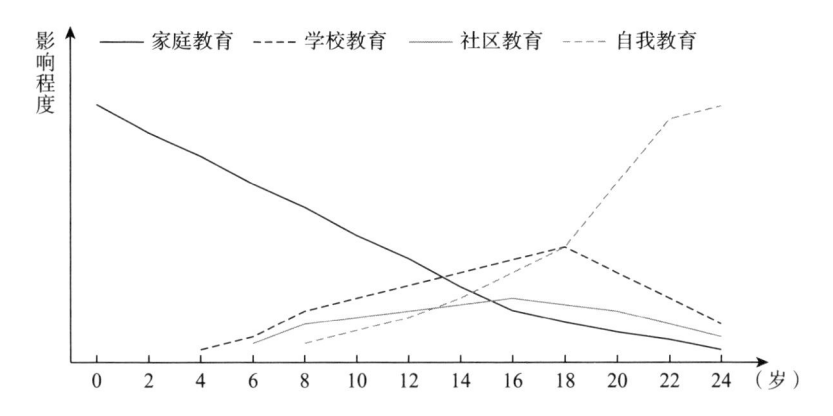

图1-4　家庭教育、学校教育、社区教育的影响和自我教育的影响之间的关系

资料来源：许丽静、郭泉源《城乡一体化进程中"家庭—学校—社区"三位一体教育良性互动策略研究——以福建省晋江县域教育现状为例》，《现代教育科学》2015年第4期。

将儿童置于交叠影响的中心，是交叠影响域理论的主要特点之一。无论是家庭教育缺失、学校教育失效、社区教育缺位，还是三者之间的沟通、联系和合作受阻，对儿童健康成长都是不利的。就社区教育而言，6~18岁的儿童在其成长的各个阶段都离不开社区教育，因为社区教育有着与学校教育和家庭教育不同的潜在功能（独特责任），而且在结构上是与家庭教育、学校教育的功能相互补充和互相支持的。如果家庭教育或学校教育不能承担起自己的责任，社区教育除了发挥自己独立的功能外，还需要开发新的社—校合作和社—家合作功能，用来弥补家庭教育及学校教育的不足。这正是交叠影响域理论对于思考农村社区儿童教育功能的重要启示之一。强调学校应在家校社三方合作中起主导作用，也是交叠影响域理论的一个重要特点，起因则是为了反对社会分层分析范式所得出的悲观结论：家庭社会资本丰裕的儿童，更有可能在教育中取得成功，而贫困家庭的孩子，即便天赋不错，也很难有好的学习成绩和职业成就。[①] 既然家

---

① P. 布尔迪约、J.-C. 帕斯隆：《再生产——一种教育系统理论的要点》，邢克超译，商务印书馆，2002。

校合作可以作为一种独立的力量成为家庭、学校、社区影响儿童成长的中间变量，家社合作和校社合作也可以成为对儿童成长产生独立影响的中间变量。这就为如何发挥农村社区儿童教育的功能提供了理论指引。交叠影响域理论的另一个重要特点是强调一致的经验、价值观和行为，这是三方合作的基础。正是有了这样的一致性基础，"家庭般的学校""学校般的家庭""家庭般的社区""学校般的社区"才成了可以踏实追求的愿景。[①] 这启示我们，农村社区儿童教育的建设方向应该是"家庭般的社区"和"学校般的社区"的组合，而成功的前提则是家庭、学校和社区三个教育主体找到"共同愿望"并基于此形成一致的价值观和行动。但与以学校教育为中心的三方合作基于提高儿童学业成就的共同愿望不同，[②] 以社区教育为中心的三方合作应该更多基于确保儿童顺利地社会化的共同愿望。

四 研究目的与内容

在农村儿童教育模式转型和国家力推三方合力教育模式的大背景下，农村儿童的家庭教育、学校教育和社区教育环境发生了哪些方面的变化、是否形成了一定的伙伴关系以及面临怎样的发展机遇与局限，是本书关注的核心问题。了解到农村地区在学校教育和家庭教育方面存在明显的不利于儿童成长的短板，本书对农村社区教育的纠偏功能和补偿作用寄予厚望。鉴于在城市偏向政策影响下农村现代儿童服务机构短缺是一个不利的现实，本书特别关注农村社区转型过程中留下的有利于儿童成长的教育要素以及在适应过程中新生的社区教育资源。考虑到社区儿童教育参与主体的多样性和异质性，在三方合作视角下发展社区儿童教育需要综合性组织牵头，本书也将考察建立和完善"社区青少年中心"一类机构的可行性和必要性。

服从于研究的总体需要，具体将开展以下几个方面的实证研究。首先，我们将探讨农村家庭教育的现状与问题。具体地，将从农村家庭教育

[①] 张俊等：《面向实践的家校合作指导理论——交叠影响域理论综述》，《教育学术月刊》2019年第5期。
[②] 乔伊丝·L.爱普斯坦等：《学校、家庭和社区合作伙伴：行动手册》（第三版），吴重涵、薛惠娟译，江西教育出版社，2012，第13~31页。

主体、教育方式、教育理念（价值观）、教育负担和支持网络（学校、市场、公益组织、社区组织）等几个方面了解和分析农村家庭教育的能力和不足。其次，我们将探讨农村学校教育的现状与问题。具体地，将重点放在素质教育、课外教育、家校合作、校社合作（社区服务学习）等几个方面，了解和分析农村学校教育在支持三方合作模式上的表现与不足。再次，我们将探讨社区教育的现状与问题。具体地，将从社区人文环境、社区儿童文体活动设施、社区儿童闲暇活动、社区儿童安全隐患等几个方面了解和分析社区在儿童教育服务方面的供给能力与不足。最后，我们将从家庭教育、学校教育和社区教育中存在的不足出发论证重建社区教育主体的必要性，将结合家庭教育、学校教育和社区教育服务中的关键问题以及家长和儿童对社区教育的期待来推论社区教育主体重建的切入点和核心任务，将通过了解家长和儿童的参与意愿和支持意愿来分析社区教育的可持续性。

五 研究设计与实施

受研究资源和能力的限制，调研将在一个县域内选点开展。为了满足研究需要，研究团队设定了五条选点原则。一是调研村庄有中小学学校。经过20余年的"撤点并校"，很多农村社区已经没有中小学学校。要在这样的村庄实现家庭教育、学校教育和社区教育之间的良性循环是极其困难的，但不是不可能的。二是调研村庄的"空心化"程度不高。随着经济发展和资源城市化加速，很多农村社区的"空心化"程度很高，只剩下所谓的"386199"部队留守农村，这样的社区显然在家庭教育方面存在重重困难，也很难形成有效的家庭教育、学校教育和社区教育之间的良性循环。三是调研村庄附近有较好的城市资源。考虑到在农村社区推进儿童教育离不开对外来资源（包括人力资源）的持续引进，因此所选择的调研村庄不能离拥有较多教育资源和公益资源的城市太远。四是调研村庄有较好的经济条件和公益基础。很多"希望工程"学校最终失败的原因之一是没有考虑到外来资源的局限性和本土资源的重要性。我国慈善事业尚处于起步阶段，慈善资源不足是客观事实，完全依靠外来资源（包括政府资源）全面推进农村社区儿童教育的想法是不现实的。如果农村社区自身经济条件较好,其公益基础也较厚实,将更有可能依靠本土资源实现社区儿童教育的可持续运行。五是调研村庄的村委会与村民之间关系良好。就社区教育形成一致的价值观和行动,建立综合性的社区教育牵头组织,不仅需要村委会的支持,也需要广大村民的参与。基于以上五条选点原则,研究团队最终将调查地点确定为湖南某个全国百强县(下文称为"湘县")。访谈在湘县的四个镇及其辖下的三村一社区进行,问卷调查则在两个村(下文分别称为S村和D村)开展。

为了达到研究目的,调研对象需要尽可能覆盖所有"利益相关者"。对于农村社区教育项目而言,最重要的利益相关者就是农村家庭的家长及儿童。为了系统收集相关数据,研究团队决定使用问卷法调查所选村庄的家长和儿童。除了家长、儿童及家庭的基本信息外,问卷将从儿童和家长两个视角了解家庭教育、学校教育和社区教育的现状、特征和问题。为了突破问卷调查限制,研究团队要求调研员在入户时进行仔细观察,并在必要时对问卷题目以外的有价值信息通过访谈收集。对于其他的利益相关者,研究团队决定采用半结构式访谈方法收集资料。访谈内容主要包括当地学校教育的现状及问题、当地家庭教育的现状及问题、当地社区教育服务的发展情况以及公益组织参与儿童服务的情况等。访谈对象包括四个镇的主管教育干部和关心下一代工作委员会(以下简称"关工委")的负责人、社区居委会负责人、学校负责人、教师、私营培训机构、儿童服务类公益组织负责人等。

实地调研得到了一名当地知名企业家的热情支持,为调查的顺利开展做了大量联络和组织工作。为了解决方言问题和信任问题,研究团队在两个调查村招募了25名放假在家的高中生及大学生为调研员,经短暂培训后陪同调查小组成员一起入户调查。为了尽可能接触到调查对象,调研员采取了多次造访、傍晚入户和周末调查等灵活调查方法。整个调查持续了一周时间。

六 概念界定

根据研究需要和理论取向,学者一般会对核心概念给出自己的定义。为后续行文方便,这里有必要对若干概念进行界定。

家庭教育：指家长根据自己对孩子的期望目标，按照一定的计划、步骤，通过各种中介因素（如家庭物质环境、精神文化生活、心理气氛、长辈的语言和行为等）去影响孩子，孩子又以自己的情绪和言行等表现反作用于家长的一种连续的双向互动过程。

学校教育：指由专职人员和专门机构承担的，有目的、有系统、有组织的以影响入学者身心发展为直接目标的社会活动。与家庭教育的盟约性、随意性和个体性不同，学校教育具有契约性、规范性和整体性的特点。[1]

社区教育：指社区个人、组织和商业机构所提供的影响儿童的社交、情感、身体和智力发展的各类设施、服务项目和活动。与学校教育不同，社区教育的主体是分散而非统一的，其行为目的是多样而非单一的。另外，社区教育既可以发生在当地界域之内，也可以超越当地界域。

自我教育：指儿童在与复杂的社会环境的互动中自我认识、自我体验、自我探索、自我计划和自我反思的过程。在此过程中，儿童将在兴趣、自主性、自信心、自控力、基本生活能力、行为习惯和社会交往能力等方面不断成长。自我教育能力将随着儿童年龄增长而增强。家庭、学校和社区等教育主体是其社会环境中的重要构成要素，但并非全部要素。

社区伙伴：指与家庭和学校开展双方或三方合作、共同影响儿童成长与发展的社区个人和组织，包括企业和公司、大学和教育机构、卫生保健组织、政府和军事机构、公益与志愿服务组织、宗教组织、老年组织、文化和娱乐机构、传媒机构、体育运动协会、邻里组织、基金会等。[2]

家校合作：指家庭与学校在个人和组织两个层面上围绕着儿童的成长和教育而进行的沟通、交流和合作。家校合作通常有两个取向：一是通过家庭在个人和组织层面上的参与帮助教师更好工作，提高学校的管理和教学效能；二是通过学校在个人和组织层面的支持提升家长培育子女的能力，密切家庭和学校之间的关系。家校合作的最重要的目的是，提升儿童的教育抱负，促使他们在学校教育中获得成功。

家社合作：指家庭与社区个人、组织和商业机构等社区儿童服务主体

---

[1] 胡鸣：《家校合作价值论研究》，《教育进展》2017年第3期。
[2] 乔伊丝·L.爱普斯坦等：《学校、家庭和社区合作伙伴：行动手册》（第三版），吴重涵、薛惠娟译，江西教育出版社，2012，第28页。

围绕着儿童的社区生活、兴趣爱好和社会化而开展的沟通与合作。家社合作通常也有两个取向：一是社区个人、组织和商业机构等社区儿童服务主体协助家长提升培养子女的能力或提供各类儿童服务；二是家庭为社区个人、组织、商业机构等社区儿童服务主体提供资金和志愿服务或亲自成立社区儿童服务机构。家社合作的最重要的目的是，构建儿童友好的社区生活环境，促使儿童成功社会化。

校社合作：指学校与社区个人、组织和商业机构间建立的，直接或间接地提升学生的社交能力、情感、身体和智力发展的联系。[①] 校社合作也有两个取向：一是通过社区在个人和组织层面的参与帮助学校获得更多的社区资源和社会支持，提高学校的管理和教学效能；二是通过学校在个人和组织层面的参与提高社区在专业教学资源和教育设施方面的可及性。校社合作的最重要的目的是，扩展儿童的学习环境和丰富资源供给，促进儿童全面发展。

课后服务：指儿童在学校教育时间之外接受的来自家庭以外的团体或机构的生活照料和教育。它属于社区教育范畴。课后服务不是学校课程的延伸，而是让学龄儿童在课前、课后以及假期里有一个安全、充满关爱的环境，并为他们提供一系列积极的、富有启发性的、休闲的活动。提供课后服务的可以是学校、公益机构、社区中心，也可以是专门成立的课外活动中心。

留守儿童：是指外出务工连续半年以上的农民托留在户籍所在地，由父、母单方或其他亲属监护的儿童。留守儿童是指父母双方或一方流动，留在原籍不能与父母双方共同生活的儿童。其中，农村留守儿童是指留守儿童中户籍所在地为农村的儿童，城镇留守儿童是指留守儿童中户籍所在地为城镇的儿童。

随迁子女：也称流动儿童，是指户籍登记在外省（区、市）、本省外县（区），随父母到输入地（同住）的儿童。根据教育部发布的《中国教育监测与评价统计指标体系》，教育部门使用"随迁子女"一词时，特指6~16岁在输入地接受义务教育的适龄儿童。根据来源地和输入地的社区

[①] 乔伊丝·L. 爱普斯坦等：《学校、家庭和社区合作伙伴：行动手册》（第三版），吴重涵、薛惠娟译，江西教育出版社，2012，第27页。

性质不同，随迁子女可以分为四种类型：农村—农村随迁子女、农村—城市随迁子女、城市—农村随迁子女和城市—城市随迁子女。

问题行为：也称行为问题，指任何一种引起适应不良的行为。儿童问题行为（Child Problem Behavior），即那些影响儿童身心健康、影响儿童智力发展，或是给家庭、学校、社会带来麻烦的行为，包括外向的、攻击性行为（表现为活动过度、行为粗暴、上课不专心、不遵守纪律、不能跟同学友好相处，严重的还有逃学、欺骗和偷窃等）和内向的、退缩性行为（表现为沉默寡言、胆怯退缩、孤僻离群、不易适应新环境、神经过敏、烦躁不安、过度焦虑、易做噩梦、失眠等）两种类型。①

---

① 孙煜明：《试谈儿童的问题行为》，《南京师大学报》（社会科学版）1982年第4期。

第二章

儿童成长的环境系统

本章将根据访谈资料和问卷数据来描述一下所调查农村儿童成长的环境系统。在传统中国的农村社区，儿童成长的微观系统、中间系统和外在系统基本都在社区范围之内，宏观系统则基本在县域范围之内。在今日中国的农村，随着人们社会行动半径的扩大，农村儿童成长的微观系统、中间系统和外在系统已经超越了社区范围，但基本还在乡镇范围之内，宏观系统则部分超出了县域范围。根据交叠影响域理论对儿童成长环境进行简化处理，本次研究主要在乡镇范围内考察农村儿童的成长环境。在乡镇层面，主要考察儿童成长的中间系统和外在系统；在社区层面，主要考察微观系统和中间系统；在家庭层面，主要考察作为微观系统的家庭及承担家庭教育责任的家长。

一　乡镇环境

湘县是一个县级市，2019年县域经济在全国百强县中排名居前。湘县现辖3个乡、25个镇和4个街道。本次调研的4个镇位于湘县北部。访谈发现，4个镇有一些共性特点。第一，经济比较发达。湘县境内交通便利，自然资源丰富，这4个镇除了有很好的农业基础外，工业发展迅速，因此经济是比较发达的，其中，经济最发达的一个镇内建有湘县经济技术开发区，已入驻一批以制药企业为主的大中型企业，吸引了4万多名外来务工人员及其家属。第二，基础设施完备。走访发现，4个镇的基础设施建设情况良好，从教育的角度来说，这4个镇都有完善的从幼儿园到初中的教育体系，可以满足当地学生的就学需求，其中一个镇有高中，教育质量居湘县上乘，另一个镇有职业中专。此外，每个镇都修建有篮球场等体育活动中心。第三，都有教育培训机构。4个镇上都有一些培训机构可以供周边村庄的学生参加，但总体来说质量参差不齐，很多学生选择到湘县城里参加培训。

4个镇在教育上也面临一些共同的问题。第一，教师资源匮乏。4位主管教育的镇长在接受访谈时都提到了这一点，由于优质的教师资源向城区流动，所以不论是村小还是镇上的中学，都很缺乏优秀的教师，有编制的老师难以满足教育需求，因此学校招收了大量的代课老师，这些老师多是没有经验的年轻大学生，而且流动性高，一旦有了更好的工作，他们就会离开。此外，4个镇的学校都存在一个老师需要代多个科目课程的情况，没有专职的文体老师。第二，财政收入不足。尽管当地的经济发达，但4个镇长都抱怨镇上财政收入不足，导致他们对于教育问题的改善有心无力。第三，缺乏素质教育。这一点可以分为两个维度。一是学生缺乏全面发展的教育，文体教育不足。有两个镇的文教主管领导称，镇上的学生和城里的相比，难以实现全面发展。除了缺乏文体培训设施外，镇里也缺少图书，而且缺乏专业的老师。二是社会化教育不足。受访镇领导都特别强调，目前镇上的学生普遍沉迷手机、不懂基本的社交礼仪，也不知道如何与他人相处。以红色教育为例，湘县作为革命老区，有充足的红色教育资源，但是学校往往抱着保守的态度，不鼓励教师组织活动。目前很多红色教育活动都是由家委会组织的。第四，社区教育不足。调研发现，4个镇或多或少都组织了一些社区教育活动，也有一些设施，但效果都不是很好。例如，有一个镇开展的武术进校园活动和针对贫困家庭的公益文化艺术培训，只有20多名学生参加，参与度很低，效果也不好。另一个镇开办了针对随迁子女的公益书法培训班，但镇上800多名流动儿童中只有20～30人参加。在该镇的幸福里社区，建有小型图书室，但图书都比较老旧，平时很少有学生来这里学习，导致社区教育资源严重浪费。第五，留守儿童问题严重。湘县外出打工的人数众多，大多前往广东等地，近年来随着经济发展，外出务工人数有所减少，但留守儿童数量依然庞大，留守儿童的教育问题也很严峻。

  为了更好地反映儿童成长的乡镇环境，研究团队还在4个镇中各自挑选了3个村庄和1个社区了解情况。从走访村（社）干部和住户的情况看，这些村庄（社区）的经济基础较好，居民收入较高。村庄（社区）内都有一定的体育设施和少量培训机构，但也面临学校师资水平低、教师资源缺乏，课外培训不方便、不专业，文体教育缺少相应设施、儿童娱乐方式单一以及留守儿童数量多等问题。综合村（居）民的看法，农村儿童教育的特征可以概括为"有意识、有需求、无条件"。"有意识"是指家长对于儿童的教育非常重视，而且希望儿童接受更好的教育。D村更是把"耕读传家"作为一种文化传承，成为远近闻名的"博士村"；其他村庄的重教传统也十分深厚，好多村民都说"砸锅卖铁也要让孩子读书"。同样重要的是，一些村干部已经意识到要对儿童进行社会化教育，并且开展了一些社区教育活动，如D村设立了"博士墙"、文化馆等，S村会定期请德高望重的老人到学校为儿童进行专题教育讲座。"有需求"是指当前村民对儿童的教育已经不满足于学校教育，对于课外培训、文体教育等都有很强的需求。有一个村开设了儿童篮球训练班，村里有近200个儿童参加，村主任告诉我们"现在孩子们必须有一门特长"。S村有舞蹈培训机构，家长们都乐于送孩子去参加。"无条件"是说当前农村的现实情况无法满足家长和孩子的需求。一是基础设施建设不足。比如S村，能供孩子使用的文体场所只有几个简易球场，但因为缺少教练所以很少有孩子去；缺乏供孩子们进行文体学习的场所，所以多数孩子只能在田间地头玩耍。二是没有专业的培训机构。目前大部分的培训机构在湘县城，因此孩子们想参加课外培训就非常麻烦，需要家长专程接送，而许多家长外出务工或者工作较忙，就很难满足这一条件，造成很多孩子有需要却无条件参加课外培训。就算村里有培训机构，水平也很低下，S村的一位村民告诉我们，自己的女儿极富舞蹈天赋，但村里缺少可以评级的正式培训机构，所以孩子只能复读，很难走艺术道路。三是缺乏专业人才和资金支持。一些村干部反映，他们看到许多孩子放学后没人管，漫山遍野地玩耍，导致学业荒废，有些甚至发生意外或染上恶习，因此他们虽想要加强社区教育改变这一情况，却苦于没有专业的人才指导和资金支持，难以做到。

二 村庄环境

为了更详尽地反映儿童的成长环境，研究团队选择了两个村进行了更为细致的观察和访谈，而这两个村也是问卷调查的实施地。观察和访谈的重点是了解两个村儿童成长环境中的微观系统和中间系统。从下文可以看到，两个村庄既有共同点，如村里有重教传统、家长重视教育、宗教组织式微、外出务工人员多、有学校但校外教育资源严重不足、社区已开始转型但仍然保留了一些影响儿童成长的宏观环境和外在环境因素等，也有明显的不同，如D村属于典型的平原水乡而S村则属于典型的山村，D村居民的人均收入要明显高于S村的，D村较S村保留了更多的传统文化遗迹，D村较S村有更多的集体活动，D村获得的上级政府支持也多于S村等。与城市社区的非共同体性质不同，转型中的农村社区还是保留了不少影响儿童成长的共同体要素。

（一）S 村儿童成长环境

S 村是湘县的一个山清水秀、景色优美、气候宜人的行政村，分 4 个片区，由 43 个村民小组组成，村民总数为 5860 人。S 村位于丘陵地带，1500 户村民分布在山丘间的峡谷地带，S 村面积为 20 平方千米，有林地 26800 亩，其中楠竹林 600 亩，村内的万丰湖上有一座水库，水域面积为 1000 亩。2019 年，S 村人均年收入在 2.3 万元左右，远高于全国农民人均收入水平（16021 元）。

S 村距离湘县城区 10 公里，距离省会长沙 35 公里，村内有高速公路和省道穿过，交通方便，村内路面近年进行了硬化处理，出行方便。近年来摩托车、电瓶车成了村民的主要交通工具，近四成的村民家中有私家汽车。

S 村总耕地面积为 2300 亩，人均不到 4 分地，主要种植水稻和油菜。村内有一个人工湖，是下游乡镇的饮用水源。受水源地保护政策的影响，S 村的经济开发面临很多问题。目前村内有工业企业 3 家，主要经营采石和木材，雇用劳动力 400 人左右。由于村内经济不发达，多数居民得外出务工，外来务工人员很少见，主要在采石场工作。深圳、广州等广东沿海地区，是村民早年外出务工的主要地点。近年来，随着湘县国家级经济开发区的设立和湘县本地经济的发展，村民外出广东等地的人数大幅减少。

S 村的公共管理有村委、村党小组（对应原来的大队）和村民小组（对应原来的生产队或自然村）三级设置。村委有 6 名村干部，是有工资的，村党小组长、村民小组长则有少量补助。由于没有集体经济，S 村财政收入的主要来源是上级补助和财政补助，财政支出则主要是基础设施维护费和建设费，村行政管理费用也占有一定比例。2018 年前 3 个月，村收入总额为 190 万元，村管理费用为 40 余万元，其中村干部工资为 20 余万元，其他人员补助近 5 万元，二者合计 25 万余元。从公示的工资收入表看，村干部的工资明显上涨，书记的月工资自 2018 年 1 月起从原来的 1300 元涨到 2000 元，副书记的月工资从 1200 元涨到 1800 元，其他村干部的月工资从 1000 元涨到 1400 元。除工资外，村干部还有补贴。2017 年村干部的工资及补贴总额为 19.8 万元，假设 2017 年工资发放情况与 2018 年 1 月相同，则 2017 年村干部共领取补贴 12 万元，人均 2 万元，超过工资本身。此外，村干部还会有少量加班补助。据此，我们判断村干部的年均实际收入应该在5万元左右。

S村的社会保障制度。S村有77名村民领取了残疾人两项补助（抚恤补助每人360元/季度，护理补助每人240元/季度）中的一项或两项；2018年6月重新核定的低保家庭为58户，其中新增3户，取消12户，说明2017年全村低保家庭为67户；2018年3月有12户居民在领到近73万元医疗补偿费的同时，还得到了近7.9万元的医疗救助资金；2017年下半年有52户各类优抚对象拿到了数额不等的优抚资金。

S村有重视教育的传统。目前S村有2家幼儿园，其中1家为公立；小学1家，为"希望工程"捐建，无初中及以上的学校，另有私人补课机构2家。笔者在访谈中曾遇到一位"高四"学生（自称），因为高考成绩不够一本线所以复读。笔者在访谈中了解到，很多人对"高四"一词的含义是了解的，说明当地为了能上更好的大学而复读的现象比较普遍。笔者在访谈中还遇到一位母亲说自己的女儿极富舞蹈天赋，但村里缺少可以评级的正式培训机构。

与多数南方农村社区一样，在家里打牌和打麻将是S村较为流行的群众娱乐活动，此外的休闲娱乐设施极为有限，目前S村仅有篮球场3个、台球室1个、水泥棋盘1个（需自带棋子），另有广场舞场点3个，没有KTV。村内集体娱乐活动不多，除了每年一次的舞龙灯外，宗教组织会组织1~2次活动。S村传统上受佛教和道教影响较深，目前村内有寺庙3座，均由村民出资兴建，但均无僧侣住寺，参与宗教活动的多为老年人。

（二）D村儿童成长环境

D村于2004年8月由3个村合并而成，位于捞刀河畔，占地面积为18平方千米。全村有18个村民小组，1288户，常住人口为5428人，有6个党小组，172名共产党员。全村有3900亩耕地、6000亩山地，其中油茶林3400亩。D村共有19个姓，以罗姓为主，约占人口总数的70%。据罗氏族谱记载，明朝朱元璋称帝后，罗余宗夫妇持杖逃难来到此地安居并繁衍，勤耕重读，至今已有600多年的历史。D村依山傍水，绿树成荫，土地肥沃，适宜种植水稻。D村有3600名劳动力，其中60%的劳动力外出务工或经商，其余40%的劳动力在本村从事种植、养殖业，2019年D村村民人均收入为3.8万元，是当年全国农村人均收入的两倍多。从住房质量看，D村的要好于S村的。

D村是一个传统文化底蕴深厚的村庄，主要包括耕读文化、龙舟文化、家风文化等。近年来，村委非常重视挖掘当地传统的耕读文化，用来激励村民们勤俭节约，努力学习。一个由村民集资兴建的占地2亩的耕读文化馆已完成硬件建设。为了增强村民的文化自信，充分发挥传统文化对村民的教育作用，根据村内博士、乡贤人物多，贡献大的特点，村委还修建了"博士墙""功德墙"。同时，村委还将勤耕重教、家风家训、尚学进取等D村优秀文化传统融入景观，为此修复了有600多年历史的老龙井、300多年历史的罗氏老槽门、民国时期的湘县龙舟赛场——D村龙舟码头、400多年历史的老桥亭等。D村还重建了一座规模不大的佛教寺庙，寺庙坐落于一片幽静的树林中，目前也没有僧侣入住。

D村村委班子由7个人构成，包括正副书记、正副主任、2名村支部委员和1名村委委员，其中书记工资最高，一个月工资为4500元，主任一个月工资为4300元，村支部委员和村委委员一个月工资则为4000元。为了方便对村民进行组织管理，D村在村委下又划分了18个村民小组，每个小组设组长一人，组长一年给600元的补助。同时D村的党员又成立了6个党小组，每个组设一名党小组组长，负责组织党员的工作，党小组组长一年工资为1600元。为了维护妇女的权利，做好妇女工作，D村村委委派了8个妇女组长，由她们对村中妇女开展工作，每个妇女组长一年工资为600元。与此同时，村委班子还根据需要成立了村民卫生委员会、村民治安委员会等工作团体，每个团体的领导和组员都由村委成员交叉兼任，负责管理村中各项相关事务。

D村的社会保障体系建设比较完善。首先，在医疗保障方面，根据村委会公示的报销明细可以发现，大部分村民医务费用的报销比例能达到一半以上，这在一定程度上能缓解农村居民在医疗卫生方面的压力。其次，针对农村的一些弱势群体，如孤寡老人、病弱村民、残疾村民，村委也给予了社会救助。根据D村村委会的公示，D村2018年共有"五保户"17户，每户每月享受650元的补助，其中4户在镇敬老院集体供养，13户在村里分散供养。村委会公示的2018年7~8月的残疾补助名单显示，D村共有49位伤残人士享受补贴，根据伤残程度享受不同的补助金额，最高一个月可得500元。另据村委会公示，2018年享受最低生活保障待遇的家庭有24户，根据每户的人数给予不同金额的最低生活保障。D村的最低生活保障家庭、"五保户"以及残疾家庭补助名单都是经由村民本人申请，村小组民主选出来的，并向村民公示，接受村民监督。

D村是一个非常重视教育的地方，村中至今有22名博士、173名硕士、658名学士，是当地非常有名的"博士村"，对考取大学以及获得硕士、博士学位的学生都由村里的教育基金进行奖励并张榜通报表彰。村里共有两所小学，都是村办学校，每所学校有学生300多名，两所小学的教学水平相当。其中一所是D村完全小学，创建于1949年，目前已经成为镇内第二所完全小学，有班级9个，教职工17人。另一所创建于1965年，下设幼儿园，小学部共有10名教师，其中有本科学历者5人、中等师范学历者4人，幼儿园有教师3人、保育员1人。D村没有课外辅导机构，学生放学后一般在家中学习。

D村每年都要举办龙舟赛、篮球赛、广场舞赛等文体活动，丰富村民的文化生活。D村由村民组成的龙舟队就有2个、篮球队6个，广场舞队、军鼓队、舞蹈队等文艺队伍10余个。由于文体队伍多，村委耗资400万元建成了村级室内篮球场、室内高尔夫球训练馆、室内健身房，并建设了占地1000余平方米的文化广场和传统文化教育道德讲堂。另外，每年3月，该村都会用村民投票的方式选出功德人士和道德模范并在全村通报表彰，每年一次的道德宣讲，让"身边人讲身边事，身边人讲自己事，身边事教身边人"，请村里的好党员、好老人、好媳妇、好少年及模范人物，讲自己的故事，感染教育村民。

三 家庭环境

家庭是儿童成长的最重要的微观系统，家长则是家庭微观系统中最重要的成员。下面将从个人和组织两个层面描绘S村和D村儿童成长的家庭环境。

（一）家长作为监护人

家长作为家庭的重要成员，通常也是家庭事务的决策人和儿童教育的负责人,对儿童成长有着至关重要的影响。为了对 S 村和 D 村儿童的家长特点有所了解,下面将从性别、年龄、户籍、学历、信仰及宗教、婚姻状况、健康状况、职业身份和才艺与特长等九个方面进行简单的描述性介绍。

1. 性别

本次调查共收集有效家长问卷 314 份。接受问卷调查的家长中女性比例为 58.7%,明显高于男性。这与后续分析中发现女性承担儿童教育责任的比例高于男性是一致的。从表 2-1 看,D 村的女性受访者比例要明显高于 S 村的。这应该与 D 村外出务工男性比例更高有关。从表 2-2 中可以看到,年轻家长(40 岁以下)中受访的女性占比明显高于男性占比。需要说明的是,因为家庭中负责儿童教育的家长(监护人)最了解儿童的各种情况,因此我们要求调研员尽可能请受访家庭中负责儿童教育的家长填写问卷。但受家庭教育主体不在家等多种因素的影响,受访家长并不都是儿童的教育主体。如表 2-1 所示,部分受访人为女性,但其家庭教育主体则是男性,同样,也有部分受访人为男性,其家庭教育主体为女性。为了弥补由此带来的信息失真风险,我们要求填写问卷的家长必须在 18 周岁以上,且儿童问卷部分尽量由儿童自己填写,除非儿童自己因年幼等缺乏如实填写的能力。

表 2-1 受访家长的性别分布

单位:%

		男	女	总体
所在村	S 村	48.3	51.7	100.0
	D 村	33.1	66.9	100.0
全部样本		41.3	58.7	100.0
家庭教育主体	儿童父亲	15.6	7.1	10.6
	儿童母亲	19.5	26.6	23.7
	儿童父母双方	45.3	49.5	47.8
	爷爷/奶奶/外公/外婆	13.3	14.1	13.8
	说不清	6.2	2.7	4.2

2. 年龄

本次调查问卷分为监护人问卷和儿童问卷两个部分,调查时要求调研员选择有上学儿童（幼儿园、小学、初中或高中）的家庭填写。这样做的好处是，将儿童教育问题置于同一类型家庭内考虑。受此影响，受访家长中四分之三的家长年龄都在30~49岁，小于30岁的家长比例很低，超过50岁的家长比例也不高，60岁及以上的受访家长比例约为一成，说明村里存在一定数量的留守儿童（见表2-2）。从后面的分析也可以看到，确实有约一成的家庭教育主体是儿童的爷爷奶奶等。

表2-2 受访家长的年龄分布

单位：%

	18~29岁	30~39岁	40~49岁	50~59岁	60岁及以上	合计
男	1.5	26.0	50.4	9.2	13.0	100.0
女	7.5	44.1	31.7	8.6	8.1	100.0
全部样本	5.0	36.6	39.4	8.8	10.1	100.0

3. 户籍

在选择调查对象时，本次调查没有将村籍作为限定性条件。从问卷统计的结果看，近九成的受访家长持有本地农村户口，近一成受访者持有本地城市户口，只有少量受访者持有外地户口（见表2-3）。这说明，农村—农村的随迁儿童数量是极为有限的。由于调查时间包括了周末，此次调查能够收集到少量非农家庭的资料，这使本次研究多了一个城乡比较视角。

表2-3 受访家长的户籍状况分布

单位：%

	本地城市户口	本地农村户口	外地城市户口	外地农村户口	合计
男	3.9	93.0	0.8	2.3	100.0
女	10.8	84.9	2.2	2.2	100.0
全部样本	8.0	88.2	1.6	2.2	100.0

4. 学历

众多研究显示，家长的学历会对儿童教育产生重大影响。本次调查发现，受访家长中大专及以上学历者仅占总数的5.5%，而接近七成家长的学历为初中及以下，其中小学及以下学历也占一定比例，学历结构明显弱于全国平均水平。① 受访家长的学历总体偏低，与调查地为农村社区有关。相比较而言，女性家长中低学历者略多，但与男性的学历分布基本持平，说明所在地区在教育上并无明显的性别歧视传统（见表2-4）。将家长的学历与信仰及宗教、家庭人均月收入进行交叉分析后发现，中共党员和共青团员的学历要比其他信仰人士更高一些；家长学历更高的家庭人均月收入也更高一些。交叉分析还发现，S村家长和D村家长的学历结构非常相似，这与访谈中了解到D村的升学情况要明显好于S村的不一致。这与获得本科以上学历的村民基本不会再回到农村有关，而这反过来又会极大地限制农村的发展潜力。受访家长与配偶的学历也呈明显的正相关关系（$r = 0.549$）。

表2-4 受访家长的学历分布

单位：%

	小学及以下	初中	高中/中职	大专	本科及以上	合计
男	10.9	58.1	25.6	4.7	0.8	100.0
女	15.1	55.1	24.3	4.3	1.1	100.0
全部样本	13.4	56.4	24.8	4.5	1.0	100.0

5. 信仰及宗教

笔者所调查的村庄传统上以信仰佛教和道教为主。本次调查发现，受访家长中信仰佛教和道教的占受访家长总数的19.8%，信仰基督教和其他宗教的占9.5%，两项相加计29.3%。宗教信仰人士比例低，与全国性调查数据的结论类似，说明传统宗教信仰在信仰多元化的进程中衰落了。② 信仰共产主义的家长比例接近四成，这与其他调查中的发现有类似之处，共产主义成为乡村社会信仰结构中的重要组成部分确是不争的事实。另外，也有三分之一的受访家长表示自己是无神论者或无宗教信仰。信仰及

---

① 根据第七次人口普查数据，全国15岁以上人口中初中及以下学历者占66%，高中学历者占16.8%，大专及以上学历者占17.2%。
② 调查过程中没有发现佛教和道教之外的宗教设施，说明基督教等应该还处于"家庭宗教"阶段，其建制化过程尚未得到地方政府和乡村社会的认可。虽然有佛教和道教建筑，但并无僧侣住寺，说明宗教的影响是残余性质的，其影响力更多地体现在习俗和文化层面，而不是在组织层面。

宗教结构的多元化现象,在全国各地农村都有发现。但不同信仰体系存在于同一地理空间对儿童教育产生了怎样的影响,目前还缺乏深入的研究。将表2-5中的信仰及宗教选择转化为一个三分变量,并与家长学历及家庭收入进行相关分析后发现,信仰及宗教与学历有显著性相关关系($r = 0.288$),但与家庭收入不显著相关。这说明,学历高的更有可能成为中共党员或共青团员,而对家庭收入则没有大的影响力。

表2-5 受访家长信仰及宗教分布

单位:%

信仰及宗教	男	女	总体
中共党员	31.0	28.6	29.6
民主党派	0.0	0.5	0.3
共青团员	7.0	8.1	7.6
佛教徒	13.2	16.2	15.0
道教徒	4.7	4.9	4.8
基督教徒	0.0	1.1	0.6
其他宗教信仰	9.3	8.6	8.9
无神论者	31.8	25.9	28.3
无宗教信仰	3.1	5.9	4.8

6. 婚姻状况

本次调查中,绝大部分受访家长处于已婚状态,仅有少数为单身,离异及丧偶未婚者也很少(见表2-6)。需要说明的是,有个别留守家庭的爷爷奶奶受视力影响,不便填写问卷,其他家族成员在代写过程中勾选了未婚选项。因为不能假设没有结婚的爷爷奶奶就不可能有子女,我们在分析时没有进行更正处理。

表2-6 受访家长婚姻状况分布

单位:%

	已婚	未婚	离异	丧偶未婚	合计
男	92.2	3.1	3.9	0.8	100.0

续表

	已婚	未婚	离异	丧偶未婚	合计
女	97.3	1.6	0.0	1.1	100.0
全部样本	95.2	2.2	1.6	1.0	100.0

7. 健康状况

在对村干部的访谈中，我们了解到这里的村民不仅都有医疗保险，而且家庭收入水平也远高于全国农村平均水平，加上村庄生态环境良好，八成左右受访家长认为自己的健康状况比较好或非常好，近两成受访家长认为自己的健康状况一般，仅有1.6%的受访家长认为自己的健康状况较差或很差（见表2-7）。这意味着至少在生理条件上，大多数家长是有能力照看未成年人的。

表 2-7 受访家长健康状况分布

单位：%

	非常好	比较好	一般	较差	很差	合计
男	41.4	37.5	19.5	0.8	0.8	100.0
女	45.9	36.8	15.1	1.6	0.5	100.0
全部样本	44.1	37.1	16.9	1.0	0.6	100.0

8. 职业身份

虽然在被调查村庄中农民占有很大比例，但村民的职业身份已经发生了明显的转型。六成受访家长的职业身份是农民，但也有一成多是企业主和个体经营者，此外比较多的是企事业单位的员工和管理者。与其他农村地区一样，打散工和零工成为部分家庭的主要收入来源，但也有部分无业人员。有较高比例的政府官员和一般公务员，应该是村内比较重视教育的结果。村民的上述职业身份结构预示着：一方面家庭人均收入水平较高，另一方面贫富差距较大。与男性家长相比，女性家长的职业身份总体上不如男性家长，尤其是女性家长中的政府官员、一般公务员、个体经营者比例都明显低于男性家长。比较所调查的两个村，可以发现，其职业结构非常相似（见表2-8）。配偶间职业相似度很高，说明门当户对是当地缔结婚姻时非常重要的原则，这也符合农村社会的特点。

表2-8 受访家长职业分布

单位：%

	男	女	总体	S村	D村	配偶职业
农民	60.9	58.5	59.5	62.1	56.3	59.4
政府官员	3.1	0.0	1.3	1.8	0.7	1.0
一般公务员	2.3	0.0	1.0	0.6	1.4	1.9
企事业单位高管	0.8	0.5	0.6	0.6	0.7	1.0
企事业单位中层	2.3	3.8	3.2	1.8	4.9	4.2
企事业单位普通员工	5.5	6.0	5.8	4.1	7.7	6.5
企业主	0.8	0.5	0.6	0.6	0.7	0.3
个体经营者	12.5	9.8	10.9	11.2	10.6	12.0
离退休人员	0.8	0.0	0.3	0.0	0.7	0.3
散工/零工	4.7	4.4	4.5	4.1	4.9	6.8
无业	1.6	8.2	5.5	5.9	4.9	2.3
其他	4.7	8.2	6.8	7.1	6.3	4.2

9. 才艺与特长

家长如果有才艺与特长，可以自主丰富家庭教育的内容，也是社区组织各类兴趣爱好活动的自有资源。对于未来的社区青少年中心来说，了解这些潜在的人力资源是很重要的。从问卷统计结果看，约50%的家长没有什么才艺与特长，另外约50%的家长有某种才艺，其中主要是唱歌、球类运动和舞蹈。不少家长选择了"其他"，遗憾的是笔者没能弄清具体内容。在才艺与特长方面，性别区分很明显。从家长为配偶所做的选择看，配偶的才艺与特长分布情况类似，一半家长的配偶没有什么才艺与特长，有的则主要是唱歌、球类运动、舞蹈和书法等。如果本次问卷调查的数据是具有代表性的，那么所在村可以组织的各类才艺活动是很多的。从表2-9还可以看出，D村家长拥有才艺与特长的情况要明显好于S村，这与访谈过程中了解到的情况是一致的。从逻辑关系上可以说，D村家长拥有较多才艺与特长并不是D村举办较多文娱活动的原因，相反，D村开展较多集体性的文娱活动促使D村家长拥有更多才艺。

为了了解有多少家长及其配偶具有多项才艺与特长，我们生成了两个

表 2-9　家长才艺与特长分布

单位：%

	男	女	总体	配偶	S村	D村
球类运动	13.6	6.0	9.1	9.7	9.0	9.2
乐器	4.8	1.1	2.6	1.9	2.4	2.1
唱歌	11.2	24.6	19.2	12.9	14.5	23.9
舞蹈	1.6	7.7	5.2	4.5	0.6	9.9
美术	1.6	1.6	1.6	1.6	1.2	1.4
田径运动	2.4	3.3	2.9	3.2	1.8	3.5
武术	1.6	0.0	0.6	1.6	0.6	0.0
戏剧	1.6	0.0	0.6	0.6	0.0	0.7
书法	5.6	1.6	3.2	3.6	3.6	2.1
其他	22.4	14.2	17.5	20.1	15.7	19.0
没有	48.0	50.8	49.7	50.8	56.0	44.7

新的变量"才艺特长家长"和"才艺特长配偶"。结果发现，大部分家长都只有1项才艺与特长，但也有少数家长有2项或3项（见图2-1）。当然，这是将"其他"作为单项来统计的结果。相关分析显示，家长才艺与特长项越多，则其配偶的才艺与特长项也越多，二者之间的显著正相关程度相当高（$r=0.757$）；而如果家长没有才艺与特长，那么其配偶没有才艺与特长的可能性也很大（$r=0.634$）。联系上文家长与配偶在学历、职

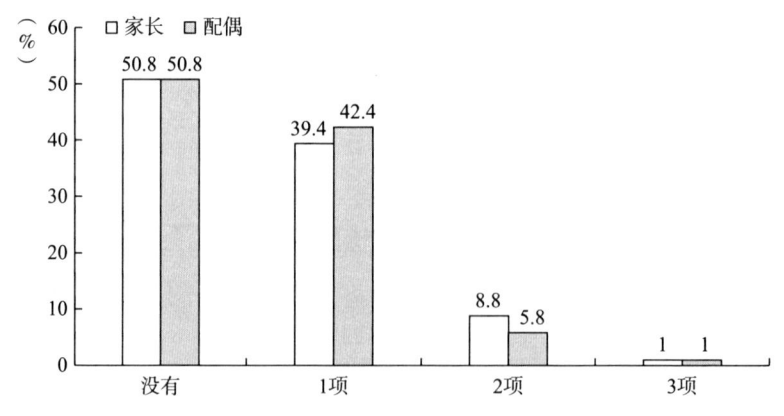

图 2-1　家长与配偶多才多艺的情况

业身份等方面也存在明显相关性的事实，可以初步得出下面的结论：门当户对并不局限于收入和社会地位，还体现在更多维度上；门当户对是农村社会的重要分层机制。

（二）家庭作为微观系统

家长是孩子的第一任老师，家庭是孩子的第一所学校。家庭作为最基层的社会组织，是儿童成长过程中最重要的微观系统。来自家庭成员的情感支持，对于儿童的人格形成至关重要。家庭的教育氛围，会对儿童的学业成就产生深远的影响。下面将从家庭人口规模、家长学历结构、家长就业结构、家庭收入水平、家庭生活水平、家庭关系、家庭面临困难和家庭照料负担等八个方面简单描绘儿童成长的家庭环境系统。

1. 家庭人口规模

受访家庭的人口规模在2~11人，其中最为常见的规模是4~6人，大于城市家庭的人口规模。5人的家庭的数量少于4人和6人家庭的，很可能与计划生育政策有关。这种一段时间内由严格的独生子女政策导致的家庭人口规模的"塌腰"现象，在其他调研中也有发现。① 需要说明的是，12.4%的家庭人口规模为7人或更多，这既与部分家庭尚未正式分家因而事实上有7人及以上的家庭成员有关，也与部分家长将分家的子系家庭仍然视为一个大家庭的组成部分有关（见图2-2）。与通常认为家庭人口越多则人均收入越低不同，相关分析表明，家庭人口数与家庭人均月收入是正相关的（$r=0.168$）。家庭人口数、子女数与家长及其配偶的学历均不显著相关，说明家庭人口规模受制于其他要素，而非家长学历。

因为是农村地区，计划生育政策（1982~2021年）的执行效果一直是打折扣的，② 因此，受访家庭中有约四分之一的家庭有1个孩子，而有2个孩子的家庭占比在六成以上。极个别家庭有5个以上的孩子，这应该是祖辈家长填写的结果。18岁以下未成年的孩子数则以1个及2个为主，两者相加，占总数的九成。有3个及以上未成年孩子的家庭约占一

---

① 张网成：《南江社会的分层与反制》，北京交通大学出版社，2015。
② 在村委的公告栏里，超生的家庭及其罚款额度是要公布的。不过，实际上交罚款的家庭数占应交罚款的家庭数的比例很小，而且上交罚款的家庭中全额交足的也很少。

图 2-2 受访家庭人口规模

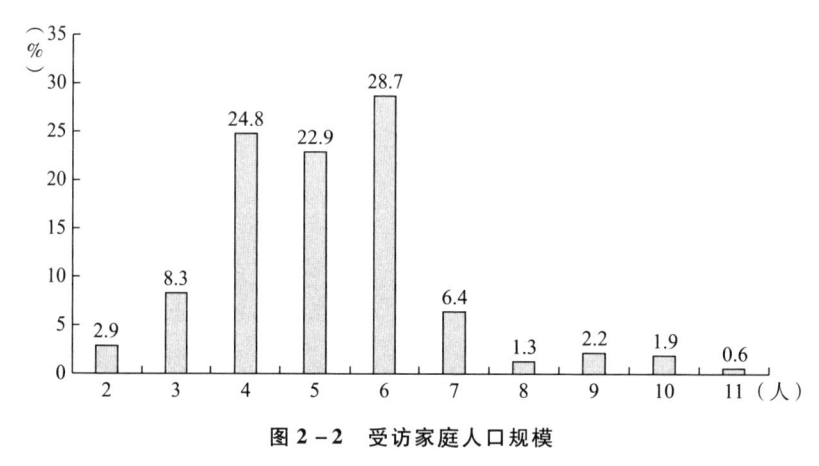

成(见图 2-3a、b),家长年龄与孩子数呈正相关关系。

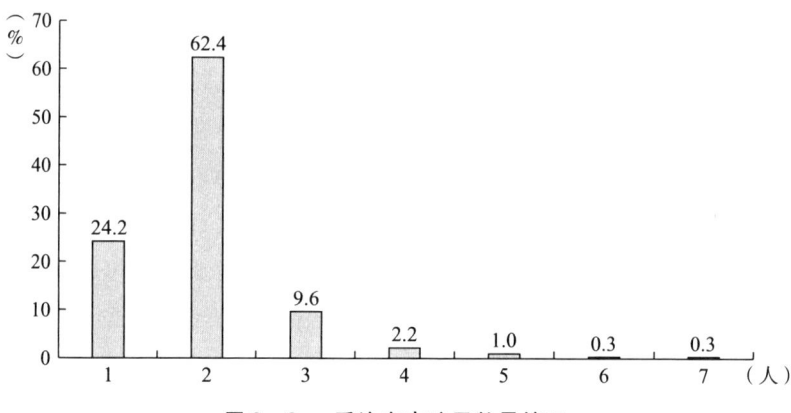

图 2-3a 受访家庭孩子数量情况

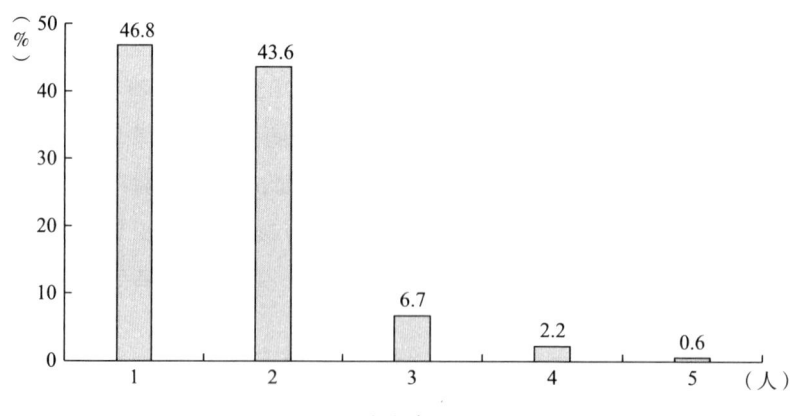

图 2-3b 受访家庭未成年孩子数

2. 家长学历结构

和表2-4受访家长学历分布基本一致,其配偶的学历半数以上集中在初中层次,七成家长的配偶的学历是初中及以下。得益于D村拥有更加深厚的耕读文化传统,D村受访家长配偶的学历在高中/中职、大专层次的人数要多于S村的,同时小学及以下学历者明显少于S村的(见表2-10)。这也从侧面反映了此次问卷调查收集的数据是真实可靠的。

表2-10 受访家长配偶的学历分布

单位:%

	小学及以下	初中	高中/中职	大专	本科及以上	合计
S村	18.1	54.8	21.7	3.0	2.4	100.0
D村	9.9	56.3	25.4	7.0	1.4	100.0
全部样本	14.3	55.5	23.4	4.9	1.9	100.0
小学及以下	66.7	26.2	2.4	4.8	0.0	100.0
初中	7.3	77.4	12.4	1.7	1.1	100.0
高中/中职	2.6	32.1	60.3	3.8	1.3	100.0
大专	14.3	14.3	28.6	35.7	7.1	100.0
本科及以上	0.0	0.0	0.0	33.3	66.7	100.0

将学历分成初中及以下和高中/中职及以上两种情况,通过配对分析,我们发现择偶时存在"学历门当户对"现象(见表2-10)。夫妻一方为小学及以下学历的,另一方亦为小学及以下学历的占比为66.7%;夫妻一方为初中学历的,另一方亦为初中学历的占比为77.4%;夫妻一方为高中/中职学历的,另一方亦为高中/中职学历的占比为60.3%;夫妻一方为大专学历的,另一方亦为大专学历的占比为35.7%;夫妻一方为本科及以上学历的,另一方亦为本科及以上学历的占比为66.7%。

为了进一步考察"学历门当户对"现象,我们将夫妻双方同一学历级别的情况称为"严配",将夫妻双方学历差一个级别的情况称为"邻配"(如一方为初中学历而另一方为高中/中职或小学及以下学历),将夫妻双方学历差两个级别的情况称为"近配"(如一方为初中学历而另一方为大专学历),将夫妻双方学历差三个级别的情况称为"远配"(如一方为初中学历而另一方为本科学历），将夫妻双方学历差四个级别的情况称为"超远配"（如一方为小学及以下学历而另一方为本科学历），并由此生成一个新的变量"夫妻学历匹配度"。统计结果见图2-4，"严配"占夫妻学历总数的近七成，其余的三成以"邻配"为主，"近配"和"远配"极为少见，未发现"超远配"的个案；这说明，在农村社会的婚配过程中，"学历相当"是一个流行的原则。正是通过低配低、高配高的婚配原则，夫妻双方的学历匹配度呈现明显的金字塔结构。相关分析表明，夫妻学历匹配度与儿童综合表现之间存在显著正相关关系（$r=0.190$）。婚配过程中追求学历上的匹配，对家庭教育会产生长久影响，成为农村家庭教育分层的重要致因。

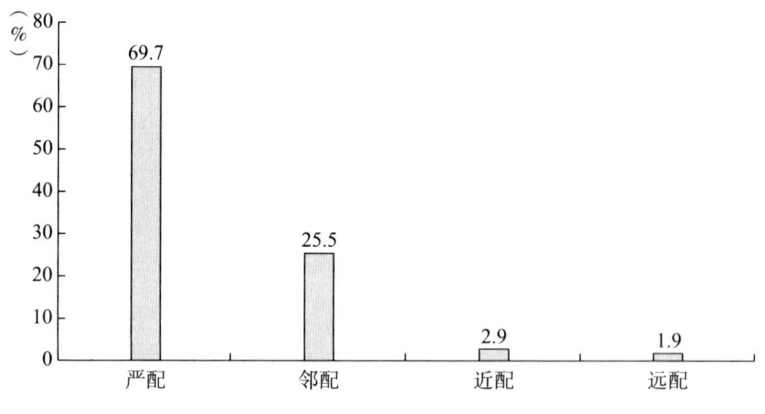

图2-4 夫妻学历匹配度

3. 家长就业结构

在表2-8中，我们也展示了受访家长配偶的职业身份情况。直观地看，家长的职业身份分布与其配偶的职业身份分布是近似的。相关分析也表明，家长的职业身份与其配偶的职业身份之间是高度相关的：在0.01置信水平下的相关系数为0.587。这说明，与家长夫妻双方学历同构比较普遍一样，家长夫妻双方的职业身份也存在较高的同构比例。以农业劳动者为例，59.5%的家长选择了农民作为自己的职业身份，通过交叉分析我们还发现，夫妻双方职业身份都是农民的占比为50%，也就是说，夫妻双方只要一方是农民，那么另一方是农民的概率高达84%。这种同构现象会在教育和收入等方面产生马太效应。

4. 家庭收入水平

为了了解家庭收入水平，问卷就"近半年来家庭人均月收入"进行了分档提问。从统计结果看，受访家庭的收入分化是比较明显的，人均月收入低于1000元的家庭和人均月收入高于4000元的家庭各占两成，4.8%的高收入家庭（人均月收入为8000元及以上）的人均月收入是4.2%的低收入家庭（人均月收入为500元以下）的人均月收入的16倍。家庭收入差异决定了家庭在儿童教育方面的投资能力的不同，在走访中我们也发现高收入家庭表示更重视教育质量。在访谈村干部时我们了解到S村的人均年收入在2.3万元左右，而D村的人均年收入则高达3.5万元。从表2-11可以看出，D村受访家庭的人均月收入集中在2000~3999元，而S村的受访家庭人均月收入集中在1000~1999元。这说明，本地调查收集的收入数据与村委统计的总体上是一致的。

表2-11 受访家庭人均月收入分布

单位：%

	500元以下	500~999元	1000~1999元	2000~3999元	4000~7999元	8000元及以上	合计
S村	4.8	19.0	28.6	25.6	18.5	3.6	100.0
D村	3.5	12.5	25.0	40.3	12.5	6.2	100.0
全部样本	4.2	16.0	26.9	32.4	15.7	4.8	100.0

5. 家庭生活水平

为简单起见，本次调查问卷使用主观自评方式测量了受访家庭的生活水平。与各地调查的结果类似，认为自己家庭生活水平一般的比例很高，认为自己家庭生活水平较高或较差的比例都很低（见表2-12）。这种主观生活水平结构反映了村民实际生活水平的两极化现象比较严重，并且尚在不断分化之中。D村的实际收入更高，但两极化现象更为严重。在访谈过程中村干部曾领笔者参观过一个千万元级的豪宅，而当地的调研员都说只是耳闻但不知道具体位置。这种情况说明生活水平的两极化已经开始影响村民之间的日常交往。

表 2-13 受访家长对家庭生活水平的评价

单位：%

	富裕	较富裕	一般	较差	很差	合计
S 村	3.0	7.7	78.6	6.5	4.2	100.0
D 村	2.1	4.9	89.5	3.5	0.0	100.0
全部样本	2.6	6.4	83.6	5.1	2.3	100.0

6. 家庭关系

家庭关系是指家庭成员之间相对稳定的人际关系。本次调查没有全方位收集家庭关系数据，而只是收集了与家庭教育关系最密切的亲子关系和家长夫妻关系。家长（监护人）与配偶的关系对于亲子关系及儿童教育的影响深远。根据家庭系统理论，问卷将家长及其配偶之间的关系分为五种类型。从统计结果看，86%的家长反映其与配偶之间的关系是和谐的，但仍有近6%的受访家长与配偶分歧点较多甚至准备离异，另有8.1%的家长与配偶的关系是欠和谐的。相比较而言，S 村受访家庭夫妻关系要略好于 D 村，家庭和谐的更多，而有问题的家庭更少（见表 2-13）。

表 2-13 受访家长与配偶的关系

单位：%

	S 村	D 村	总体
矛盾总能得到及时处理，关系非常和谐	44.2	37.8	41.2
有些小矛盾，但互相尊重，总体上很和谐	44.8	44.8	44.8
各忙各的事，交流不多，总体上相安无事	7.3	9.1	8.1
分歧点较多，勉强维持稳定	2.4	4.2	3.2
矛盾多，合不来，已离异或准备离婚	1.2	4.2	2.6

根据亲子关系的亲密程度，问卷将其分为六类。从统计结果看，约三成家庭的亲子关系是"亲密无间，无话不谈"的，超五成家庭的亲子关系处于"互相信赖，基本问题都能沟通"及"相互尊重，能就重要事件交流意见"的良好状态，另有约一成半家庭的亲子关系处于表面良好实则疏离（"关系良好，但一般不干涉孩子的事"）的状态，只有不足半成的家庭的亲子关系明显处于冷淡和关系紧张状态。总体上，约八成受访家长主观上认为与儿童

的亲子关系还是比较好的，只有不到两成的家长感受到干预不足、缺少交流及关系紧张。相比较而言，D村的受访家长对亲子关系的判断要更乐观一些。需要在此稍做说明的是，根据波文的家庭系统理论，过于密切（"亲密无间，无话不谈"）的亲子关系会抑制儿童的"自我分化"，从而不利于儿童在心智和情感上顺利成长为成熟的独立个体。① 因此在后文的分析中，笔者不会将"亲密无间，无话不谈"归为亲子关系良好状态来处理。

表2-14 亲子关系（家长视角）

单位：%

	S村	D村	总体
亲密无间，无话不谈	32.5	23.7	28.5
互相信赖，基本问题都能沟通	45.2	41.0	43.3
相互尊重，能就重要事件交流意见	7.8	12.2	9.8
关系良好，但一般不干涉孩子的事	10.2	19.4	14.4
很少交流，但也相安无事	4.2	2.2	3.3
关系有点紧张，交流容易引起争吵	0.0	1.4	0.7

7. 家庭面临的困难

儿童作为家庭成员，一般对于家庭面临的困难是有感知的，甚至有可能深度介入其中。因此，家庭面临的各项困难可能会对儿童成长产生复杂的影响。问卷从经济、社保、教育、家庭关系和社会环境等五个方面罗列了16个选项供受访家长选择。从调查结果来看，受访家长反映的主要困难集中在"经济收入不足"、"买不起城里房子"及"孩子教育费用太高"等方面。有约四分之一的家长选择了"其他"项，说明问卷罗列的问题是不够全面的。我们调查的两个村，大部分居民住的是两层小楼，将"买不起城里房子"作为家庭面临的困难项，是因为考虑到下一代的读书、工作和婚后生活的便利性。将这一项与孩子相关的项（"孩子进不了好学校""孩子教育费用太高""孩子不上进""家里没男孩"）等合并计算，则选择与孩子相关问题作为困难项占全部困难项选择频次的比例高达53.3%。

---

① 吴煜辉：《Bowen的自我分化理论及其对早期家庭教育的启示》，《教育导刊》2010年第12期。

如果将"孩子进不了好学校"、"孩子教育费用太高"和"孩子不上进"三项视为与孩子教育相关的项,则家长反映的家庭困难中有26.2%与孩子教育有关。相比较而言,D村家长反映的"买不起城里房子""经济收入不足"等家庭困难比例要比S村的稍低,这与D村的收入水平高于S村的情况是一致的;D村家长所反映的孩子教育相关的困难度(占总选择频次的23.9%)也小于S村的(占总选择频次的28.1%),这可能与D村更重视教育有关(见表2-15)。

表2-15 受访家庭面临的困难

单位:%

	S村	D村	总体
买不起城里房子	35.4	26.8	31.4
孩子教育费用太高	30.5	19.0	25.2
经济收入不足	36.0	29.6	33.0
医疗保障不足	8.6	12.0	10.2
孩子进不了好学校	17.7	14.1	16.0
找不到好工作	11.6	18.3	14.7
家庭矛盾大	0.6	4.9	2.6
有冤不能申	0.6	0.7	0.7
家里没男孩	4.3	3.5	3.9
孩子不上进	4.9	12.0	8.2
家庭债务多	4.3	4.2	4.3
社会不公平	0.6	2.8	1.6
养老没保障	6.7	5.6	6.2
生活环境脏乱差	5.5	1.4	3.6
邻里关系紧张	0.6	2.1	1.3
其他	20.7	31.7	25.8

问卷将家庭面临困难的选项限定为最多三项。从总选择次数看,平均每位家长选择了1.89项。为了观察问题集中程度,我们生成了新的变量"家庭困难集中程度"。从图2-5可以看出,没有任何困难的家庭很少,只有1项困难的家庭占43%,有2项的占24%,有3项的占30%,另外还

有2%的家长无视问卷规定选择了4项。同样，我们也将5个和孩子教育相关的选项合并生成了新的变量"家庭困难教育项集中程度"（见图2-6）。结果显示，接近四成的家庭没有任何困难，但也有近两成的家长反映家庭同时面临2~3项困难。将2个新生变量进行相关分析发现，二者有较高的显著相关度（$r=0.653$），说明在家长眼里孩子教育问题是家庭困难的重要组成部分。

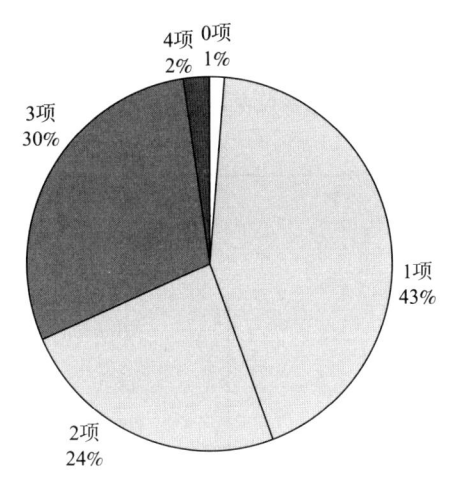

图2-5 家庭困难集中程度

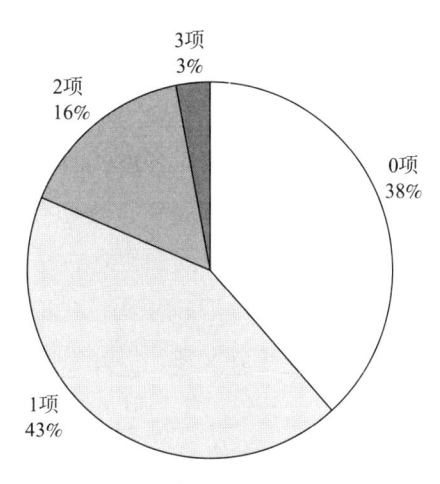

图2-6 家庭困难教育项集中程度

8. 家庭照料负担

照料孩子和照料其他家人在时间和精力上是相互挤占的。基于这一点,问卷询问了家长家中是否还有老人、残疾人、重病患者等需要照顾。从统计结果看,近八成家庭没有这些照料负担,但也有近七分之一的家庭有行动不便的老人需要照顾,还有少数家庭有病患或残疾人需要照顾。交叉分析还发现,在24.4%有其他人需要照料的家庭中,大多数只有一类家庭成员需要照料,但也有少数家庭有多类家庭成员需要照料。相关分析显示,需要照料的成员越多,则家庭面临的困难项也就越多,二者之间呈显著正相关($r=0.175$)(见表2-16)。

表2-16 受访家庭中是否有需要照料的成员

单位:%

	S村	D村	总体
行动不便的老人	12.0	13.5	12.7
残疾人	4.2	0.7	2.6
重病患者	3.6	0.7	2.3
慢性病患者	7.2	6.4	6.8
没有上述人	78.4	79.4	78.9

注:需要补充说明的是,因为少量家庭同时有多名家庭成员需要照料,故表2-16中各列数字相加会大于100%。

四 儿童成长表现

上面三个部分分别描绘了调查村庄儿童成长的家庭环境、社区环境和乡镇环境,较为完整地反映了影响儿童成长的微观系统、中间系统、外在系统和宏观系统。为保证后面章节的独立和完整,这一部分将补充一些儿童基本信息。这些信息主要反映受访儿童的学业和文体活动参与情况。

在受访家长填写问卷后,调研员发现,部分家庭的儿童并不在家。虽然调研员也通过回访进行了部分补救工作,但最终还是有18份儿童问卷空白。[①] 收集到的儿童问卷总数为296份,占家长问卷总数的94.3%。需要

---

① 本次问卷调查没有给受访家长及儿童准备礼品,因此,从配合的情况来看,大多数受访者是出于个人自愿,但也有不少是因为与我们所招募的当地学生志愿者相熟有关。部分儿童问卷没有填写,也与少数儿童不愿意有关,但大多数则是因为不在家。

说明的是，学龄前儿童及部分低年级儿童，实际上是由家长代为填写问卷。本部分将从性别、年龄、就学情况、亲子关系、学业表现和文体特长等六个方面介绍一下受访儿童的基本情况。

（一）性别

本次受访儿童中女性所占比例为54.7%，明显高于男性。从表2-17可以看到，D村的女性受访儿童比例高于S村的，而S村的性别比例则较为平衡。这可能与调研员的性别有关，相比于S村，D村招募到的当地调查志愿者中女性居多。同性之间沟通更为便捷高效。但最终性别比例处于可控的适当范围内。

表2-17 受访儿童的性别分布

单位：%

	男	女	合计
S村	50.0	50.0	100.0
D村	40.0	60.0	100.0
全部样本	45.3	54.7	100.0

（二）年龄

本次儿童问卷的调查对象为3~18岁的未成年人。从统计结果看，受访儿童的年龄分布主要集中在8~18岁（占总数的88.5%），7~12岁小学年龄段的占40.6%，13~15岁初中年龄段的占27.0%，16~18岁高中年龄段的占25.0%，其余7.4%的为3~6岁的幼儿园小朋友（见图2-7）。

（三）就学情况

受访儿童主要集中在小学到高中二年级，高三学生由于学业繁忙、放假时间短，被访谈到的较少。此外，也有少量幼儿园小朋友成了受访对象。总体来看，调查对象中小学生、初中生和高中生的分布是比较均衡的（见表2-18）。本次调查的两个村中没有发现不上学的未成年人。这说明当地家长确实比较重视教育。

图 2-7 受访儿童的年龄分布

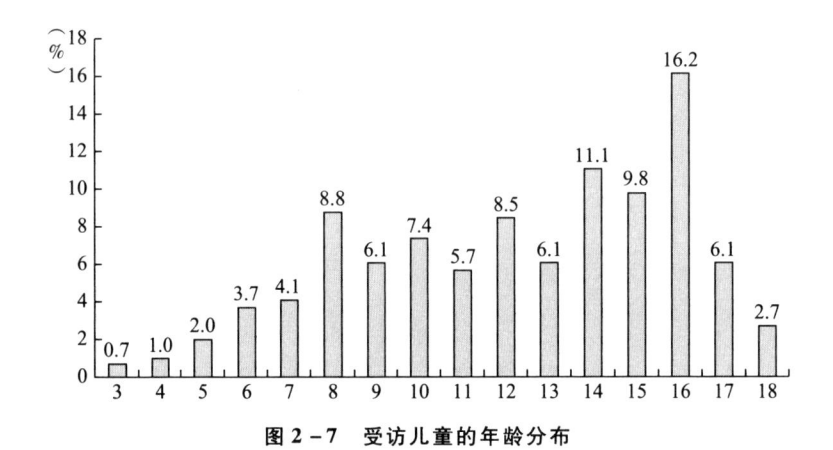

表 2-18 受访儿童就学分布

单位：%

	小学	初中	高中	中职	幼儿园	合计
男	34.0	23.1	32.1	3.2	7.7	100.0
女	32.9	27.9	24.3	7.9	7.1	100.0
全部样本	33.4	25.3	28.4	5.4	7.4	100.0

（四）亲子关系

上文从家长的角度询问了亲子关系，这里是从儿童角度进行提问的。与家长评价类似，约五成儿童与父母的关系是良性的，三成儿童与父母的关系"亲密无间，无话不谈"，两成的儿童与父母"很少交流，但也相安无事"，"关系有点紧张，交流容易引起争吵"或"关系良好，但一般父母不干涉自己的事"，另有少量儿童与父母的关系比较紧张。相比较而言，男孩与父母关系处于良性状态的比例略高于女孩（见表 2-19）。更多女孩认为自己与父母的关系良好而且一般不受干涉，这可能与女性比较顺从和听话有关。

表 2-19 亲子关系（儿童视角）

单位：%

	男	女	总体
亲密无间，无话不谈	29.9	30.6	30.3

续表

	男	女	总体
互相信赖，基本问题都能沟通	28.3	33.1	31.0
相互尊重，能就重要事件交流意见	23.6	13.8	18.1
关系良好，但一般父母不干涉自己的事	8.7	13.1	11.1
很少交流，但也相安无事	7.1	5.6	6.3
关系有点紧张，交流容易引起争吵	2.4	3.8	3.1

在儿童被询问是否会与家长谈心时，六成以上儿童表示偶尔会，近三成表示经常会，剩下的一成受访儿童表示从来都不会，说明大部分儿童是不会遇到问题就找家长谈心的（见表2-20）。问题是，如果不找家长，儿童又如何处理自己的问题？从相关分析的结果看，是否与家长沟通与亲子关系的密切程度呈负相关（$r = -0.336$），与家长眼中的成长表现（$r = -0.150$）和家庭教育问题项（$r = -0.181$）也都呈显著负相关。这说明，不经常主动沟通的儿童在家长眼中是表现较好的，但客观上是问题较多的，儿童之所以这样做（回避问题、隐匿问题）是为了维护更加密切的亲子关系。也就是说，从沟通的角度看，很多家庭的亲子关系是有问题的，有掩盖矛盾的倾向。相对来说，受性别角色的影响，女生要比男生更倾向于找家长谈心，但事实上，男生的心理健康与情绪疏导问题同样值得重视。家庭对于儿童的理解和教育还是存在一些不足的，可以考虑通过社区家长教育论坛等方式来进行弥补。

表2-20 受访儿童是否会与家长谈心

单位：%

	从来都不会	偶尔会	经常会	合计
男	11.7	66.4	21.9	100.0
女	6.8	60.9	32.3	100.0
全部样本	9.0	63.3	27.7	100.0

（五）学业表现

根据受访儿童的自我评价，有23.3%的儿童称自己在学校的成绩属于比较好的，13.5%自认为属于比较差的，其余63.2%的认为自己的成绩一般。成绩排名不是本研究最为关心的。从社区教育的视角看，本研究更重视儿童的综合表现和自理能力。调查发现，33.6%的受访儿童称始终能独立完成家庭作业，31.1%的受访儿童称在多数情况下会独立完成家庭作业，两项相加表明，接近三分之二的受访儿童基本上可以独立完成家庭作业，另有略高于三分之一的儿童则需要偶尔甚至经常性辅导（见表2-21）。相关分析结果显示，受访儿童家庭作业独立完成情况与学生的成绩情况在0.01水平（双侧）上呈显著相关（$r=0.205$）。学习成绩较好的儿童，大多能够独立完成作业；相反，学习成绩较差的儿童更需要作业辅导。值得注意的是，在成绩良好的受访儿童中，也有约三成的儿童需要偶尔或经常性辅导，而成绩较差的受访儿童中有辅导需求的则超过了半数（51.3%）。这种情况表明，确实有不少儿童需要作业辅导，而这也应该是家校社合作需要解决的一大问题。

表2-21 受访儿童家庭作业独立完成情况

单位：%

	始终能独立完成	多数时候都行	偶尔需要辅导	多数时候需要辅导	合计
属于比较好的	47.0	21.2	30.3	1.5	100.0
处于中游	32.0	34.8	24.9	8.3	100.0
属于比较差的	17.9	30.8	28.2	23.1	100.0
全部样本	33.6	31.1	26.6	8.7	100.0

除了要求受访儿童对自己的学习成绩进行主观评价外，问卷还询问了受访儿童的功课强项有哪些。从统计结果看，有16.2%的男生称自己没有什么功课强项，没有功课强项的女生比例要明显低于男生比例。与男生相比，女生在语文、英语和政史地等功课上要明显更强一些；反过来，男生在数学、理化生等功课上要强于女生（见表2-22）。相关分析表明，没有功课强项的儿童对于自己的学习成绩的评价也比较低（$r=0.234$），语文、数学和英语是强项的儿童，对自己的学习成绩评价更高，相关系数分别为-0.157、-0.335和-0.144；相反，理化生和政史地是否为强项则与儿童的学习成绩自评无显著相关关系。这显示儿童在自我评价上更加偏重于

主科。这也可以解释为什么相对于政史地等副科来说，更多学生的强项在语文、数学和英语等主科上。

除了没有功课强项的情况外，多数受访儿童只有1科功课强项，但也有7.2%的受访儿童有3科及以上的功课强项，其中0.3%的"学霸"在各学科的表现都很强（见图2-8）。相关分析显示，功课强项数越多，自评成绩越佳（$r=-0.382$）、越能独立完成家庭作业（$r=-0.166$）。

表2-22 受访儿童擅长学科分布

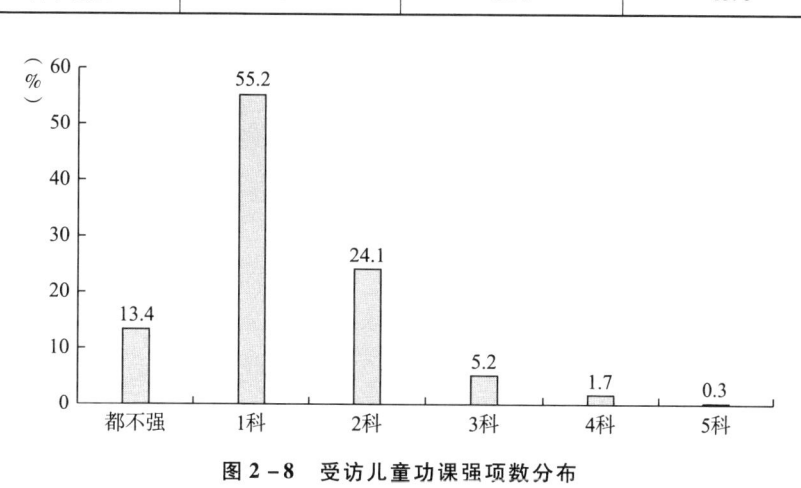

单位：%

	男	女	总体
语文	24.6	55.6	41.7
数学	50.0	25.6	36.6
英语	20.0	39.4	30.7
理化生	11.5	6.2	8.6
政史地	6.2	13.1	10.0
都不擅长	16.2	11.9	13.8

图2-8 受访儿童功课强项数分布

（六）文体特长

问卷统计结果表明，受访儿童较为擅长的文体项目有球类运动、唱歌、美术和田径运动等。相比较而言，男生偏向于球类和田径运动，女生更擅长美术和唱歌，性别差异较为明显。村中室内篮球场等公共设施场地为儿童发展文体特长提供了一定物质保障,私人舞蹈培训机构也给予了儿童学习舞蹈的便利。此外,学校开设的素质教育课程也对儿童的文体特长产生了影响。但还有近四分之一的儿童没有任何文体特长。这说明目前来自学校、社区和商业培训机构的文体特长培训服务供给还不足。近半数的受访男生爱好球类运动,反映了社区体育设施对儿童文体特长形成有较大的影响。对比儿童和家长擅长的文体特长项目,可以发现,儿童拥有文体特长方面总体上要好于家长;除了唱歌这样无须特别设施的项目外,在其他项目上儿童与家长有明显的不同,这说明,家长与子女在文体特长方面并没有明显的代际承继关系,也说明,转型中的农村社区也不再是原来的传统社区了(见表2-23)。

表2-23 受访儿童文体特长分布

单位:%

文体特长类型	儿童			家长
	总体	男生	女生	
球类运动	22.7	45.4	4.3	9.1
乐器	6.5	4.6	8.1	2.6
唱歌	19.2	12.3	24.8	19.2
舞蹈	0.3	0.0	0.6	5.2
美术	19.2	7.7	28.6	1.6
田径运动	13.4	14.6	12.4	2.9
武术	1.7	3.1	0.6	0.6
戏剧	1.4	0.8	1.9	0.6
书法	7.6	6.2	8.7	3.2
其他	0.3	0.0	0.6	17.5
没有	23.4	23.1	23.6	49.7

除了没有文体特长的情况外,多数儿童只有1~2项文体特长,也有少数儿童有4项及更多项特长(见图2-9、图2-10)。相关分析表明,有没有文体特长与学习成绩并不相关,但是否有文体特长与功课强项数显著相关($r=-0.161$),文体特长项越多则功课强项也越多($r=0.233$),而

功课强项多少又与学习成绩显著相关（$r = -0.382$）。这说明，学习成绩不是参与文体活动而取得的，但是在习得文体特长的过程中所学到的练习方法、自信心、自强心和意志力可能会对儿童集中精力专研某门功课有作用，继而间接地助力儿童提高学习成绩。至少，无明显证据表明拥有文体特长会对学习成绩产生不利影响。这一发现非常重要，表明教育主管部门坚持要求中小学生参加文体活动的方向是正确的，也启示我们，通过校社合作加强儿童文体活动项目供给是有意义的。

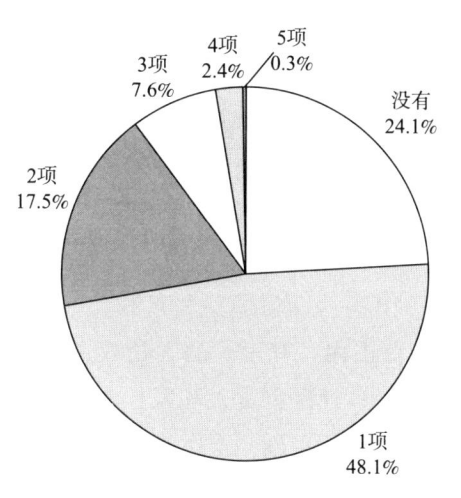

图 2-9　儿童文体特长项数分布

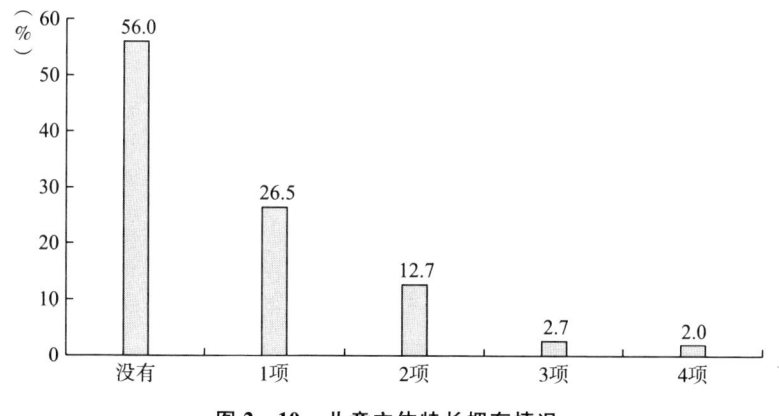

图 2-10　儿童文体特长拥有情况

教育部公布的《义务教育学校管理标准》（2017）要求，"利用当地教育资源，开发具有民族、地域特色的艺术教育选修课程，培养学生艺术爱好，让每个学生至少学习掌握一项艺术特长"。将乐器、舞蹈、唱歌、美术、书法和戏剧视为文艺特长项，经分析后发现，仅44%的受访对象有一项及更多文艺特长，远远没有达到教育部"让每个学生至少学习掌握一项艺术特长"的要求。

小　结

本章描绘了调查村庄儿童成长的家庭环境、村庄环境、乡镇环境，以及儿童的成长表现，小结如下。

（1）在乡镇范围内，存在正式的学校教育机构，但缺少非正式的校外教育机构；少量的校外教育机构又以营利性的培训机构为主，公益类儿童服务机构少之又少；乡镇主管领导认同社区教育，但强调缺少财政资金而难以有所作为；为数不多的社区儿童活动，参加人数很少，内容缺乏吸引力。

（2）在社区/村庄范围内，有正式的学校教育，但几乎没有商业培训机构，微观环境比较单一；社区负责人和家长都很重视教育，但所意指的实质是应试教育；有少量文体设施，但类型比较单一，缺少俱乐部性质的儿童文体组织。

（3）儿童成长的家庭环境复杂，存在诸多不利面向：家长学历普遍较低，以初中和小学为主，且夫妻之间学历呈现低配低的结构，不利于吸收新家庭教育思想和方法；信仰多样化，但社区红色文化教育缺失；相当一部分家长有一定的才艺与特长，可以成为社区教育潜在志愿者；家长职业身份以农民为主，且夫妻间职业同构现象明显，将导致贫富分化加大，家庭教育能力差距继续增大；家庭收入水平差距大，并在继续扩大中，家庭教育投资能力差异明显；部分家庭夫妻关系不理想，两成家庭亲子关系不良；与孩子教育相关的问题是目前家庭面临困难的重要组成部分，六成家庭面临子女教育方面的困难，其中两成家庭有两项以上困难；近两成家庭有行动不便老人、残疾人等需要特殊照料的家庭成员，这会分散家长对孩子教育的精力和资源。

（4）在目前的教育环境中，儿童成长面临一些问题：七成儿童与家长存在不同程度的沟通问题，对建立正常的亲子关系有不利影响，对夫妻关系也有负面影响，亲子关系有待改善；部分儿童不能独立完成家庭作业，而目前的校外辅导以市场教育服务为主，质量不高、数量不足，亟须学校及公益机构介入儿童作业辅导；近四分之一的儿童没有文体特长，说明现在的学校教育和社区活动都不能满足需求，需要公益组织和商业培训机构补足。

第三章 家庭教育现状

家庭教育，指家长根据自己对孩子的期望目标，按照一定的计划、步骤，通过各种中介因素（如家庭物质条件、精神文化生活、心理气氛、长辈的语言和行为等）去影响孩子，孩子又以自己的情绪和言行等表现反作用于家长的一种连续的双向的互动过程。家庭教育既是人生整个教育的起点并贯穿儿童成长始终，也是学校教育和社区教育的基础及合作伙伴。[①] 本章将从家庭教育主体、家庭教育价值观、家庭教育方式、家校合作、家庭教育的社区支持及家庭教育成效与问题等几个方面描述和分析调查村庄儿童的家庭教育现状。

一　家庭教育主体

家中谁负责儿童教育，家长和儿童可能会有不同的感受和判断。鉴于此，问卷分别对家长和儿童进行了提问。事后的分析证实了这种预判，家长和儿童对于家庭教育主体的认知确实有较大的区别，二者的相关系数仅为 0.282。下面笔者将分别从家长视角和儿童视角进行描述和分析。

（一）家长视角

家庭教育主体对于儿童的健康成长有着至关重要的影响。从本次调查的情况看，父母双方共同教育儿童的比例最高，但也有相当比例的儿童是由父母中的一方教育的，其中又以母亲一方为主。这样的分布与其他调查类似。[②] 由祖辈（爷爷/奶奶/外公/外婆）承担教育主责的家庭比例达到 13.7%，这与部分儿童父母外出务工或推卸教养责任有关。相关分析发现，学历与年龄之间存在显著性相关关系（$r=0.345$），说明年龄较大的家长中低学历的比例更高。这也是祖辈承担儿童教育主责的不利因素之一。S 村由祖辈承担教育责任的家庭比例较小，与该村部分家长在村内和村庄附近工作有关。S、D 两村父母一方或祖辈为家庭教育主体的比例高达 47.7%，说明调查所在地的"留守儿童"问题也是

[①] 李天燕：《家庭教育学》，复旦大学出版社，2007。
[②] 陈秋珠、向璐瑶：《陕西省 0～18 岁儿童家庭教育现状调查——基于 13094 份问卷的分析》，《渭南师范学院学报》2020 年第 8 期。

比较严重的。① 值得注意的是，部分家庭的教育主体不明确，从儿童视角看，这一比例甚至更高一些（见表3-4），这显然对于儿童的健康成长是不利的。考虑到家庭教育主体可能还包括父母及祖辈之外的其他关系人，如兄、姐、姑姑、叔叔等，调查员在受访者选择"说不清"选项时进行了追问。结果表明，除了极个别例外，"说不清"在绝大多数情况下都是"没有明确的教育主体"的意思。但从表3-1的斜体部分儿童报告的情况看，家长认为家中没有明确的教育主体、在孩子看来也没有的只占一成半，大多数情况下是父母都管或由母亲管。

在社会转型和家庭变迁的过程中，父亲的教育职能发生了明显的变化。在强调"养不教，父之过"的传统社会，父亲的教育职能体现在五个方面：供养（能赚钱的同时有时间陪家人）、护佑（能保护家人免受天灾人祸的侵扰）、规训（能够设定家庭规则维持家庭结构）、传道（能传递给孩子生命的意义和价值）、胜利者（父亲一定要比其他男人强大有力，至少要比妈妈强）。但在当今社会，父亲的教育职能已经转变成"母亲的协调教育者"。本次调查证实了这一点。与母亲相比，父亲更少承担教育职能：不仅更少成为孩子教育的责任主体，而且在配合母亲教育方面也较母亲配合父亲教育更少。这与伍新春等人发现的中国父亲教育投入的三个特点"互动性得分最低，责任性得分居中，可及性得分最高"是一致的。② 父亲教育职能的削弱不仅不利于儿童发展，而且会影响婚姻关系和母亲的心理健康。③

表3-1a 家庭教育主体（家长视角）

单位：%

	父亲	母亲	父母双方	祖辈	说不清	合计
S村	11.2	22.4	50.6	11.8	4.1	100.0
D村	9.7	24.8	44.8	15.9	4.8	100.0
全部样本	10.5	23.5	47.9	13.7	4.4	100.0

---

① 根据教育部《中国教育监测与评价统计指标体系》，农村留守儿童是指外出务工连续半年以上的农民托留在户籍所在地家乡，由父母单方或其他亲属监护接受义务教育的适龄儿童少年。
② 伍新春等：《中国父亲教养投入的特点及其相关影响因素》，《华南师范大学学报》（社会科学版）2014年第6期。
③ M. Kalmijn, "Father Involvement in Childrearing and the Perceived Stability of Marriage," *Journal of Marriage and the Family* 2（1999）：409-421.

表 3-1b 家庭教育主体（儿童视角对比家长视角）

单位：%

家长视角 儿童视角	父亲	母亲	父母双方	祖辈	说不清	小计
父亲	31.2	4.3	4.4	17.1	7.7	9.2
母亲	15.6	62.9	13.9	4.9	23.1	24.9
父母双方	37.5	22.9	76.6	7.3	53.8	48.8
祖辈	12.5	4.3	0.7	65.9	0.0	11.9
说不清	3.1	5.7	4.4	4.9	15.4	5.1
合计	100.0	100.0	100.0	100.0	100.0	100.0

为初步了解家庭教育主体的不同是如何影响儿童成长的，有必要进行交叉分析。从家长对自己孩子的评价看，出类拔萃的很少，相对较差的也很少，但比较优秀的还是比较多的，当然最多的还是表现一般的；相对而言，首先是父母双方为教育主体的儿童的成长表现最好，儿童成长不稳定的情况也最少，其次是母亲作为教育主体的，儿童成长不稳定的情况也较少，表现最差的儿童来自没有明确教育主体的家庭，儿童成长不稳定的情况也最多；与父亲为教育主体的儿童的成长表现相比，母亲为教育主体的儿童的成长表现要更好些，祖辈作为教育主体的儿童的成长表现则介于两者之间。从儿童对自己成绩的评价分析看，情况类似：父母双方或母亲一方承担教育主责的儿童在学习成绩上表现更佳；祖辈作为教育主体的效果也比父亲作为教育主体的更好一些；没有明确教育主体家庭的儿童的表现依然最差（见表 3-2）。祖辈作为教育主体比父亲作为教育主体的效果更好一些，这应该与祖辈在教育方面更有耐心、更舍得花时间有关。有两点值得强调一下：一是不管家庭教育主体是谁，都会有儿童表现较差的情况出现，既说明家长的教育能力有差异，也说明儿童的自我教育能力有区别；二是没有明确教育主体的家庭的儿童总体上表现最差，说明明确家庭教育主体的重要性，但也不是所有没有明确教育主体家庭的儿童的表现都很差，说明儿童自我教育也是整个儿童教育的一个重要组成部分。

绝大多数家庭在教育儿童的过程中都会面临一些令家长头疼的问题，这一点下文会详细分析。交叉分析的部分结果初看起来比较奇怪，如家庭没有明确教育主体的儿童教育所面临的困难项反而最少。之所以出现这种现象，很可能与此类家长因缺少对儿童的特别关照而对其子女了解有限有关。父母双方共同教育的儿童，其问题项要少于父母一方或祖辈为教育主体的儿童。父亲为教育主体的儿童，其问题项要少于祖辈为教育主体的儿童，这可能与父亲更为严厉有关。母亲一方为教育主体的儿童则呈两极分化的局面：部分儿童的问题项多于父亲和祖辈为教育主体的儿童，但没有问题的孩子比例也明显高于后两者，这一现象应该与母亲在教育中情感投入多但权威不足有关（见表3-3）。

表3-2 家庭教育主体与儿童成长表现（家长视角）

单位：%

家庭教育主体	家长评价					儿童成绩自评		
	出类拔萃	比较优秀	表现一般	相对较差	不太稳定	比较好的	处于中游	比较差的
父亲	0.0	25.0	68.8	0.0	6.2	18.8	59.4	21.9
母亲	1.4	34.7	58.3	1.4	4.2	27.5	56.5	15.9
父母双方	2.0	45.9	48.0	1.4	2.7	22.4	68.7	9.0
祖辈	0.0	38.1	54.8	2.4	4.8	26.8	53.7	19.5
说不清	0.0	30.8	53.8	7.7	7.7	0.0	91.7	8.3
总体	1.3	39.4	53.7	1.6	3.9	22.9	63.5	13.5

表3-3 家庭教育主体对儿童成长问题的影响（家长视角）

单位：%

教育主体	家庭教育问题（项）				
	0	1	2	3	4
父亲	0.0	37.5	34.4	15.6	12.5
母亲	2.9	29.4	19.1	25.0	23.5
父母双方	5.8	34.8	26.1	22.5	10.8
祖辈	0.0	35.0	27.5	15.0	22.5
说不清	8.3	33.3	41.7	8.3	8.3
总体	3.8	33.8	26.2	20.7	15.4

根据上述家庭教育主体对孩子学习成绩、综合表现及成长问题三项的影响，我们按照是否有利于儿童成长将家庭教育主体分为三类，即父母双

方教育类、父亲或母亲教育类和祖辈或无明确主体类,并由此生成一个新的变量"家教主体"。将新生成的变量与家长的性别、年龄、学历、信仰及宗教、家庭收入水平、家庭生活水平、配偶学历以及家长及配偶职业身份是否为农民进行相关分析,结果发现没有任何显著性相关关系。这说明,家庭是否遴选出更好的教育主体是一个偶然的复杂过程。这提示我们,如果开展亲子教育或家庭教育咨询,则要注意到不同家庭教育主体在教育方式和教育能力上的差异,并根据情况建议家庭调整教育主体。

(二) 儿童视角

家里谁负责教育孩子,家长和儿童可能会有不同的感受和判断。鉴于此,本次调查中也在儿童问卷部分设置了类似的题目。对比家长问卷和儿童问卷,家长反映的家庭教育主体与儿童感受的生活与学习管理者的情况基本上是一致的:从儿童的角度看,父母双方都管理他们的学习和生活的比例最高,母亲一方管的比例高于父亲一方管的,同样也有少数家庭没有明确的教育主体(见表3-4)。除了备受关注的与留守儿童相关的隔代教育问题外,不明确家里谁负责儿童的学业和生活,会阻碍儿童了解自己的行为边界和获得必要的家庭支持,这显然是不利于儿童健康成长的。从下面的交叉分析看,这部分儿童的表现也确实相对更差一些(见表3-5)。

表3-4 家庭教育主体(儿童视角)

单位:%

	父亲	母亲	父母双方	祖辈	说不清	合计
S村	10.4	26.0	51.3	7.1	5.2	100.0
D村	7.9	23.7	46.0	17.3	5.0	100.0
全部样本	9.2	24.9	48.8	11.9	5.1	100.0

与上面的分析大体一致,无论家庭教育主体是谁,都不能确保每个孩子均表现良好。这说明,影响儿童成长的环境是非常复杂的,家庭教育只是其中的一个必要环节。与其他类型相比,来自没有明确家庭教育主体的儿童表现不仅很难出类拔萃,而且表现也不稳定,学习较差的比例更高达四成。父母双方一起负责孩子的学习和生活会使孩子有更佳的综合

表现和更好的学习成绩。最低比例的为表现相对较差，最高比例的为一般情况。母亲一方负责孩子生活和学习的教育效果要强于父亲或祖辈负责的效果。与祖辈承担孩子学习和生活照料责任相比较，父亲作为教育主体的效果更加极化：更多比例的为表现不太稳定和成绩比较差的，更多比例的为出类拔萃和比较优秀的。

表 3-5　家庭教育主体与孩子表现

单位：%

教育主体	综合表现（家长视角）					学习成绩（儿童视角）		
	出类拔萃	比较优秀	一般情况	相对较差	不太稳定	比较好的	处于中游	比较差的
父亲	3.7	37.0	48.1	0.0	11.1	25.9	51.9	22.2
母亲	1.4	38.9	55.6	0.0	4.2	26.4	61.1	12.5
父母双方	1.4	42.4	52.5	1.4	2.2	23.2	68.1	8.7
祖辈	0.0	29.4	64.7	2.9	2.9	17.1	65.7	17.1
说不清	0.0	33.3	46.7	13.3	6.7	13.3	46.7	40.0
总体	1.4	39.0	54.0	1.7	3.8	23.0	63.4	13.6

分析儿童成长过程中家长面临的问题，显然是问题导向的。与上述从家长角度进行的观察分析类似，儿童视角的交叉分析也显示，父母双方共同管理孩子学习和生活的效果是最好的，其次是祖辈和孩子母亲管理孩子学习和生活；比较意外的是，父亲管理孩子的学习和生活会产生更多的问题，甚至超过了没有明确教育主体的家庭（见表 3-6）。

表 3-6　家庭教育主体与孩子成长问题（儿童视角）

单位：%

教育主体	0	1	2	3	4
父亲	0.0	26.9	26.9	23.1	23.0
母亲	4.4	38.2	27.9	14.7	14.7
父母双方	4.6	30.0	27.7	26.2	11.6
祖辈	3.0	45.5	21.2	15.2	15.2
说不清	0.0	33.3	33.3	13.3	20.0
总体	3.7	33.8	27.2	21.0	14.4

二 家庭教育价值观

　　1996年，联合国教科文组织部21世纪委员会发布德洛尔报告《学习：内在的财富》，提出21世纪青少年教育应该围绕四种基本学习加以安排：一是学会学习（Learning to Know），即培养学生学会求知的能力，而不是获得系统化知识本身；二是学会做人（Learning to Be），即培养学生的自立能力和判断能力；三是学会做事（Learning to Do），即培养学生的交往能力、与他人共事的能力、管理和处理冲突的能力等；四是学会共处（Learning to Live Together），即培养学生处理与他人、与群体之间紧张关系的能力。[①] 联合国教科文组织的倡议立足于个人与社会的关系视角，忽视了家庭团结对教育的基本意义，这在个人福利在很大程度上依赖家庭的国情下是不合适的。基于此，本次调查将家庭教育的价值观分为四个方面：家庭观、社会观、学习观、生活观。家庭教育价值观，是家长用来教育孩子的原则、理念和指导思想。成功的家庭教育应该将正确的人生观和价值观传递给下一代。当然，能否成功地将自己的价值观传递下去，并不完全取决于家长，因为孩子生活和成长在复杂多变的社会生态系统里。本次调查问卷选择的都是体现"正能量"的价值观，并不是家长所要传递的价值观的全部。之所以这样设计选项，是因为这些"正能量"的价值观是社会公认和推荐的。如果儿童不能在成长过程中内化这些价值观，那么他们会在未来的生活和工作中遭遇价值观危机。问卷将本题设计为三选题，目的是了解不同受访家长心目中最重要的家庭教育价值观组合。从单项选择的情况看，家长希望家庭教育传递给孩子比较多的价值观是尊敬长辈、礼貌待人、努力学习、快乐成长和感恩社会，涉及家庭、社会、学习和生活四个方面（见表3-7）。在三选题中人均选择了2.9项，说明受访家长是认同这些价值观的。相对男性家长而言，女性家长的家庭教育价值观更为确定：三选题中男女选择次数比为2.81∶2.97。

---

　　① 索比·泰维尔等：《重温〈学习：内在的财富〉——评估1996年德洛尔报告的影响（下）》，《世界教育信息》2014年第17期。

表 3-7 家庭教育价值观（三选题）

单位：%

序号	选项	男	女	总体
1	尊敬长辈	70.3	74.6	72.8
2	感恩社会	28.1	30.3	29.4
3	服从家长	10.2	6.5	8.0
4	遵规守纪	21.1	16.8	18.5
5	有上进心	22.7	24.9	24.0
6	快乐成长	21.9	35.1	29.7
7	努力学习	33.6	42.7	39.0
8	勤劳节约	23.4	20.5	21.7
9	礼貌待人	43.0	39.5	40.9
10	无不良嗜好	6.2	5.9	6.1

从类别的角度看，重视"家庭价值"（选项1、3）的占80.8%，重视"社会价值"（选项2、4、9）的占88.8%，重视"学习价值"（选项5、7）的占63.0%，重视"生活价值"（选项6、8、10）的占57.5%（见表3-7）。从图3-1中可以看出，24.0%的家长没有选择家庭价值，30.4%的家长没有选择社会价值，43.8%的家长没有选择学习价值，48.6%的家长没有选择生活价值。这说明，家长在总体上更重视家庭价值，然后是社会价值和学习价值，最后是生活价值。为了弄清是什么影响家长做出了不

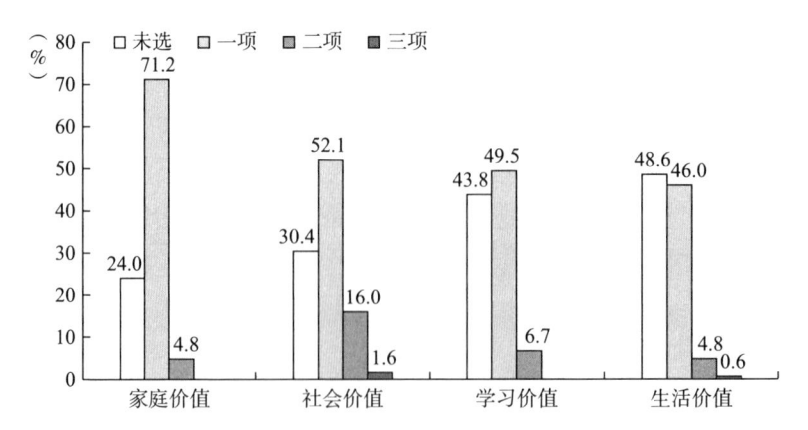

图 3-1 家庭教育价值观分类选择情况

分类	未选	一项	二项	三项
家庭价值	24.0	71.2		4.8
社会价值	30.4	52.1	16.0	1.6
学习价值	43.8	49.5		6.7
生活价值	48.6	46.0	4.8	0.6

同的价值观选择，我们首先将这四类价值观视为四个由弱到强的定序变量，并将其分别与受访家长的性别、年龄、学历、才艺与特长、健康状况和信仰及宗教等家长个人特征因素进行了相关分析。结果令人诧异：家长的这些个人特征因素与其所选择的价值观强弱没有显著相关关系。也就是说，家长是否更偏向于传递给孩子家庭价值、社会价值、学习价值或生活价值，并不受家长个人特征因素的影响。

接下来，我们将四类价值观与受访家长的家庭收入水平、家庭生活水平、家庭照料负担、社会交换圈、配偶学历、配偶才艺与特长、夫妻关系和亲子关系等家庭特征因素进行了相关分析。结果同样令人吃惊：除夫妻关系和亲子关系在 0.05 置信水平上与家庭价值、家庭照料负担在 0.05 置信水平上与学习价值显著相关外，其他家庭特征因素与四类家庭教育价值观之间均不显著相关。回归分析检验的结果则进一步排除了夫妻关系和亲子关系对家庭价值的显著影响、家庭照料负担对学习价值的显著影响。换句话说，家长所选择的家庭教育价值观既不受家长个人特征因素的影响，也不受家庭特征因素的影响。这种情况暗示，家长在家庭教育价值观上的选择并非理性抉择的结果，而很可能是对社会流行观点的接受和认可。

那么，家长对家庭教育价值观的选择，是否受到了孩子的影响？为此，我们将家庭价值、社会价值、学习价值及生活价值四个变量分别与家庭孩子数、未成年子女数，以及受访儿童的性别、年龄、所在学校是否为重点学校、拥有文体特长项数等进行了相关分析。结果发现，家长所选择的家庭教育价值观与孩子的情况也没有显著相关关系。换句话说，孩子的情况没有对家长选择何种家庭教育价值观产生影响。

家庭教育价值观，在正常的情况下，是父母在子女成长中所赋予的、符合社会期望的人生价值。父母在教育子女的过程中能否成功地传递这些价值观，反映了家庭教育完成社会委托的能力。家庭教育在传递价值观方面的失败，会对儿童健康成长和顺利社会化产生不利的影响。为了检验家庭教育价值观是否被有效地传递给了儿童，我们将作为输入项的家庭价值、社会价值、学习价值及生活价值与作为输出项的儿童综合表现、学习成绩、玩伴数、亲子关系进行了双变量相关分析。结果发现，输入变量和输出变量之间均不存在显著的相关关系。这说明，家长是否选择一定的家庭教育价值观对儿童的成长没有影响，所调查的家庭教育目前还没有能力回应社会环境的挑战、完成社会委托。同样，家庭价值、社会价值、学习价值及生活价值与儿童在学习习惯、生活习惯、行为习惯、人际关系及健康安全方面的问题也没有显著相关关系。这说明，家长在家庭教育价值观方面的选择也没能够有效地应对儿童的成长问题。这里的发现是令人不安的。如果这里的结论得到进一步的证实，则说明我们社会的教育真的出现了很严峻的问题。家庭教育不能传导正确的价值观，那么维系社会秩序和社会团结的基本价值观又如何才能传递给下一代？这是值得教育部门深刻思考的问题。需要补充说明两点：一是问卷给出的价值观选项是具体的而非抽象的；二是在儿童的成长过程中除了家庭外还有众多的影响主体，这意味着在家庭教育过程中其他影响主体的协助和补充作用也没有得到有效的发挥。

从上面的分析可以得出结论，即家长对问卷所列家庭教育价值观的接受和认可，更多是外在的而非内在的，是表层的而非内化的，是从众的而非自觉的。在现实中，常常可以见到下列现象：不少家长认可"红灯停、黄灯等、绿灯行"的交通规则却不时地牵着孩子的手闯红灯，不少家长觉得孩子应该尊重长辈自己却经常对长辈恶语相向，越来越多的家长反对孩子整天玩手机而自己却是标准的"低头族"，也有不少家长觉得孩子应该有上进心自己却整天沉迷于牌桌，有的家长教育孩子要礼貌待人而自己却从不跟邻居打招呼，也有少量家长知道陪伴孩子的重要性却将陪伴孩子的责任交给祖辈或培训结构，少数家长教育孩子要好好学习却利用权力和关系给自己的孩子"加分"。这些现象一旦普遍发生，则意味着社会认可的基本价值观的传导过程出现了危机。套用埃米尔·迪尔凯姆的术语，这种状态叫"社会失范"（Social Anomie）。所谓社会失范，是指当社会规范不得力、不存在，或者彼此矛盾时，个人和社会所出现的混乱、不知所措状态。埃米尔·迪尔凯姆认为，社会失范是由社会变迁后，旧的社会规范不适用了，而新的规范尚在探索和形成中，人们的行为缺乏有效规范的引导和控制造成的。[①]

罗伯特·K. 默顿将失范视为社会文化目标和合法性手段之间的不一致。当个人无法利用制度性手段达到社会文化目标时，或者对传统的目标不感兴趣，或者对社会文化目标和制度性手段都不感兴趣时，失范就会产

---

① 埃米尔·迪尔凯姆：《自杀论》，冯韵文译，商务印书馆，1996。

生。人们适应失范有五种不同的方式,即遵从、革新、仪式主义、退却主义和反叛。① 从本次调查的情况看,家长是接受和遵从问卷所列举的价值观的,但同时也会采取反叛、退却主义、仪式主义及革新等方式应对。也就是说,家长应对失范的策略可能是将认可的价值观与其在教育孩子的过程中实际传递的价值观区别开来对待,如对一起闯红灯的孩子解释说迟到是不好的,针对自己玩手机而不让孩子玩手机解释说自己工作压力大需要释放,等等。这样做的结果是作为社会文化目标的基本价值观会被"虚置"或表层化,而社会生活中的实用价值观会被"实置"或实质化。家庭教育过程中基本价值观的表层化必然导致价值观教育效果的弱化。与多数文化一样,中国文化中也充满相互矛盾的价值观,用以解决伦理困境中的选择问题。相互矛盾的价值观同时存在,是基本价值观表层化的前提。价值观表层化达到一定程度,整个社会就会面临文化价值危机。

三 家庭教育方式

家庭教育的主要职责并非学科教育。从儿童成长的需要看,照料与陪伴、家庭休闲教育和沟通与情感交流应该是更为重要的家庭教育内容。下面将从照料与陪伴、家庭休闲教育和沟通与情感交流等三个方面来描述和分析农村家庭教育方式的特点与问题。

(一) 照料与陪伴

儿童离不开家长的日常生活照料和成长陪伴。为了使家长的主观估算尽可能接近实际,本次调查仅要求家长提供最近一个月的日均照料时长。当然,问卷这样设计也是想重点了解家长在学期内照料学龄儿童方面的时间支出。从图 3-2 中可以看出,家长每天照料儿童的时长比较集中地分布在 1~3 小时,不超过 3 小时的占 56.2%,但也有约四分之一的家长日均照料时长在 5 小时及以上。从相关分析的结果看,家长的日均照料时长只与家长的性别、家里未成年子女数及家庭收入水平有显著相关关系($r = 0.270$;$r = 0.129$;$r = -0.154$),表明女性家长日均照料儿童的时间更长;

---

① 罗伯特·K. 默顿:《社会理论和社会结构》,唐少杰、齐心等译,译林出版社,2008。

家里未成年子女越多，家长的日均照料时间也越长；收入水平越高的家庭，越少有时间照料儿童。这些相关现象与其他调研的发现是一致的。[①]相关分析还显示，日均照料儿童时长与家里未成年子女数、家庭居住社区、儿童的年龄、谁负责儿童教育、儿童的综合表现等之间都不存在显著相关关系。这意味着，家长日均照料时间长短很可能并不取决于儿童教育的需要。换言之，现实中的家长照料可能仅是以满足儿童的安全和饮食需要为重心的看管照护，而没有太多教育的意义和功能。遗憾的是，问卷没有设计具体的照料内容，因此无法进一步区分不同类型的家长照料的教育功能。

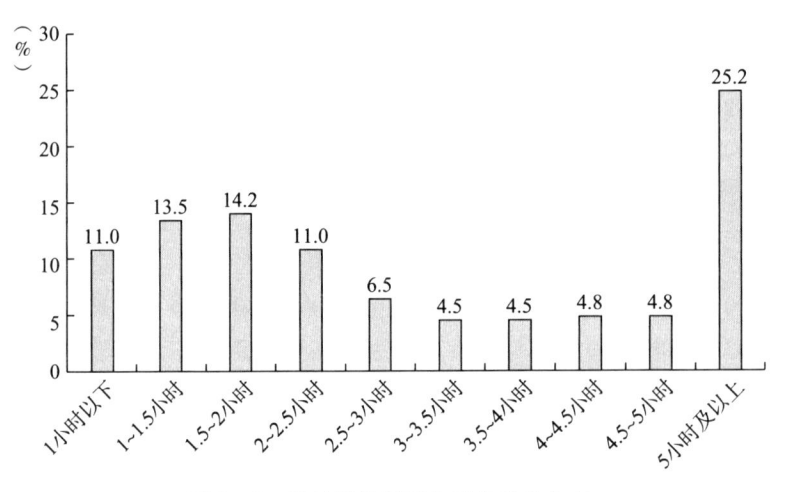

图 3-2 家长日均照料儿童的时长分布

（二）家庭休闲教育

赵忠心认为，中小学生在学校读书学习是一种"发展"，休闲则是另外一种"发展"。在休闲过程中，中小学生可以充分利用休闲的自主权，根据自己的需要、喜好和特长，按照自己的意愿，自主地从事许多上学时不能从事的有益的实践活动，获得课堂上无法获得的知识和能力，使个性、知识、人格、情操、体质诸多方面得到健康发展，与学校生活中的"发展"相辅相成、互相促进、相得益彰，促使学生的全面发展。家庭是中小学生的第

[①] 张网成、郭新保：《志愿家庭：北京经验与反思》，社会科学文献出版社，2018，第40~41页。

一休闲场所,家长是对中小学生进行休闲教育的第一责任人。① 休闲又分为个人休闲、家庭休闲和团体休闲。这里先了解受访儿童的家庭休闲情况。

家庭休闲能够从多个方面强化家庭功能,如提升家庭凝聚力和适应能力,② 改善家庭内部关系,③ 培养良好的沟通习惯,加强父母和儿童之间的交流,④ 增强集体功效(Collective Efficacy),⑤ 提升家庭生活质量,⑥ 提高家庭团结度。⑦ 鉴于家庭休闲对于儿童成长的重要性,本次调查专设了两个问题研究。扎布里斯奇(R. B. Zabriskie)和麦克科米克(B. P. McCormick)将家庭休闲分为两种类型:一是家庭核心类休闲(Core Family Leisure),指那些"许多家庭经常做的、常见的、日常的、低成本的、相对容易的,通常也是发生在家中的(Home-based)休闲活动",如家人一起玩牌、玩桌游、准备晚宴及聚餐等;二是家庭平衡类休闲(Balance Family Leisure),指那些"不那么常见、不那么频繁、与众不同的,通常也是发生在住所之外的、能够带来新颖体验的休闲活动",如家庭度假、旅游、露营、垂钓等。⑧ 本次问卷设计的第一个问题(您和家人会经常陪孩子一起玩游戏吗?)对应家庭核心类休闲,第二个问题(您和家人会经常带孩子一起外出旅行、聚餐、看电影等吗?)对应家庭平衡类休闲。

1. 家庭核心类休闲

家长陪儿童玩游戏是一种重要的家庭休闲方式,有着增进亲子感情、

---

① 赵忠心:《家庭教育学——教育子女的科学与艺术》,人民教育出版社,2001。
② P. Freeman, & R. B. Zabriskie, "Leisure and Family Functioning in Adoptive Families: Implications for Therapeutic Recreation," *Therapeutic Recreation Journal* 37 (2003): 73 – 93.
③ D. L. Groves, "Family Leisure Interactions," *Journal of Instructional Psychology* 2 (1989): 98 – 103.
④ C. Huff, M. A. Widmer, K. J. McCoy, & B. J. Hill, "The Influence of Challenging Outdoor Recreation in Parent-adolescent Communication," *Therapeutic Recreation Journal* 37 (2003): 18 – 37.
⑤ M. S. Wells, M. A. Widmer, & K. J. McCoy, "Grubs and Grasshoppers: Challenge-Based Recreation and the Collective Efficacy of Families with at-Risk Youth," *Family Relations* 53 (2004): 326 – 333.
⑥ I. Theilheimer, "Let's Gas up Canada's Families through Recreation and True Community Support," *Recreation Canada* 3 (1994): 5 – 9.
⑦ K. Hart, "Values Programming in Family Recreation," *Leisure Today: Journal of Physical Education, Recreation and Dance* 8 (1984): 38 – 40.
⑧ R. B. Zabriskie, & B. P. McCormick, "Parent and Child Perspectives of Family Leisure Involvement and Satisfaction with Family Life," *Journal of Leisure Research* 35 (2003): 163 – 189.

提高儿童智力、培养儿童爱好、练习解决问题等多种功能。因此，家庭游戏是儿童教育专家一致认可和推荐的家庭教育形式。从表3-8的内容看，目前受访家庭的亲子游戏开展情况很不乐观，超过八成的家庭只有偶尔会玩甚至从来不玩亲子游戏，几乎每天玩的只是极少数。即便是儿童还在上幼儿园，几乎每天玩和每周玩几次的家庭也仅占40.9%。这可能与传统家庭教育更加注重树立父母的权威有关。相比之下，居住在城市的家庭玩亲子游戏的情况要好一些，但总体上也只有超四分之一的家庭几乎每天玩或每周玩几次亲子游戏。家庭教育主体对亲子游戏的影响也是很明显的，尤其是缺少明确的家庭教育主体的儿童更少和家长玩亲子游戏。

家庭休闲理论一般认为，家庭亲子游戏会直接影响亲子关系、间接影响父母的夫妻关系。然而，双变量相关分析的结果却显示，虽然更频繁的家庭亲子游戏会对父母眼中的亲子关系和夫妻关系有正面影响，但并没有产生显著性影响。这说明，在进一步的研究中，需要分别研究家庭亲子游戏的质和量，因为现有家庭亲子游戏的内容可能并不会促使家庭关系的改善。不过，儿童眼中的亲子关系确实与家庭亲子游戏存在显著的正相关关系，在0.01置信水平下的相关系数为0.265，这意味着即便是目前的家庭亲子游戏也有利于改善孩子与父母的亲子关系。[①] 孩子觉得有作用，而父母却没有感觉到，这与西方国家的研究是有区别的。其中的原因可能是，家长陪伴孩子玩游戏是出于模仿其他父母或应付来自孩子的请求的目的。如果真是这样，那是中国孩子的一种悲哀。从创新传播理论的角度看，这种体与用的分离、形与质的分离确实是可能发生的。[②]

表3-8 家庭亲子游戏开展情况

单位：%

	几乎每天玩	每周玩几次	偶尔会玩	从来不玩
幼儿园	27.3	13.6	54.5	4.5
小学	6.1	12.2	73.5	8.2

---

① 此次问卷没有测量孩子眼中的父母的夫妻关系，主要是因为调查对象要覆盖3~18岁儿童，而低龄儿童显然无法准确描述其父母的夫妻关系特征。
② 埃弗雷特·M. 罗杰斯：《创新的扩散》，辛欣译，中央编译出版社，2002。

续表

	几乎每天玩	每周玩几次	偶尔会玩	从来不玩
初中	2.7	13.3	64.0	20.0
高中/中职	3.0	5.0	67.0	25.0
总体	5.8	10.2	67.5	16.6
城市	13.8	12.1	67.2	6.9
农村	6.4	15.2	63.6	14.8
父亲	6.1	12.1	63.6	18.2
母亲	5.4	9.5	71.6	13.5
父母双方	7.4	11.4	67.8	13.4
爷爷/奶奶/外公/外婆	2.3	14.0	58.1	25.6
说不清	0.0	0.0	69.2	30.8

2. 家庭平衡类休闲

家庭外出休闲也是一种重要的家庭教育形式，在功能上区别于家庭亲子游戏等居家休闲活动。统计结果与家庭亲子游戏的情况类似，总体上，经常带孩子一起外出休闲的家庭的比例不高，近八成家庭偶尔或从不带孩子外出休闲。相比较而言，城市家庭的情况要略好于农村家庭的。在不同的家庭教育主体中，父母双方负责教育的孩子经常随家长外出休闲的比例最高，而无明确教育主体的家庭的孩子经常随家长外出休闲的比例最低。与家庭亲子游戏不同的是，小学生最希望经常随家长外出参加休闲活动，这可能与幼儿园小朋友尚小外出不方便而初中生和高中/中职生又不太容易听从父母安排有关（见表3-9）。

为了检验家庭外出休闲的影响，我们也进行了双变量相关分析。结果与家庭亲子游戏的影响类似，家长是否经常带孩子外出休闲与亲子关系和夫妻关系之间皆不显著相关，不同的是，家庭外出休闲对父母眼中的亲子关系的影响是负面的，对儿童眼中的亲子关系则几乎没有任何显著性影响。这说明，目前的家庭外出休闲活动可能在质量上是有问题的：休闲活动的目的、形式、内容、过程可能都是没有明确的教育学指向的。不仅家长不知道休闲的具体功能，而且连组织者可能都不明白或不确定。

表3-9 家庭外出休闲情况

单位：%

	经常	不太经常	偶尔	从不
幼儿园	4.5	13.6	72.7	9.1
小学	11.1	17.2	58.6	13.1
初中	6.8	10.8	66.2	16.2
高中/中职	7.1	10.1	67.7	15.2
总体	8.2	12.9	64.6	14.3
城市	13.8	12.1	67.2	6.9
农村	6.4	15.2	63.6	14.8
父亲	7.4	7.4	77.8	7.4
母亲	8.2	12.3	64.4	15.1
父母双方	9.9	14.1	59.9	16.2
爷爷/奶奶/外公/外婆	5.7	8.6	71.4	14.3
说不清	0.0	26.7	66.7	6.7

（三）沟通与情感交流

史密斯（K. M. Smith）等人的研究不仅证实了家庭核心类休闲对家庭凝聚力、家庭平衡类休闲对家庭适应力有影响，而且家庭核心类休闲对家庭适应力、家庭平衡类休闲对家庭凝聚力也可以通过家庭沟通的中介功能产生影响。正因为沟通在家庭休闲和家庭功能之间的中介作用，以及沟通对家庭健康运行的根本意义，史密斯等人建议将沟通视为核心与平衡模型的第三要素。在实证研究中，他们也发现，家庭核心类休闲、家庭平衡类休闲确实都会对家庭沟通产生直接影响，家庭沟通则会调节家庭核心类休闲与家庭适应力、家庭平衡类休闲与家庭凝聚力之间的关系。[①]

孩子碰到学习或生活问题会不会主动与家长沟通？总体上看，亲子沟通的情况并不好：只有超三分之一的受访家长称孩子在碰到学习或生活问

---

① K. M. Smith, P. A. Freeman, and R. B. Zabriskie, "An Examination of Family Communication within the Core and Balance Model of Family Leisure Functioning," *Family Relations* 58 (2009): 79-90.

题时一般会主动与家长沟通，另有一成多家长称孩子在碰到问题时从来不会跟家长讲。相比较而言，女生遇到问题时一般会与家长沟通的比例要高于男生，但也只有不到四成的女生会这么做。与幼儿园小朋友相比较，小学生与家长的沟通情况更趋于两极化：一般会主动沟通和问到才会沟通的比例都高一些，处于青春期的初中生和高中/中职生则更少主动沟通和更多从来不会主动沟通。从家庭教育主体看，父母双方承担教育责任的家庭中亲子沟通情况相对较好，而没有明确教育主体的家庭的亲子沟通情况则相对较差（见表3-10）。

与家庭亲子游戏和家庭外出休闲不同，亲子沟通与亲子关系和夫妻关系之间有显著相关关系，其相关系数分别为0.127和0.224。这说明，问题取向的亲子沟通是有助于改善亲子关系甚至其他家庭关系的。有意思的是，家庭亲子游戏和家庭外出休闲与家长及其配偶的学历以及家庭实际收入水平之间都存在显著相关关系，而亲子沟通则与家庭实际收入水平、家长及其配偶的学历之间没有显著相关关系，这种反差更强化了上文的推测：家庭亲子游戏和家庭外出休闲是出于不知其所以然的模仿。

表3-10 亲子沟通情况（家长视角）

单位：%

	一般会	偶尔会	问到才会	从来不会
男	33.6	32.8	22.9	10.7
女	38.8	36.9	10.0	14.4
总体	36.4	35.1	15.8	12.7
幼儿园	36.4	40.9	18.2	4.5
小学	41.2	30.9	22.7	5.2
初中	31.1	40.5	10.8	17.6
高中/中职	35.7	33.7	12.2	18.4
父亲	36.4	30.3	6.1	27.3
母亲	32.9	32.9	23.3	11.0
父母双方	39.7	38.4	12.3	9.6
爷爷/奶奶/外公/外婆	32.6	37.2	18.6	11.6
说不清	30.8	38.5	15.4	15.4

四　家校合作

爱普斯坦从家校合作的视角将家长参与学生学习的行为分为六类：第一，家长在家中创设环境支持作为学生的子女；第二，家庭与学校的沟通（家长与老师通过各种形式交流学校项目和儿童的进步状况）；第三，家长作为志愿者（家长参与任何能够支持学校项目、儿童学习与发展的活动）；第四，参与孩子在家中的学习活动（家长在家庭作业和与课程有关的决策、规划与活动方面为子女提供帮助）；第五，家长参与学校决策制定与管理（家长和教师为了达到共同目标而共享观点、共同行动的合作过程）；第六，家长与社区的合作（家长从社区中寻找和整合相关资源与服务来增加学校项目、促进儿童的学习与发展）。[①] 本次调查从家长辅导孩子作业和与教师沟通两个方面来反映家校合作的现实。

（一）家长辅导孩子作业

家庭教育有直接与间接之分，直接的家庭教育指的是在家庭生活中，父母与子女之间根据一定的社会要求实施的互动教育和训练；间接的家庭教育指的是家庭环境、家庭气氛、父母言行对子女成长产生的潜移默化的影响和熏陶。上文提到的休闲教育和照料与陪伴更多地属于间接家庭教育。这里所说的作业辅导并不局限于辅导学校布置的家庭作业，还包括辅导家长布置的课外学习作业。前一种情况属于典型的家校合作，后一种情况则既可能是学校课程教育的延伸，也可能是与学校课程教育无关的家庭自主教育。由于农村家庭教育主体自身学历较低，可以大体上假设家庭自主教育极少发生，因此这里将家长辅导孩子作业视为家校合作的一种形式。研究证实，家长参与孩子作业有四重好处：一是有利于学生对家庭作业产生积极的态度，二是有助于培养学生对完成家庭作业的自我管理能力，三是有助于学生对个人能力有更积极的认识，四是有助于学生获得更高的学习成绩。[②]

---

① Joyce L. Epstein, "School/Family/Community Partnerships: Caring for the Children We Share," *The Phi Delta Kappan* 9 (1995): 701 - 712.
② F. L. Van Voorhis, "Interactive Homework in Middle School: Effects on Family Involvement and Science Achievement," *The Journal of Educational Research* 96 (2003): 323 - 338.

当然，不是任何形式的家长参与都会产生积极效果。要使家长参与产生积极效果，必须遵循以下原则：①差异性，即有效的家长参与应该根据学生年龄、学习表现和家长学历的差异，实施不同类型的参与；②自主性，即随着孩子年级的升高，家长应更多地运用自主支持型的参与方式，帮助孩子掌握自我调节能力，自我调节情绪，更好地管理家庭作业的过程与结果；③一致性，即教师和家长应该建立共同的目标来促进学生的学习，并积极沟通与交流，帮助学生更好地实现这些目标；④激励性，即通过规范作业行为、及时反馈作业表现、适时鼓励等方式，激发学生完成家庭作业的积极性。[①]

本次调查发现，与家庭亲子游戏、家庭外出休闲、亲子沟通相比，家长辅导孩子作业的情况要普遍得多。总体上，接近六成的家长基本上每天都要或在孩子有需要时辅导孩子作业，超四成的家长从不辅导或很少辅导。近三成家长基本上每天都要辅导幼儿园孩子作业，这反映了调查所在地农村幼儿园的小学化倾向比较严重。家长基本上每天都要辅导小学生作业的比例要远超初中生和高中/中职生的，这应该与家长的学历普遍较低有关。与拥有初中及以下学历的家长相比，拥有高中/中职及以上学历的家长提供了更多的作业辅导（见表3-11）。从家长辅导作业和孩子作业辅导需求的交叉分析看，家长辅导作业并非完全出于孩子的需要，甚至说，更多的不是出于孩子的需要，而是一种监督孩子完成作业任务的方式。

表3-11 家长作业辅导情况

单位：%

	基本上每天都要辅导	孩子有需要就辅导	很少辅导	从不辅导
幼儿园	27.3	27.3	40.9	4.5
小学	35.7	34.7	24.5	5.1
初中	13.3	38.7	33.3	14.7
高中/中职	13.3	38.8	34.7	13.3
总体	21.8	36.5	31.4	10.2

---

① E. A. Patall, H. Cooper, & J. C. Robinson, "Parent Involvement in Homework: A Research Synthesis," *Review of Educational Research* 78 (2008): 1039-1101.

续表

	基本上每天都要辅导	孩子有需要就辅导	很少辅导	从不辅导
初中及以下学历（家长）	19.9	32.4	34.3	13.4
高中/中职及以上学历（家长）	28.0	46.2	23.7	2.2
初中及以下学历（配偶）	19.9	35.5	32.2	12.3
高中/中职及以上学历（配偶）	28.9	37.8	28.9	4.4
一直独立完成	31.1	33.0	35.9	49.0
多数时候独立完成	9.8	37.7	35.9	33.3
偶尔需要辅导	44.3	23.6	22.8	10.0
多数时候需要辅导	14.8	5.7	5.4	16.7

相关分析表明，家长是否经常辅导孩子作业与家庭关系（夫妻关系和亲子关系）无显著相关关系，但与孩子独立完成作业的习惯之间存在显著负相关关系（$r=-0.133$），并且会显著影响家长日均照料儿童的时长（$r=-0.246$），说明辅导作业作为照料孩子责任的一部分是出于满足孩子的客观需要；家长是否经常辅导孩子作业，与家长及其配偶的学历显著相关，学历高的家长要比学历低的家长更经常地辅导孩子作业（$r=-0.277$），家长配偶学历高低也有类似影响（$r=-0.225$），这说明家长是否经常辅导孩子作业与家长的能力有关，家长是否经常辅导孩子作业与孩子所处的学习阶段及家长年龄显著相关（$r=0.195$；$r=0.299$）也证实了这一点；家长是否经常辅导孩子作业，也与家长的性别显著相关（$r=-0.167$），而家长的性别与学历并不显著相关，说明女性家长更偏向于辅导孩子作业；家长是否经常辅导孩子作业，与家庭人均收入水平呈显著的负相关关系（$r=-0.162$），这表明家长自己面临的生存和工作压力可能是其不能经常辅导孩子作业的重要原因。上面的统计分析显示，家长及其配偶的学历以初中及以下为主的这部分家长在辅导小学和幼儿园孩子作业时的能力尚不得而知，但在辅导初中及高中/中职孩子作业的时候肯定会出现能力和意愿问题。短期的亲子教育，很难提升这部分家长的作业辅导能力，这对社区服务机构的专业介入提出了要求。

为了检验家长辅导作业的能力，我们将家长是否经常辅导孩子作业与孩子的学习成绩和综合表现进行了相关分析，结果显示，三者并不存在显著相关关系,说明本次调查的家长总体尚缺乏辅导孩子作业的必要能力。其他学者的经验观察也证实了这一点:"尽管家长热衷参与孩子的家庭作业,希望能够帮助孩子做好作业、考出好成绩,但家长的参与行为往往是自发的,全凭经验行事,甚至出现了错误做法,如为了孩子不被老师批评,帮孩子查答案、抄写作业,其效果不尽如人意。"① 既然家长辅导孩子作业无法提升孩子的学习成绩和综合表现,那么为何还有那么多家长坚持给孩子辅导作业?这只能解释为家长辅导作业只是学校强势压力下的一种从众行为。这显然不符合国家提倡的家校合作的宗旨。或许有一点是值得欣慰的——家长辅导作业的行为会显著影响孩子眼中的亲子关系($r=0.140$)。这可能是因为家长辅导作业和监督管理能够帮助孩子更好地完成作业任务。

(二) 家长与教师沟通

按照爱普斯坦的分类,与老师沟通了解孩子的情况也是家长参与孩子学业的一种表现形式。家校沟通,是指家长为了获取子女在校表现的信息和了解学校当前进行的工作而进行的家校之间的沟通与交流,也是家长配合学校进一步采取措施的前提。尽管《中共中央 国务院关于进一步加强和改进未成年人思想道德建设的若干意见》等文件明确要求"教育行政部门和中小学校要切实担负起指导和推进家庭教育的责任,并与社区密切合作,办好家长学校、家长教育指导中心",但在实操层面,家校沟通目前多数还只是传达学校"旨意",缺乏实质性交流,流于形式化、表面化,真正的家校沟通非常少见。②

从本次调查的情况看,家长与老师之间的沟通并不顺畅,只有约三成的家长会经常联系老师,而接近六成的家长只是偶尔或从不联系老师(见表3-12)。相关分析表明,家长是否经常联系老师了解孩子的情况与家长的年龄($r=0.112$)、家长的学历($r=-0.144$)、家长配偶的学历($r=-0.119$)、家庭实际收入水平($r=-0.146$)、家长夫妻关系($r=0.164$)、亲子关系($r=0.121$)都存在显著相关关系,而与孩子的学习成绩、综合

---

① 吴笛、郑东辉:《美国家长参与家庭作业研究述评》,《当代教育科学》2017年第11期。
② 周来娣:《基于重叠影响阈理论对江阴市农村初中家校沟通的调查研究》,硕士学位论文,苏州大学,2011。

表现、家庭教育问题项及孩子独立完成家庭作业的程度都不存在显著相关关系。交叉分析也表明,那些经常辅导孩子作业的家长中也仅有四成会经常与老师沟通。这意味着,家长之所以联系老师并不是要获得解决孩子存在问题的支持,而很可能是体现家庭关系良好和家庭经济实力或表达配合学校教育意愿的一种方式。孩子眼里的亲子关系和家长与老师沟通的经常性之间也不存在显著相关关系,这也证实了目前的家校沟通,更多的是形式主义的,而不是问题取向的。

表 3-12 家长与老师沟通了解孩子情况

单位:%

	经常	不太经常	偶尔	从不
幼儿园	27.3	13.6	59.1	0.0
小学	28.3	11.1	54.5	6.1
初中	26.7	17.3	49.3	6.7
高中/中职	34.0	16.0	43.0	7.0
总体	29.7	14.5	49.7	6.1
初中及以下学历(家长)	28.8	14.6	50.7	5.9
高中/中职及以上学历(家长)	34.0	13.8	45.7	6.4
城市	32.2	18.6	44.1	5.1
农村	29.9	13.1	50.6	6.4

五 家庭教育的社区支持

根据"家-校-社"三方合作教育理论,家庭教育除了需要得到学校的协助和支持外,还需要得到社区的支持。考虑到目前家庭得到的支持多数带有商业性质而且并非基于与家庭同样的愿望,这里避免使用"家社合作"一词,而代之以"社区支持"。

(一)作业辅导

家庭教育需要来自外部环境的支持,其中最重要的是学校教育、社区教育、市场教育、公益教育的支持。问卷以平时放学后如何做家庭作业为例，简单检验了家庭教育的外部环境支持。从图3-3中可以看出，78.3%的学生都是自己在家里完成作业的（其中约八分之一的学生会同时选择其他的作业完成途径），其余较多的是找老师辅导（17.2%）、参加课外班（7.4%）和由学校统一组织（9.7%）。但找老师辅导或由学校统一组织在大多数情况下是要付费的。尽管教育主管部门多次明令禁止学校和教师办收费的补习班，学校组织的作业班也是要收一定费用的，是半营利或全营利的，教师辅导学生也是要收费的。本次调查招募的学生志愿者中就有曾经在小学阶段都吃住在教师家里的。这样看来，本次调查中有34.3%的学生是在市场教育的支持下完成家庭作业的。公益机构的影响微乎其微，可以忽略不计。总的来看，家庭和市场构成了学生完成家庭作业的"主战场"。

由于总选择率为113.6%，也就是说，平均每个家长选择了1.14项，因此可以断定，家庭教育之外的环境支持总体上是非常薄弱的。重复选择的次数更清楚地说明了这一点：89.3%的家长选择了1个选项，说明近九成的学生只靠一种途径完成家庭作业，另有8.4%的家长选择了2项，而选择3项和4项的家长分别仅为1.9%和0.3%。家庭作业是一个家长和学生都有可能求助于学校教育、社区教育和市场教育的任务类型，这里的分析显示家庭教育的外部环境支持是非常有限的。如果真的禁止学校和教师开展有偿作业辅导，那么外部环境的支持将会更少。这也是教育主管部门的禁令实施效果不尽如人意的市场原因。换句话说，要使教育主管部门颁布的禁令真正生效，必须先令社区教育和学校教育能够合力满足学生和家长的需求。

统计发现，有26.9%的家长会让孩子参加由学校统一组织的作业辅导班或找老师辅导作业，为了了解家长为什么会让孩子参加由学校统一组织的作业辅导班或找老师辅导作业，我们进行了相关分析，发现家长的性别、年龄、学历、家庭收入水平、家庭关系（夫妻关系和亲子关系）、家长是否经常辅导孩子作业、家长日均照料儿童时长、家长是否经常与老师沟通、孩子的学习成绩及综合表现等与家长是否让孩子参加由学校统一组织的作业辅导班或找老师辅导作业都没有显著相关关系。这既说明家长的决策是盲目和被动的，是一种屈从于学校或教师暗示的从众行为，也说明学生是否参加由学校统一组织的作业辅导班或找老师辅导作业对孩子的学习成绩和综合表现没有显著影响。类似的分析也表明，家长是否选择让孩子去参加由学校统一组织的作业辅导班或找老师辅导作业也与家长的年龄、性别、学历、家庭收入水平、家长日均照料儿童时长、家长是否经常辅导孩子作业、家长是否经常与老师沟通、孩子的学习成绩及综合表现都不存在显著相关关系。这也说明家长选择让孩子参加由学校统一组织的作业辅导班或找老师辅导作业是一种不会有显著效果的非理性行为。换句话说，来自学校、教师和市场机构的作业辅导并非家长自己辅导的更好替代。家长这么做，只是给自己增加经济负担，对于低收入家庭来说，这更是没有必要的经济负担。

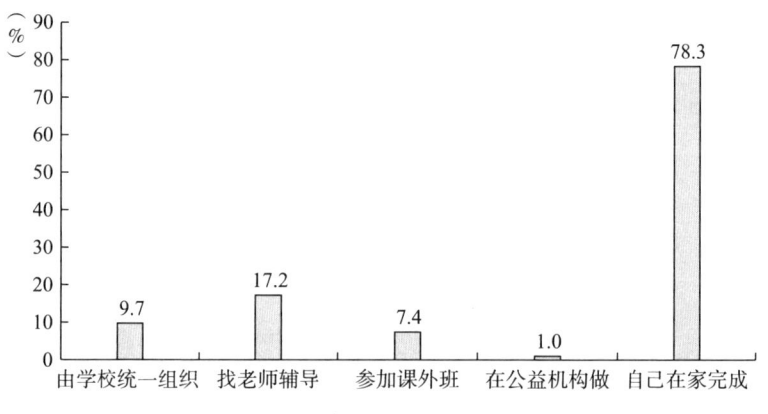

图 3-3　家庭作业的外部环境支持

（二）课外培训

除了家庭作业外，学生还有可能在课外时间参加家长安排的各种学习或培训班，本次调查将其分为功课辅导、文艺培训、体育特长培训和传统文化培训四种类型。这些学习或培训班，对于家庭教育来说，是补充性和支持性的，其中多数是市场服务。从调查结果看，42.3%的受访儿童参加过功课辅导班，20.5%的参加过文艺培训班，10.9%的参加过体育特长培训班，但也有31.1%的受访儿童没有参加过任何学习或培训班。家长问卷反映的培训项目与此基本相同，但没有为孩子报名的比例要更低一些(24.3%)。① 参加体育特长培训的远少于文艺培训，应该与体育特长的形成更依赖自身身体素质有关。相关分析表明，孩子年龄越大，没有参加过

---

① 后文还会看到，家长除了给孩子报名参加功课辅导、文艺培训、体育特长培训和传统文化培训外，还会让孩子参加冬令营和夏令营。如果合在一起，仅有3.3%的家长没有为孩子报名参加各类校外培训。

学习或培训班的比例越小（$r = -0.130$）。相对而言，女生参加过的比例要略高一些。从培训内容上看，女生更多地参加了功课辅导和文艺培训，而男生则更多地参加了功课辅导和体育特长培训（见表3-13）。将四类培训合并成新的变量"课外培训"后统计发现，参加过学习或培训班的儿童中仅参加过1种的占87.8%，参加过2种的占10.1%，参加过3种的只有2.1%。需在此补充说明的是，正由于部分儿童参加了多类课外培训，表3-13各列相加会超过100%。

表3-13 课外培训（儿童问卷）

单位：%

	男	女	总体	S村	D村
功课辅导	44.3	40.7	42.3	46.1	38.1
文艺培训	9.2	29.6	20.5	18.2	23.0
体育特长培训	15.3	7.4	10.9	9.7	12.2
传统文化培训	2.3	3.7	3.1	3.2	2.9
没有参加过	35.1	27.8	31.1	33.1	28.8

为什么有些家长没有让孩子参加这些课外培训？相关分析发现，儿童是否参加过功课辅导，与家长的年龄、性别、家长及其配偶的学历、家庭生活水平、家庭收入水平、家庭关系（夫妻关系和亲子关系）、孩子的学习成绩及综合表现等都不显著相关。这就是说，是否参加功课辅导，既不影响儿童的学习成绩和综合表现，也不受家长个人特征及家庭特征因素的影响，而纯粹是一件可有可无的事。同样，是否参加过课外培训，与上述家长个人特征、家庭特征及儿童综合表现之间的相关分析表明，只有家庭收入水平对是否参加过课外培训有显著影响（$r = -0.164$），其他都不显著相关。这说明，经济收入水平较高的家庭更倾向于送孩子去接受课外培训，但这一决定并不会实现家长的目标：帮助孩子显著提高成绩。将文艺培训、体育特长培训和传统文化培训合成一个新的变量"文体培训"（68.3%的儿童没有参加过，29.0%的参加过1种，2.7%的参加过2种），并与上述家长个人特征、家庭特征及儿童表现进行相关分析。结果表明，儿童参加"文体培训"的情况仅与家长及其配偶的学历（$r = 0.128$；$r = 0.120$）、儿童学习成绩（$r = -0.191$）显著相关，说明学历较高的家长更

倾向于让学习成绩较好（而不是综合表现较好）的儿童去接受"文体培训"。这显然与孩子升学时文体特长可以加分的政策是有关的。另外，"文体培训"与"儿童文体特长"两个变量之间存在正相关关系（$r=0.386$），说明儿童参加课外文体方面的培训是培养儿童文体特长的重要来源。一般来说，"文体培训"的费用要远高于"功课辅导"，只有有一定经济实力的家长才会考虑。从市场规律看，参加"文体培训"的"收益"（对升学的重要性而言）也一定高于"功课辅导"。由此可以理解，为什么经济条件更好的 D 村家长较少为孩子选择"功课辅导"，而更多选择"文体培训"。D 村较好的经济条件也体现在其儿童参加文体培训的总比例要高于 S 村儿童。这提示我们，市场化的培训会导致儿童教育更加不公平。当然，与现有的教育体制相比，市场机制的作用还是比较小的。

关于上述四种培训的效果，儿童的主观评价总体上是正面的：儿童认为"效果一般"的居多数，但认为"效果非常好"的又要超过认为"没什么效果"的，除了体育特长培训和传统文化培训外。如果"效果一般"并不算作正面的评价的话，那么儿童对课外培训效果的评价就很一般了。相比较而言，文艺培训和体育特长培训的效果要好于功课辅导，传统文化培训的效果则是最差的（见表 3-14）。传统文化培训为什么是一个例外？这值得引起关注。对此可能的解释是，传统文化已经退化为一些表征和美学符号，而这些表征和美学符号的哲学基础和社会基础已经荡然无存，在这种大背景下，接受培训的儿童感受到的更多是一些形式主义的东西。上面的分析显示，参加功课辅导对儿童的学习成绩并没有显著影响，但儿童自身对功课辅导效果的评价是正面的。这说明儿童的评价可能并不是结果导向的（注重成绩提升），而是过程导向的（注重培训过程的收益）。能为这一判断提供证明的是：相关分析发现，儿童接受课外培训的类型越多，对课外培训效果的评价越好（$r=-0.522$）。

表 3-14　课外培训的效果（儿童视角）

单位：%

	效果非常好	效果一般	没什么效果	没上过，不知道
功课辅导	19.4	71.8	7.3	1.6
文艺培训	21.7	61.7	10.0	6.7

续表

	效果非常好	效果一般	没什么效果	没上过，不知道
体育特长培训	21.9	53.1	21.9	3.1
传统文化培训	11.1	66.7	22.2	0.0
总体	14.0	54.6	10.6	20.8

（三）家庭教育负担

家庭教育费用可以分为三个部分：一是交给学校的学杂费，二是用于购买补习班、培训班等市场服务的费用，三是用于购买课外书籍、乐器、篮球、游学等的费用。从问卷统计的结果看，家庭教育费用差异巨大，20.5%家庭的年教育费用在1999元及以下，60.9%家庭的年教育费用在4000元及以上。其中，接近四分之一家庭的年教育费用在12000元及以上（见图3-4），接近2018年湖南省农村居民人均可支配收入14093元的八成半。① 相关分析显示，家庭每年用于孩子的教育费用多少与家长的性别、年龄、学历、家庭生活水平、家庭关系（夫妻关系和亲子关系）、孩子的学习成绩等都不存在显著相关关系，与之显著相关的有家庭收入水平、上学孩子年龄、学校位置（长沙市里、湘县城里、镇上/开发区、村里）及学校等级（省重点、市重点、区重点、一般学校、较差的学校）等四个变量：家庭收入水平越高，则家庭教育费用越高（$r=0.193$）；上学孩子年龄越大，则家庭教育费用越高（$r=0.207$）；孩子所在学校位置越是接近中心城市，则家庭教育费用越高（$r=-0.241$）；孩子所在学校等级越高，则家庭教育费用越高（$r=-0.180$）。这四个相关关系没有偏离正常的理解，从侧面反映了数据的可靠性。

如果家里有孩子上高中/中职，则38.1%的家庭年教育费用在12000元及以上；如果家里有孩子上幼儿园，也有31.8%的家庭年教育费用在12000元及以上；如果家里有孩子上小学、初中，则分别有11.1%、17.3%的家庭年教育费用在12000元及以上。这种情况显示义务教育对减轻家庭

---

① 《2018年湖南居民人均可支配收入增长9.3%》，湖南省人民政府网，http://www.hunan.gov.cn/hnyw/zwdt/201901/t20190123_5265111.html，最后访问日期：2019年1月23日。

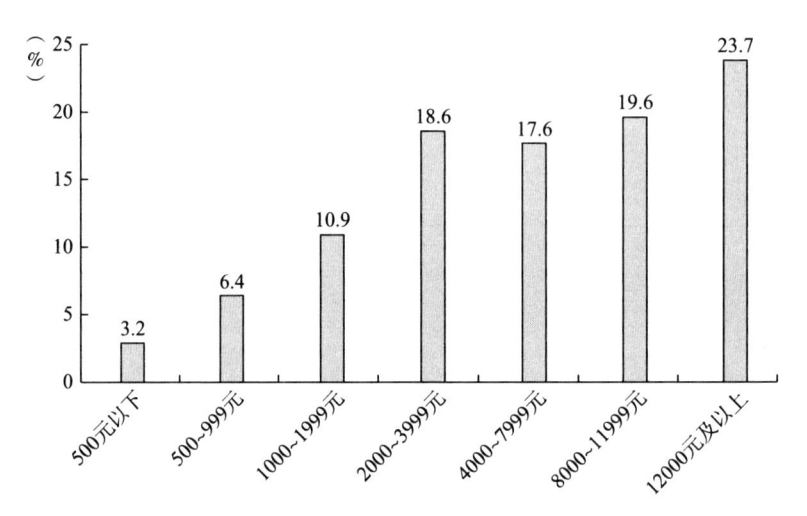

图 3-4 家庭年教育费用分布

教育负担还是起到了一定的作用。看来推行高中阶段义务教育制度对经济弱势家庭是有益的。

除了从正规学校获得教育外，家长还会为自己的孩子购买市场教育服务。市场教育服务基本上由四个部分构成：一是合法的民办培训机构，二是尚未获得合法资格的民办培训机构，三是非营利机构（如学校、少年宫等）开办的收费培训班，四是个人（如在职教师或退休教师）开办的补习班及培训班等。根据湘县教育局 2018 年 6 月公布的名单，全县有合法民办培训机构 76 家，[①] 其中有 11 家散布在 28 个乡镇里。本次问卷调查村庄所在地的 2 个镇没有 1 家合法民办培训机构。

为了了解这方面的情况，我们按照实际情况将市场教育服务分为功课辅导、文艺培训、体育特长培训、传统文化培训、冬令营和夏令营六类。上面我们分析了儿童所报告的参加课外培训的情况，但没有明确了解是否收费。这样做是因为考虑到儿童可能并不知晓缴费情况。由于家长反映的情况可能涉及多名学龄儿童，而儿童反映的情况只涉及自己，因此这里分析的情况与上面儿童反映的课外培训情况可能会有所不同。

从统计结果看，家长为儿童购买最多的市场教育服务项是功课辅导、

---

① 湘县人民政府网，http://www.liuyang.gov.cn/liuyanggov/xxgk/xxgkml/szfgzbm/sjyj/tzgg/4208784/，最后访问日期：2022 年 2 月 27 日。

文艺培训和夏令营（见图3-5）。这种情况与孩子反映的类似。将家长是否购买功课辅导、文艺培训、体育特长培训、传统文化培训、冬令营和夏令营，分别与家长的性别、年龄、学历、家庭生活水平、家庭收入水平、家庭关系（夫妻关系和亲子关系）进行相关分析后发现，只有家长学历及家庭收入水平与是否购买文艺培训有显著相关关系（$r=0.181$；$r=0.165$）。这显然与儿童文艺培训的市场价较高有关。将家长是否购买功课辅导、文艺培训、体育特长培训、传统文化培训、冬令营和夏令营，分别与孩子所在学校位置及学校等级进行相关分析后发现：孩子所在学校位置越是靠近中心城市，家长越有可能为孩子购买功课辅导（$r=-0.177$）；学校等级越高，家长也越有可能购买功课辅导（$r=-0.241$）和夏令营（$r=0.190$）；学校位置和学校等级与家长是否购买其他市场教育服务则不相关。考虑到目前的夏令营以课业辅导和娱乐活动为主，这里的发现可以解释为：家长购买市场教育服务的主要考虑因素还是是否有利于孩子升学。将家长是否购买功课辅导、文艺培训、体育特长培训、传统文化培训、冬令营和夏令营，分别与孩子的学习成绩、综合表现和家庭教育问题集中程度进行相关分析后发现，彼此间不存在显著相关关系。这说明，购买市场教育服务并不能起到提高孩子学习成绩、提升孩子综合表现和协助家庭解决教育问题的作用。综合来看，目前的市场教育服务本身并非问题取向的，而是一种流行。对于家长来说，购买市场教育服务更多的是一种从众和跟风行为；对于贫困家庭来说，购买市场教育服务更多的是一种纯粹的负担。将文艺培训、体育特长培训和传统文化培训三项合成一个新变量"文体培训"，并将之与"儿童文体特长"进行相关分析，结果发现，二者之间存在正相关关系（$r=0.137$），说明家长购买文体培训能够有效增加儿童的文体特长项，这与上述儿童问卷部分的分析结论是一致的。需要注意的是，儿童是否拥有及拥有多少项文体特长，与儿童的学习成绩、综合表现及家庭教育问题集中程度都没有显著相关关系。

为了弄清楚究竟有多少家长购买了多项市场教育服务，我们生成了一个新的变量"市场教育服务项"，分值最小值为0，表示没有购买过，最大值为6，表示购买过全部6项服务。分析显示，除了极少数家长没有花钱给孩子购买过市场教育服务外，绝大多数家长购买过1项服务，只有少数家长购买过3项。这说明，目前的儿童教育服务市场还不发达，服务产品

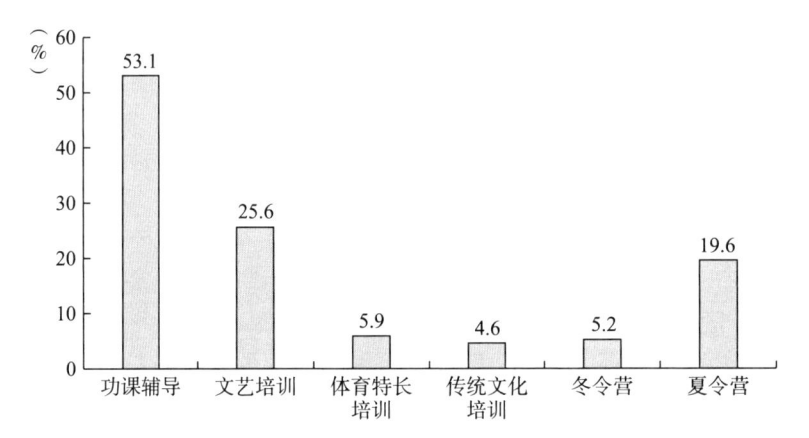

图 3-5 市场教育服务的购买情况（家长问卷）

供给有限，而且服务质量不高。与农村社区相比，城市社区的情况要略好一些，除所有家庭都会购买市场教育服务外，城市家庭购买 3 项市场教育服务的比例更高（见图 3-6）。相关分析表明，家庭收入水平越高，家长购买市场教育服务项越多，二者之间显著相关。

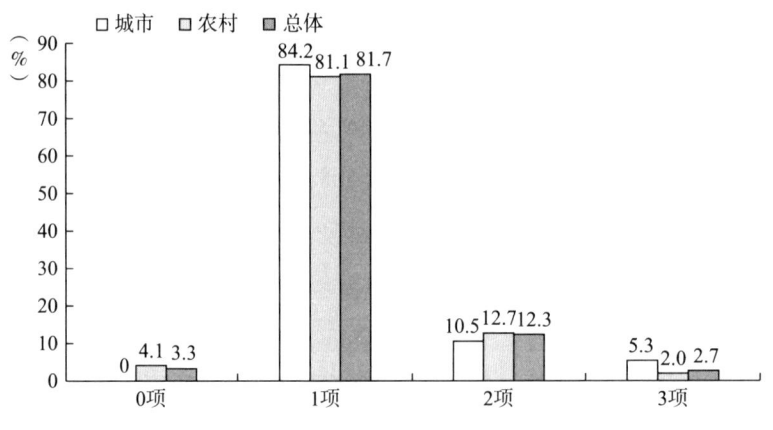

图 3-6 家长购买市场教育服务项

购买市场教育服务究竟给家长带来了多大的经济负担，也是我们想了解的重要问题。家长问卷统计分析表明，33.2% 的家长反映他们没有购买过市场教育服务，这与绝大多数家长都购买过市场教育服务的调查结论似乎是不相吻合的。这可能与两道题目的时间设置不同有关。关于购买事实，问卷没有作时间上的限定，关于花费，则在时间上限定为"每年"，这可能导致并没有每年都购买市场教育服务的家长选择了"没有"项。在报告了有花费的家庭中，比较多的是花费了1000~3999元，花费在500元以下和8000元及以上的比例都很低。相比较而言，城市家庭的花费要高于农村家庭：花费少于1000元的城市家庭的比例为50.8%，对应的农村家庭的比例为51.4%；花费在1000~3999元的城市家庭比例为28.8%，对应的农村家庭比例为39.6%；花费超过4000元的城市家庭占总数的20.4%，而农村的这一比例仅为8.9%（见图3-7）。交叉分析还显示，家长购买的市场教育服务花费会随着儿童年龄增长而呈上升趋势：孩子在幼儿园阶段的家庭中有71.5%的每年购买市场教育服务的花费在500元以下（含没有花费），孩子上初中的家庭的这一比例则仅为32.9%；幼儿园家长每年购买市场教育服务花费超过4000元的仅有4.8%，而高中/中职生家长的这一比例则达到17.3%。

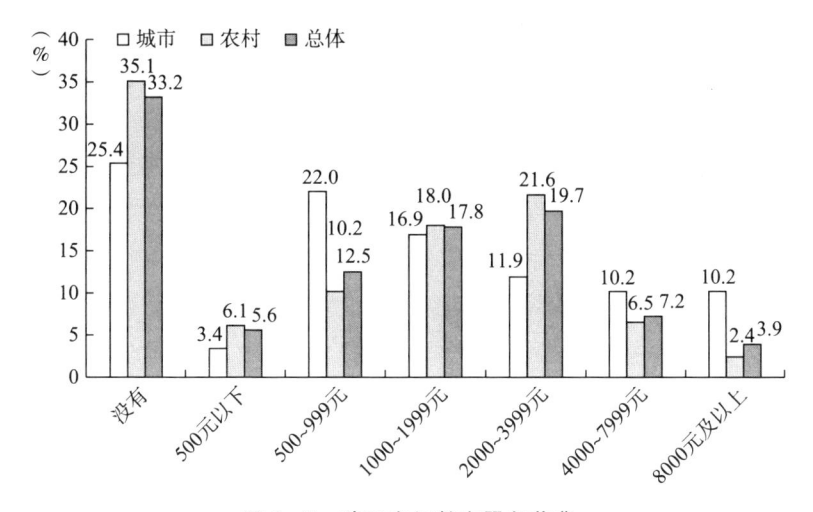

图3-7 购买市场教育服务花费

相关分析发现，购买市场教育服务的费用与家庭教育费用之间存在显著相关关系（$r=0.303$），说明市场教育服务是影响家庭教育支出的重要因素。相关分析还表明，家长花费多少与孩子的学习成绩、综合表现和家庭教育问题集中程度都没有显著的相关关系，而与家庭收入水平显著相关（$r=0.277$）。这再次说明，目前的市场教育服务主要不是问题—功能取向的，而是价值理性的消费行为——作为家长为自己孩子负责的一种体现。对于经济弱势家庭来说，教育市场上效益不高的花费显然是一种负担。

六 家庭教育成效与问题

评判家庭教育成效，应该摒弃"唯成绩论"，坚持"成人"和"成才"并重的原则。从儿童作为受教育者的立场出发，家庭塑造的人际关系关乎儿童的切身利益，因此也应该作为主要的评价标准。同样，审视家庭教育问题，也应该从儿童发展的整体需求出发，全面评估儿童在学业成就、生活习惯、行为自律、人际关系和健康安全等多个方面面临的问题。

（一）综合表现

家长对孩子在同龄人中的综合表现评价总体上是正面的。41.0%的家长认为自己的孩子是比较优秀甚至是出类拔萃的，约五成半的家长认为自己的孩子表现一般，只有极少数家长认为自己的孩子表现相对较差，此外，有少数家长认为自己的孩子表现不太稳定（见图3-8）。这说明，多数家长对于家庭教育的成效评价是正面的。将家长对孩子的综合表现评价与家长的年龄、性别、学历、户籍、家庭收入水平、家庭生活水平、家庭关系（夫妻关系和亲子关系）和家庭教育主体进行相关分析，结果发现只有家庭教育主体与孩子的综合表现显著相关（$r=0.157$）。没有理由相信不同的家庭教育主体会对同一个孩子的综合表现做出不同的评价，因此，对这里的相关分析结果只能做出如下解释：家长个人特征因素及家庭特征因素并不影响孩子在成长过程中的综合表现，但家庭成员中谁负责教育孩子则会有影响。具体地讲，父母双方教育的要好于母亲一方教育的，母亲一方教育的略好于父亲一方教育的，父亲一方教育的又好过祖辈教育的，而家中没有明确教育主体的孩子的综合表现最差。

将家长对孩子综合表现的评价与孩子的性别、年龄、文体特长、放学后作业时长、周末作业时长、家庭作业独立程度、伙伴数、周末玩耍时长、找同伴玩耍频率、学习成绩、所在学校等级、功课强项数及家庭教育问题项分别进行相关分析后发现，与家长评价存在显著相关关系的只有学习成绩、功课强项数、所在学校等级和家庭教育问题项4个变量。孩子的学习成绩越好（$r=0.321$），功课强项数越多（$r=-0.188$），所在学校等级越高（$r=0.153$），令家长头疼的家庭教育问题项越少（$r=0.268$），课余时间越不

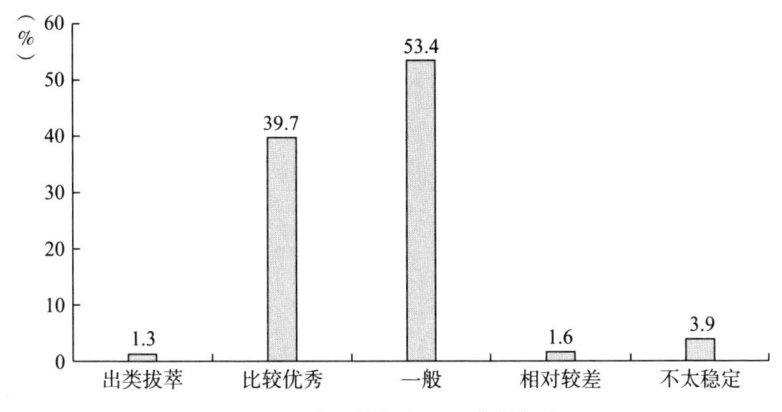

图 3-8　孩子综合表现（家长视角）

沉迷于玩手机/电脑和看电视（$r=0.146$），则家长的评价越高。至于孩子的年龄、性别、有无文体特长、有多少玩得来的伙伴、放学后作业时间多长、周末玩耍时间长短，则一概没有显著影响。这就是说，家长对孩子综合表现的评价，主要是看孩子学习成绩如何以及是否给家长找麻烦。这种评价标准显然是比较狭隘的。文体特长可以在孩子升学时加分，但在家长的心目中它还不是孩子综合表现的构成要素。

将家庭教育过程中令家长头疼的问题分为学习习惯、生活习惯、行为习惯、人际关系和健康安全五类（见表 3-15），并将其分别与家长对孩子的综合表现评价进行相关分析。结果发现，家长的评价与孩子在学习习惯、生活习惯和行为习惯三个方面存在的问题有显著相关关系（$r=0.202$；$r=0.148$；$r=0.156$），其中不良行为习惯包括了沉迷于玩手机/电脑和看电视等不良的个人休闲活动。这就是说，与家长评价相关的家庭教育问题也主要是与孩子学习相关的那些问题。综合来看，家长对孩子综合表现评价的主要依据是学习成绩以及影响学习的不良行为。这种价值观取向可以称为"唯成绩论"。"唯成绩论"并不符合现代最新的教育理念，但一直流行于社会和学校，其根源则在于近几十年来形成的使学业竞争成为"独木桥"的教育—就业体制。这一结论得到了访谈资料的佐证。在访谈中，无论是村干部还是居民，都强调他们非常重视教育。遗憾的是，他们所说的教育，实际上就是应试教育，而不是素质教育。有一位村民对此做了很好的注解。该村民的女儿据说有舞蹈天赋，父母热切希望能为她找到专业的培训机构。但他们这样做的目的并不是将女儿培养成舞蹈家，而是在将来升学时加分。

表 3-15　孩子综合表现评价的影响因素

	综合表现	学习成绩	学校等级	功课强项	良性休闲	学习习惯	生活习惯	行为习惯	人际关系	健康安全	家教问题
综合表现	1	0.321**	0.191**	-0.188**	0.146*	0.202**	0.148*	0.156**	0.050	0.027	0.268**
学习成绩		1	0.106	-0.382**	0.175**	0.204**	-0.006	0.026	-0.053	0	0.087
学校等级			1	-0.115	0.105	0.190**	-0.062	0.156**	0.057	0.049	0.166**
功课强项				1	-0.128*	-0.085	-0.023	-0.064	-0.035	-0.023	-0.102
良性休闲					1	0.098	0.144*	0.044	0.005	0.023	0.152*
学习习惯						1	0.001	0.076	-0.125*	0.101	0.483**
生活习惯							1	0.041	0.058	0.094	0.579**
行为习惯								1	-0.033	0.053	0.548**
人际关系									1	0.098	0.319**
健康安全										1	0.400**
家教问题											1

注：* 在 0.05 水平（双侧）上显著相关；** 在 0.01 水平（双侧）上显著相关。

（二）学习成绩

儿童对自己学习成绩的评价也以正面的居多，认为自己成绩比较好的占 23.0%，认为自己成绩比较差的仅占 13.6%（见图 3-9）。为了解家庭特征因素是否会影响儿童的学习成绩，我们将家长的性别、年龄、学历、家庭生活水平、家庭收入水平、夫妻关系、亲子关系、家庭教育主体、辅导作业习惯分别与儿童的学习成绩进行了交叉分析。结果发现，只有家长的学历与儿童学习成绩呈显著相关关系（r = - 0.128）。以儿童学习成绩为自变量建立回归分析模型后，家长学历的显著性影响也消失了。这就意味着，反映家长个人特征及家庭特征的变量对儿童学习成绩没有产生显著影响，家长及家庭教育能力的差异并没有被显示。

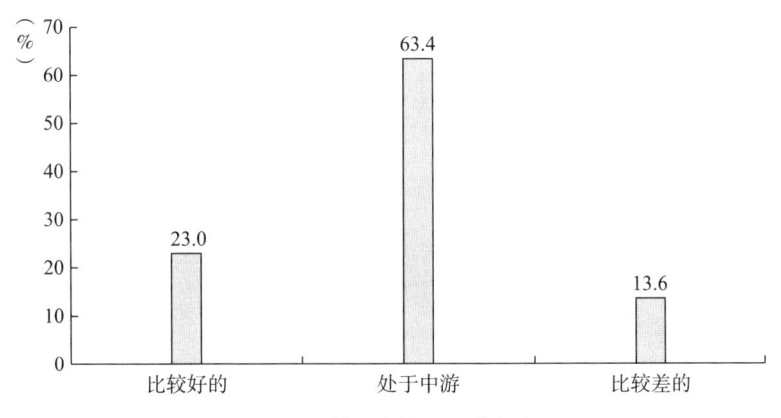

图 3 - 9　学习成绩（儿童视角）

以儿童学习成绩自评为因变量，以儿童功课强项数、放学后作业时长、周末作业时长、作业后自由时间是否继续学习、假期作业时长、家庭作业独立完成程度、素质课完整度、服务学习、学校位置、学校等级、市场教育服务、文体特长等为自变量进行线性回归分析，结果如表 3 - 16 所示。只有功课强项数 1 个自变量在 0.01 置信水平下对儿童的学习成绩自评有显著影响：功课强项数越多，则学习成绩越好。由于测量的是学习成绩，这一结果很正常。在 0.05 置信水平下，儿童在完成家庭作业过程中的独立程度会显著影响其学习成绩：作业过程越是独立，则儿童的学习成绩越好。在 0.10 置信水平下，放学后的作业时长、作业后自由时间是否继续学习、素质课完整度 3 个自变量对儿童学习成绩有显著影响：放学后作业时长越短、作业后自由时间选择继续学习而不是玩耍，素质课完整度越高，则儿童的学习成绩会越好（见表 3 - 16）。能够独立完成作业，用时较少完成作业，完成作业后又能自主地预习或阅读课外书，是优秀学生的标准形象，也是儿童自我教育能力较强的表征。这说明，家庭作业已经成为学校教育不可分割的组成部分。对于成绩不好的儿童来说，不良的家庭作业习惯、较长的家庭作业时间，不仅会给他们带来身心压力，也会拉大他们和优秀学生之间的距离。素质教育有利于提高学生的成绩，这是一个正面的结论。可惜市场上的课外培训并无这方面的功能。

表 3–16　学习成绩影响因素回归分析

	非标准化系数	标准误	标准化系数	t	显著性
放学后作业时长	0.070	0.041	0.129	1.720	0.087
周末作业时长	−0.010	0.037	−0.020	−0.265	0.792
假期作业时长	−0.009	0.027	−0.021	−0.347	0.729
家庭作业独立程度	0.064	0.029	0.128	2.220	0.027
作业后自由时间是否继续学习	0.136	0.077	0.104	1.758	0.080
功课强项数	−0.209	0.043	−0.301	−4.825	0.000
文体特长	0.018	0.037	0.028	0.473	0.636
素质课完整度	−0.041	0.022	−0.114	−1.883	0.061
服务学习	−0.054	0.049	−0.067	−1.102	0.272
市场教育服务	−0.039	0.060	−0.040	−0.647	0.518
学校等级	0.059	0.049	0.078	1.186	0.237
学校位置	−0.061	0.042	−0.095	−1.475	0.141
(Constant)	1.879	0.295		6.371	0.000

注：$R^2 = 0.237$；adj. $R^2 = 0.195$。

（三）亲子关系

从家庭教育的成效看，亲子关系应该是更为重要的衡量标准。无论是从家长视角还是从儿童视角来看，选择"互相信赖，基本问题都能沟通"的调查对象最多，加上"互相尊重，能就重要事件交流意见"，亲子关系处于良好状态的调查对象占五成左右，但也有约17%的调查对象的亲子之间缺少交流，此外，有少量调查对象的亲子关系处于紧张状态。值得一提的是，过于亲密的亲子关系是不利于儿童独立成长的，容易催生"妈宝"，而此次调查发现，三成左右的家长和儿童表示他们的亲子关系是"亲密无间，无话不谈"的。从图3–10中也可以看出，家长和儿童对亲子关系的认知是有区别的。认为亲子之间互相信赖的儿童要比家长少多了，而认为彼此间互相尊重的儿童则要比家长多一些。这说明家长和儿童对于亲子关系的诉求是不同的。

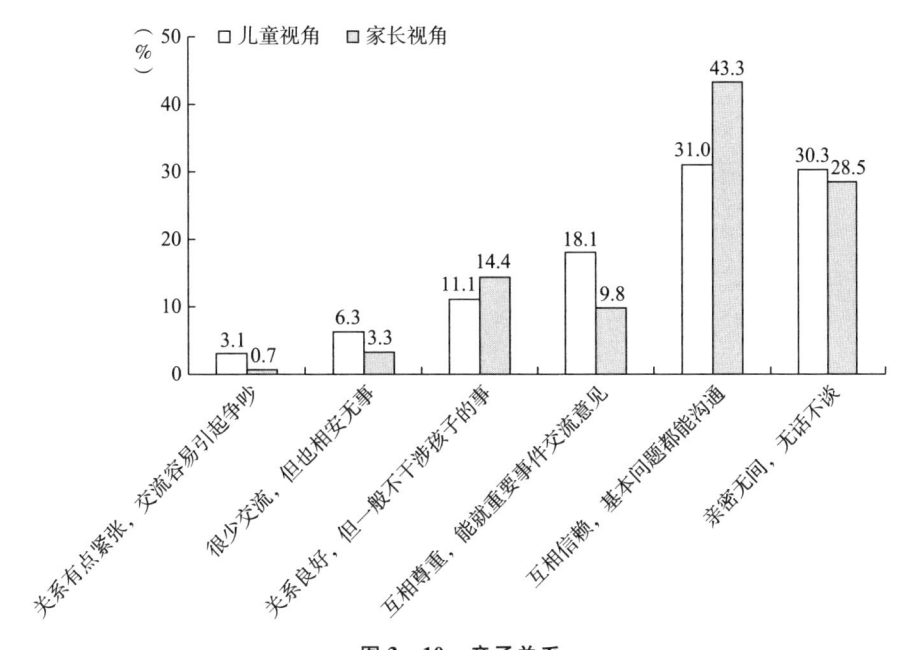

图 3-10 亲子关系

亲子间形成良好的沟通习惯对于儿童成长是非常重要的。从图 3-11 的数据看，亲子沟通的情况总体上并不好。36.2% 的家长认为自己的孩子碰到学习和情感问题时一般会主动沟通，但这样做的孩子只有 27.3%，相比少了近一成；35.9% 的家长发现孩子碰到问题时只是偶尔会与自己沟通，而事实上这么做的儿童却高达 63.0%；27.8% 的家长发现他们的孩子碰到学习和情感问题时从来不会主动沟通，只有 9.7% 的儿童反映情况确实如此。这种情况说明，多数孩子在成长的过程中会自我学习如何处理问题。

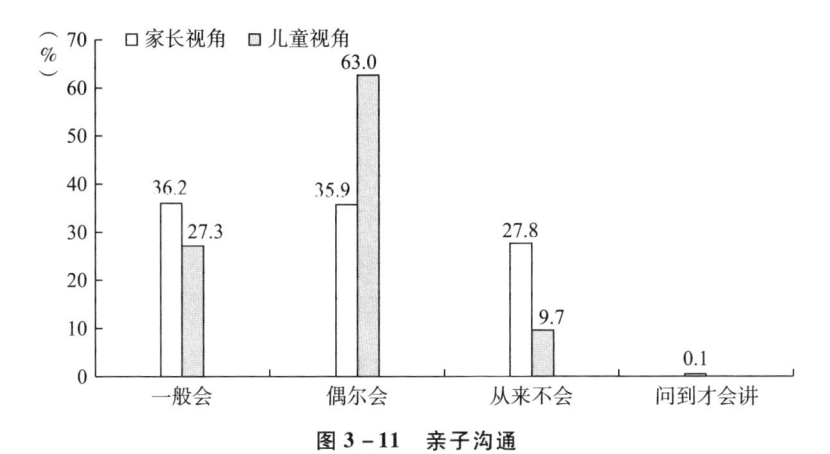

图 3-11 亲子沟通

（四）家庭教育问题

为了了解家长在教育儿童过程中所面临的难题，问卷设计了 15 个选项。绝大多数家长都做了选择，说明绝大多数家庭在教育儿童方面都存在这个或那个方面的问题。从单项选择看，玩手机/电脑成瘾和不爱做家务劳动是父母最为头疼的事，这一点在对村干部的访谈中也得到了证实。玩手机/电脑成瘾已经成为中小学教育中面临的普遍问题。玩手机/电脑成瘾的不良后果是错综复杂的，不仅会妨碍儿童养成良好的学习习惯和提高自律能力，减少儿童正常的家庭参与和社会交往频率，而且会对儿童的心理健康和生活习惯产生负面影响，是引发中小学生行为问题的危险因素。[①] 因此，家长们将其列为最头疼的事是可以理解的。缺少必要的家务劳动对于儿童培养动手能力、形成劳动习惯和责任意识，对于培养家庭情感和家庭归属感、增加亲子沟通和家庭互信都是不利的。正因如此，家长也将其列为最头疼的事。其他家长比较头疼的事项包括作业拖拉、不能及时做完作业，学习不求上进、成绩差，贪玩、不及时回家和生活自理能力差等。将 15 个选项划分为学习习惯（学习不求上进、成绩差，作业拖拉、不能及时做完作业）、生活习惯（生活自理能力差，不爱做家务劳动，攀比心重、要买名牌）、行为习惯（早恋，玩手机/电脑成瘾，交友不慎，常打架闯祸，经常随便拿别人东西，贪玩、不及时回家）、人际关系（闷在家里、朋友少，对长辈不够礼貌，经常和家长顶嘴、不听话）、健康安全（身体不好、体质差，放学在家没人管、不安全）等 5 个方面，可以发现，家长最头疼的依次是孩子的不良行为习惯（72.5%）、不良生活习惯（66.3%）、不良学习习惯（47.1%）、不良人际关系（22.7%）和健康安全问题（10.3%）（见图 3-12）。

问卷规定本题最多可以选择 5 项，从统计结果看，家长平均选择了 2.19 项，说明很多家庭的教育问题不止一项。这与有些教育问题彼此影响有关。值得注意的是，尽管问卷规定限选 5 项，但个别家长仍然选择了 6 项或 7 项。为了方便起见，本书在统计时将 5 项及以上的都视为 5

---

① 陈林英：《中小学生行为问题与影响因素关系的研究》，硕士学位论文，华中科技大学，2008。

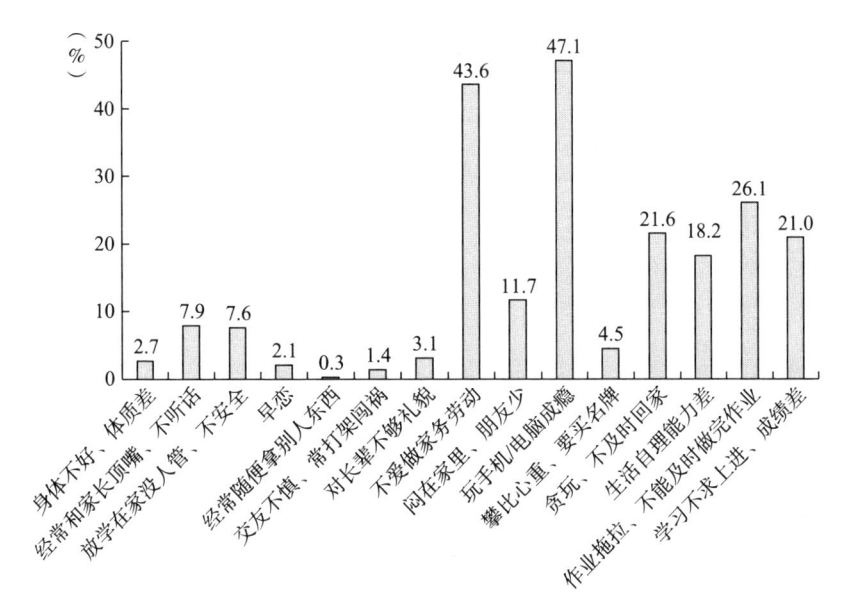

图 3-12　家长在家庭教育过程中最头疼的事 ($N = 292$)

项。从表 3-17 中可见，除了 24 名受访家长没有做出选择外，还有 3.8% 的家长反映他们在家庭教育过程中没有碰到什么头疼的事，说明绝大部分家庭教育还是会面临一些困难的。在做出选择的家长中，近三分之二的家长报告说，他们在家庭教育方面面临 2 个及以上的问题，其中，超三分之一的家长面临 3 个及以上的家庭教育问题。家庭教育问题越多，家长面临的教育难度就越大。为方便分析，我们根据家长选择情况生成了一个新变量"家庭教育困难聚集度"，分值越高，说明家庭教育面临的难度越大。相关分析表明，"家庭教育困难聚集度"对儿童的综合表现、亲子关系甚至家长的夫妻关系都有显著影响，在 0.01 置信水平下的相关系数分别为 0.243、0.165 和 0.183。在家庭目前面临的最主要的困难中，与儿童相关的有 5 项，其中有 8.2% 的家长将"孩子不上进"列为家庭最主要困难项之一。这说明，少数家庭面临的家庭教育问题已经转化成严重的家庭问题。相关分析表明，家庭教育问题越多，则出现"孩子不上进"家庭困难的概率越大，相关系数为 0.132。

表 3-17　家庭教育问题集中程度情况

单位：人，%

问题项	选择人数	百分比	有效百分比	累计百分比
0 项	11	3.5	3.8	3.8
1 项	98	31.2	33.8	37.6
2 项	76	24.2	26.2	63.8
3 项	60	19.1	20.7	84.5
4 项	22	7.0	7.6	92.1
5 项	21	6.7	7.2	99.3
6 项	1	0.3	0.3	99.7
7 项	1	0.3	0.3	100.0
选择样本	290	92.4	100.0	
缺失	24	7.6		
全部样本	314	100.0		

（五）家庭教育失能：才艺代际传承例证

父业子承，是传统农业社会的重要特征。职业、信仰、技能、才艺、知识、爱好和志趣的代际传承，是传统家庭教育的主要功能。在工业化和城市化的冲击下，家庭的职业和知识传承等功能已基本丧失，但在信仰、才艺等方面家庭还是保留了一定的代际传承功能。为了检验目前家庭在这方面的功能，我们分析了家长的才艺特长与儿童的才艺特长的重叠程度。从表 3-18 中可以看到，儿童与家长的才艺特长重叠程度很低：16.4% 的家长有球类特长，但孩子也有球类特长的只有 4.3%；3.6% 的家长有乐器特长，但孩子也有乐器特长的占 1.1%；26.1% 的家长有唱歌才艺，但孩子也有的占 8.1%；8.8% 的家长有舞蹈才艺，但孩子也有的占 0.1%；2.0% 的家长有美术特长，但孩子也有美术特长的占 1.4%；5.2% 的家长有田径特长，但孩子也有的占 1.4%；5.9% 的家长有书法特长，但孩子也有的占 1.8%；家长有戏剧和武术特长的分别占 0.7% 和 1.6%，但孩子均没有这方面的特长。事实上，儿童是否有某方面的才艺特长，也与家长及其配偶是否有此方面才艺特长没有显著相关关系。这意味着，儿童的才艺特长很可能学自学校或校外培训机构，而非父母传教。才艺的传承或许只是一个表面的现象，至少还有学校及培训机构可以教授，但倘若感恩社会、尊敬长辈、努力学习、礼貌待人、快乐成长、勤俭节约等基本价值观不能得到有效传承——或许家长自己也不再尊奉和践行，儿童在成长过程中就会频繁遭遇伦理危机。更为严重的是，目前的学校和商业培训机构似乎也缺乏这些基本价值观的传承功能。对于社区教育重建，我们或许还能寄托一点希望。

表3-18 家长才艺特长与儿童才艺特长比较

单位：%

	家长	儿童+家长
球类	16.4	4.3
乐器	3.6	1.1
唱歌	26.1	8.1
舞蹈	8.8	0.1
美术	2.0	1.4
田径	5.2	1.4
书法	5.9	1.8
戏剧	0.7	0.0
武术	1.6	0.0

小 结

通过描绘和分析农村家庭的教育主体、教育价值观、教育方式、家校合作、社区支持和教育成效及问题，本章主要有以下几点发现。

（1）家庭教育存在多重问题。半数儿童的教育主体不是父母双方，有不少是祖辈负责教育，在家庭教育效果上都存在一定的问题，尤其是部分家庭没有明确的教育主体，对儿童成长十分不利；超过八成的家长偶尔或从来不陪儿童做游戏，这表示家长家庭教育的意识和能力都有问题；近八成家长只是偶尔或从不带孩子外出休闲，而且目前市场化的亲子游等活动对于亲子关系建设、孩子的成长都无明显益处；超四成家长从不辅导或很少辅导孩子作业,且家长辅导孩子作业的行为不会影响孩子的学习成绩及综合表现;多数家庭亲子沟通存在问题,部分家庭没有亲子沟通,孩子在遇到困难或不解的时候只能独自面对,很容易受到社会上不良因素的诱导,对儿童成长极为不利。

(2)家长与学校的沟通联系机制有待完善,只有约三成家长会经常联系老师沟通孩子的成长情况,且家长是否经常与老师沟通联系不会显著影响孩子的学习成绩、综合表现、家庭教育问题以及孩子独立完成家庭作业程度等,说明现在的家校合作多是形式主义的,起不到协助家长教育孩子的作用,亟须公益机构作为社区教育第三方介入,重建正常的家校关系。

(3)四分之一的家长将教育费用太高列为家庭面临的主要困难之一,除了学校费用外,家长还需要向市场购买教育服务,是否给孩子报功课辅导班等与孩子的学习成绩、综合表现、家庭教育问题等都没有关系,说明目前的市场教育服务本身并非问题取向的,而是一种流行和跟风行为,亟须公益机构开展相关服务。

(4)目前的家庭教育面临多个方面的问题,涉及学习习惯(学习不求上进、成绩差,作业拖拉、不能及时做完作业)、生活习惯(生活自理能力差,不爱做家务劳动,攀比心重、要买名牌)、行为习惯(早恋,玩手机/电脑成瘾,交友不慎、常打架闯祸,经常随便拿别人东西,贪玩、不及时回家)、人际关系(闷在家里、朋友少,对长辈不够礼貌,经常和家长顶嘴、不听话)、健康安全(身体不好、体质差,放学在家没人管、不安全)等5个方面,平均每个家庭面临2.19个问题,超三分之一的家长面临3个及以上的家庭教育问题,而家庭教育面临问题越多,孩子的成长表现越差、亲子关系也越差,亟须公益机构介入帮助解决家庭教育问题。

(5)感恩社会、尊敬长辈、努力学习、礼貌待人、快乐成长、勤俭节约等基本价值观虽然为家长所认同,但无法有效传递给儿童,这既不利于为儿童塑造健康的成长空间,也不利于将儿童培养成合格的社会成员。

第四章

学校教育现状

学校是现代社会儿童成长最重要的制度化平台。由于本研究更多地将重点放在儿童社区教育和成长环境上，对于学校教育的了解集中在学校教育与家庭教育和社区教育的交叉地带，而不会细致研究学校教育的方方面面。笔者想弄清楚的主要是，学校教育给家庭教育及社区教育留下了怎样的未尽之职、作用余地、合作空间和结构连接点。具体而言，本章将了解家庭作业负担、学校开展素质教育、社区服务学习及家校合作等情况，并分析其对于儿童成长的影响。

一 农村学校教育简史

中华人民共和国成立之前，设立在农村社区的现代学校还是非常少见的。1907年（光绪三十三年），全国小学生总数为89.5万人（另有半日学堂学生1.8万人）、蒙养院幼儿数为4893人。1909年全国小学生总数为148.1万人（另有半日学堂学生1.8万人）、蒙养院幼儿数为2664人，[①] 占适龄儿童的比例都非常小。1930年毛泽东在江西寻乌县调查时发现，在10万人口的寻乌县，全县女子识字的不过300人，但男子的文化程度并不是很低，依全县人口说，不识字的占60%，识字的40%中识得200个字以上的占一半，能记账的占全县人口的15%，能看《三国》的占5%，能写信的占3.5%，能做文章的占1%，全县有初小文化程度的约5000人，占比为5%，高小文化程度的8000人，占比为8%，上过中学的及中学毕业生500人，占比为0.5%，上过大学的30人，占比为0.03%，另有留洋学生6人，秀才400人，举人1人。[②]

（一）乡村集体办农村教育

1949年，全国小学招生680万人，小学净入学率仅为20%，全国在校小学生3000多万人，小学师生比例为1:29.18。[③] 20世纪50年代，现代学校制度开始在我国农村地区迅速落地生根。1956年中央政治局颁布的《全

---

① 舒新城、孙承光编《中华民国之教育》，中华书局，1933，第69页。
② 中共中央文献研究室：《毛泽东农村调查文集》，人民出版社，1982。
③ 张力：《新中国70年教育事业的辉煌历程》，《中国教育报》2019年9月14日，第3版。

国农业发展纲要（草案）》要求："按照各地情况，分别在 7 年或者 12 年内普及小学义务教育。"① 与此同时，以土地等生产资料集体所有制为基础的农村集体组织迅速取代了传统的村落组织，私有制被基本消灭了，所有农村居民都成了农村集体组织的员工——社员。对于农村社区教育至关重要的是"两条腿走路"的二元发展国策。与农村的其他福利事业一样，教育也由农村集体组织兴办。"民办教师"就是这一时期农村教育制度的产物。

在此后长达二十多年的农村集体主义时代，农村社区在政治、经济、社会、文化等多个维度上具有明显的共同体特征，尽管色彩是单调的。社区教育，与学校教育和家庭教育一起，承担着将农村儿童培养成爱党爱国的集体农民的重大责任。"两条腿走路"的国家教育政策，实际上是一种"城市偏向"的（Urban-biased）教育政策，其影响是复杂的：一方面使初等教育得以在我国广大农村地区迅速地低水平复制，使农村学生和教师数量在短时间内激增，同时使国家能集中财力更多地投资城市教育；另一方面导致我国城乡教育水平差距日益扩大，形成了农村教育在师资上依靠待遇偏低、质量不高的民办教师，② 在财力上依靠农村集体力量自己解决的现象。

改革开放以来我国农村社区的巨变始于 20 世纪 80 年代初实行的"分田到户"的"家庭联产承包责任制"。家庭联产承包责任制，通过摒弃集体耕种制度而破坏了农村生产共同体，从而恢复了家庭在农村社区的主体地位。不过，农业家庭经营模式的推行并没有立刻导致农村集体收入的枯竭。一方面，承包土地的农民依然要给集体"交租"，以维持农村集体教育事业和福利事业，如 1986 年中央颁布的《征收教育费附加的暂行规定》明确要求农民缴纳义务教育人头税，1994~1999 年的农村义务教育总投入中有一半是农民承担的；③ 另一方面，乡镇企业（队办企业）的崛起为农村集体组织提供了新的集体经营方式和收入来源，自 1987 年起企业都要缴

---

① 江苏省教育厅：《为在 5 年内普及我省小学义务教育而努力!》，《江苏教育》1956 年第 4 期。
② 其特点是一般不完全脱离生产，往往一边劳动，一边教书，半耕半读。全国农村小学民办教职工占全体农村小学教职工的比例，1965 年为 43.5%，1975 年为 59.1%。参见《中国教育年鉴》编辑部编《中国教育年鉴（1949~1981）》，中国大百科全书出版社，1984。
③ 孟旭、樊香兰：《我国基础教育投资中存在的问题与建议》，《中国教育学刊》2003 年第 4 期。

纳 2.5%～3% 的义务教育税。从比例上看，20 世纪 80 年代农村社区教育经费越来越多地来自非农领域。1986 年的《义务教育法》宣布国家实行九年制义务教育，免收学费，同时沿袭了 1985 年《中共中央关于教育体制改革的决定》确定的"地方负责，分级管理"的基础教育管理和财政体制，确立了以乡镇为主、多渠道筹措教育经费的农村义务教育筹资原则。这种新形势下的"两条腿走路"教育政策，一方面促进了农村义务教育的发展，①另一方面也拉开了农村内部和城市内部的基础教育水平差距。企业经济欠发达的乡镇根本无力承担高昂的教育费用，1989 年开始大规模整顿乡镇企业的行动进一步削弱了部分乡镇的财政收入能力，从而导致第一次拖欠农村教师工资的高潮出现。据中国教育工会调查，1992 年 1 月至 1993 年 5 月，全国拖欠教师工资总额达 20 亿元。②在这种背景下，国家教委不得不在 1990 年（教基厅〔1990〕009 号）和 1992 年（教人〔1992〕41 号）两次发文要求认真解决民办教师工资拖欠问题。但问题并没有迅速得到解决，不仅"不少地区民办教师工资拖欠有增无减"，"公办教师工资拖欠也大面积出现，问题相当严重"。③这应该是 1994 年农村义务教育的财政管理体制从以"乡镇为主"向"以县为主、乡镇为辅"转变的重要原因。

（二）政府办农村教育

90 年代后期，一方面市场经济体制改革使绝大多数乡镇企业改制成为私营企业，农村集体经济丧失了"工—农联盟"的政治基础，④乡镇财政失去了重要来源和基础，另一方面 1994 年实施的"分税制"使乡镇财政上缴比例激增。两股力量汇合在一起，使得农村义务教育经费供需矛盾日益尖锐，乡村教育事业陷入财政危机。但是为实现"两基"（基本普及九年义务教育、基本扫除青壮年文盲）达标，许多学校纷纷举债或集资达标，使得乡村两级教育负债严重，相当多的农村小学和初中难以维持最基

---

① 至 1990 年全国 73% 的县初等教育普及。参见刘英杰主编《中国教育大事典（1949—1990）》，浙江教育出版社，1993。
② 王献玲：《中国民办教师始末》，知识产权出版社，2008，第 188 页。
③ 《国务院办公厅关于采取有力措施迅速解决拖欠教师工资问题的通知》（国办发〔1993〕78 号），1993 年 11 月 16 日，http://www.people.com.cn/item/ftfgk/1993/112301199344.html，最后访问日期：2022 年 2 月 27 日。
④ 张网成：《论乡村自治制度与农村经济发展模式》，《宏观经济研究》2009 年第 3 期。

本的教育开支，进而教师工资拖欠严重，骨干教师大量流失。经济欠发达农村地区的情况尤其严重。① 在这种背景下，1997年国务院发布了《关于保障教师工资按时发放有关问题的通知》（国办发〔1997〕27号），但没有要求解决全部农村教师工资支付问题。② 事实证明，1994年开始实行的"以县为主、乡镇为辅"的农村义务教育财政管理体制并没有起到减轻乡镇财政负担的作用，同时2000年开始的农村税费改革限制了乡镇经费来源渠道、降低了资金供给的数额，乡镇财政缺口进一步扩大。

鉴于绝大部分乡镇已经失去了举办农村教育的财力，2001年国务院出台了《关于基础教育改革和发展的决定》（国发〔2001〕21号），明确将农村义务教育财政管理体制调整为"地方政府负责、分级管理、以县为主"，不过依然要求"乡（镇）人民政府要承担相应的农村义务教育的办学责任，根据国家规定筹措教育经费，改善办学条件，提高教师待遇"。"以县为主"对于改善农村教师工资的支付情况是有利的，也为2006年起全面取消农业税做了制度衔接准备。不过，对于财力薄弱的县来说，提供足够的经费支持还是有困难的。拖欠、克扣教师工资现象还是时有发生。到2005年，有超过一半的教师工资被克扣。③

2006年全国人大常务委员会第二十二次会议修订的《义务教育法》确定了"国务院领导，省、自治区、直辖市人民政府统筹规划实施，县级人民政府为主"的义务教育财政管理体制，没有再提到乡镇人民政府的责任。考虑到农村教育的落后现实，《义务教育法》还要求"国务院和县级以上地方人民政府应当合理配置教育资源，促进义务教育均衡发展，改善薄弱学校的办学条件，并采取措施"。这标志着我国农村义务教育由以农民及其集体举办到以县以上政府举办的最终转变，具有里程碑意义。农村义务教育阶段学生除免除学杂费外，贫困家庭学生还免费得到教科书和寄宿生生活费补助；农村义务教育阶段中小学公用经费保障水平也有所提

---

① 秦初生：《建立我国农村义务教育投资新体制的思考》，《桂林师范高等专科学校学报》（综合版）2005年第4期。
② 《国务院办公厅关于保障教师工资按时发放有关问题的通知》（国办发〔1997〕27号），http://www.people.com.cn/item/ftfgk/gwyfg/1997/112701199715.html，最后访问日期：2022年2月27日。
③ 雷万鹏：《中国农村教育焦点问题实证研究》，华中科技大学出版社，2007，第25页。

高；农村义务教育阶段中小学校舍维修改造长效机制得以建立；农村中小学教师工资保障机制得到了巩固和完善；国务院和县级以上地方人民政府设立专项资金，扶持农村地区实施义务教育。① 2006年《义务教育法》的实施，大大提高了农村义务教育的经费保障水平。全国预算内农村义务教育经费占农村义务教育总投入的比重也由1999年的67%提高到2009年的93%，实现了义务教育纳入公共财政保障范围的历史性转变。② 不过，农村义务教育的投入问题依然没有得到彻底解决，具体表现为：第一，由于公共财政投入不足，加上教育经费投入结构不合理，农村义务教育经费仍然严重不足，出现农村中小学办学条件差、教学设备不齐全、教师工资低等问题；第二，农村义务教育经费管理不当，资金使用效率不高，挤占、挪用农村义务教育专项经费的问题比较突出；第三，现有的转移支付制度还存在转移支付规模小、力度不够，转移支付方法不够科学、支付的方案不够透明，资金安排带有严重的随意性等问题，不能为农村义务教育的健康持续发展提供足够的资金，也不能调节地区之间专项资金不平衡的现象；第四，教育投入法制建设不健全，既没有对国家财政义务教育投入比例和数量做硬性规定，也没有划分和确认中央、省等各级政府的财权和事权，导致农村义务教育的投入具有很大的随意性和不稳定性。③

二 学校基本信息

简单了解农村学校教育发展历史后，关于调查对象所在学校的基本信息就可以简化处理了。事实上，本次调查问卷仅设计了三道指标题，即学校位置、学校等级及家长对教师的满意度，用来反映农村儿童所在学校与教师的基本情况。

（一）学校位置

由于问卷调查所在的两个村目前只有小学和幼儿园，初中及以上的学

---

① 文红星：《我国农村教育财政改革的历史意义》，《财会研究》2010年第12期。
② 《经过十一五期间努力 农村免费义务教育全面实现》，中央人民政府网，http://www.gov.cn/gzdt/2010-12/23/content_1771495.htm，最后访问日期：2022年2月27日。
③ 何敏、李赐平：《农村义务教育实施经费"新机制"的问题与策略》，《哈尔滨学院学报》2012年第7期。

校都位于村外,因此只有44.2%的受访儿童在村里上学。不过,我们在其他村/社区访谈时发现,有些村/社区里也有初中和高中及中职。因此,表4-1中选择在"村里"上学的,不一定是调查对象所在村。总的看来,四分之三左右的S村和D村学生就读的学校都位于乡镇和农村社区,另外四分之一左右的学生中多数在县城学校、少数在长沙市学校就读。这种情况跟调查村所在地虽是农村但经济较发达、交通便利、离省会长沙近有关。相对而言,大部分儿童的小学和幼儿园都是在村里上的,但也有少数是在长沙市里、湘县城里、镇上/开发区上的;初中生则都是在村外学校上的,但也主要是设在其他村、镇上/开发区的学校,另有少数是在湘县和长沙的学校上的;高中生则主要是在镇上/开发区和湘县的学校上学,在长沙上学的占10.8%;中职学生中多数也在镇上/开发区和湘县上,但与高中生相比,则有更多是在长沙上学。这种情况说明,职校设置也有明显的城市偏向。这样做的不合理之处在于,职校学生八成来自农村,但也有一定的合理性,即位于城市的职业学校比较接近实习和用人单位。

表4-1 受访儿童就读学校的地理分布（$N=292$）

单位：%

	长沙市里	湘县城里	镇上/开发区	村里	合计
幼儿园	4.5	9.1	9.1	77.3	100.0
小学	3.1	6.1	13.3	77.6	100.0
初中	5.3	17.3	41.3	36.0	100.0
高中	10.8	32.5	47.0	9.6	100.0
中职	23.1	38.5	30.8	7.7	100.0
总体	6.8	18.2	30.8	44.2	100.0
S村	7.2	21.7	28.9	42.2	100.0
D村	5.6	14.6	31.9	47.9	100.0
男	10.6	18.9	28.0	42.4	100.0
女	3.7	17.4	32.9	46.0	100.0

与经济条件更好的D村相比较,S村儿童选择在城市学校就学的更多一些。这应该与D村及所在镇有比较好的小学和初中有关。这意味着,如果中小学校不存在质量上的城乡差异,那么会有更多的家长倾向于让孩子

就近上学的。毕竟距离远了不仅家长照顾起来不方便，而且会产生更多的费用。这一点从表4-2中可以得到进一步解读。与女生相比，有更高比例的男生在县城和长沙上学。这暗示家长在为孩子择校时可能有性别差异。具体地，将在下面进一步展开分析。

（二）学校等级

我国的学校教育是精英主义和平民主义双轨的混合体制。各级学校存在明显的等级区别。不同等级的学校享受着不同的资源配置（财政资金、编制配给等），对学生来源也设置了不同的准入条件，因此，教学质量和升学机会也有明显的区别。由此造成的学校教育机会（起点）、程序和结果三重意义上的严重不平等，成为我国教育体制深化改革需要应对的重大问题。事实上，学生在教育过程中的分化是一种自然现象，合理的遴选制度有利于提高教育的效率，从而更好地服务于国家的经济、社会和文化建设。但这一分化过程必须以机会平等和程序平等为前提，否则就会固化社会分层并导致严重的社会分裂和制度失信。

本次调查将学校等级分为五类，其中三类是重点学校，一类是一般学校，一类是较差的学校。从统计结果看，近八成儿童均就读于一般或较差的学校，近两成儿童就读于湘县境内的重点学校，只有少量受访儿童在长沙的重点学校读书。与其他农村地区相比，S村和D村儿童还是比较幸运的，因为所在县域内有较多的重点学校。将学校等级和学校位置进行交叉分析，可以发现，省市重点学校基本上都分布在城市里。尽管城市里的学校也不都是重点学校，但城市里有更多的重点学校而农村基本没有，这是城乡教育差异的重要体现之一。将学校等级与学生级别进行交叉分析后发现，大部分就读于省重点或市重点的都是高中生和初中生，尤其是高中生就读于重点学校的占四成半，而小学和幼儿园阶段的受访儿童则极少有机会到重点学校读书。这反映了农村学生在教育起步阶段的不利现象。

上一章曾经得出这样的结论，即S村和D村家长在是否让孩子上学方面并无性别歧视，但综合表4-1和表4-2的交叉分析数据还是可以发现，家长在家庭教育方面还是有隐性的性别歧视的：在同等条件下，家长愿意做出努力为男孩选择更好的学校。性别与孩子的综合表现及学习成绩之间不存在显著相关关系，这进一步说明家长在学校选择上的性别歧视，这也符合农村社会的现实。

表 4-2 受访儿童就读学校的等级

单位：%

	省重点	市重点	区重点	一般学校	较差的学校
长沙市里	10.0	25.0	15.0	45.0	5.0
湘县城里	5.3	29.8	12.3	50.9	1.8
镇上/开发区	0.0	9.6	12.8	76.6	1.1
村里	0.0	0.0	4.3	89.2	6.5
总体	1.6	10.0	9.0	75.5	3.9
S 村	1.8	14.4	9.6	70.1	4.2
D 村	1.4	4.9	8.3	81.9	3.5
男	3.0	12.1	7.6	72.0	5.3
女	0.6	8.6	9.9	77.8	3.1
幼儿园	0.0	4.5	9.1	77.3	9.1
小学	0.0	1.0	7.1	85.9	6.1
初中	1.3	6.7	5.3	85.3	1.3
高中	4.8	26.2	14.3	53.6	1.2
中职	0.0	7.1	7.1	71.4	14.3

（三）家长对教师的满意度

学校等级作为衡量学校间差异的综合指标，从上文的分析看是比较可靠的。这里以家长对教师的满意度评价作为衡量教师间水平差异的综合指标。从问卷统计的情况看，家长对教师的评价总体上还是以满意为主：表示比较满意和非常满意的占 65.2%，而表示很不满意和不太满意的仅占 2.9%。相比较而言，家长对重点学校老师的满意度更高，其中对市重点学校教师的满意度最高，而对较差的学校的老师，家长的满意度评价则基本上是负面的；家长对小学和幼儿园老师的满意度，要明显低于对初中和高中老师的满意度，而其中又以对高中老师的满意度为最高（近八成家长表示非常满意或比较满意）（见表 4-3）。

为了弄清家长对教师的满意度究竟受到哪些因素的影响，我们首先进行了相关分析。将家长对教师的满意度与孩子的学习成绩、综合表现、文体特长项数和功课强项数进行相关分析后发现，家长对教师的满意度与孩子的学习成绩在 0.1 水平上显著相关（$r=0.098$），与孩子的综合表现在 0.01 水平上正相关（$r=0.262$），与孩子的文体特长项数在 0.05 水平上显著相关（$r=-0.125$），而与孩子的功课强项数之间无显著相关关系。这说明，家长对教师的满意度更多是受孩子的综合表现的影响，而不是孩子的学习成绩。家长对教师的满意度与其同老师沟通了解孩子情况的频繁程度呈正相关关系（$r=0.211$），与教师家访的次数之间也显著相关（$r=-0.234$），这说明教师的责任心及其与家长的面对面交流的频率可能是影响家长对教师满意度的重要因素。学校每学期开家长会的次数，也会显著影响家长对教师的满意度（$r=-0.175$），这可能是因为家长会增加了家长接触和了解老师的机会。不过，学校平时是否组织教师辅导家庭作业以及教师是否参加辅导家庭作业、学校是否在周末及寒暑假提供学业辅导和特长培训，对家长对教师的满意度都没有产生显著性影响，这种情况令人费解。

表 4-3 对教师的满意度

单位：%

	非常满意	比较满意	一般	不太满意	很不满意
省重点	60.0	20.0	20.0	0.0	0.0
市重点	38.7	51.6	9.7	0.0	0.0
区重点	25.0	50.0	17.9	7.1	0.0
一般学校	15.3	47.2	35.7	1.3	0.4
较差的学校	0.0	25.0	50.0	16.7	8.3
总体	18.6	46.6	31.8	2.3	0.6
幼儿园	18.2	45.5	31.8	4.5	0.0
小学	13.1	39.4	43.4	3.0	1.0
初中	20.0	45.3	30.7	2.7	1.3
高中	26.2	53.6	19.0	1.2	0.0
中职	6.6	73.2	20.0	0.2	0.0

为了排除交叉影响，这里以家长对教师的满意度为因变量进行了回归

分析。结果显示（见表4-4），只有学校等级、家长与老师交流频繁程度、孩子综合表现、教师家访次数等4个变量对因变量产生了显著影响，其他变量均未产生显著性影响。与相关分析相比，回归分析否定了孩子的学习成绩和文体特长项数、学校开家长会次数等3个变量对家长对教师的满意度的影响，其他的结论则基本不变。学校平时是否组织教师辅导家庭作业以及教师是否参加辅导家庭作业、学校是否在周末及寒暑假提供学业辅导和特长培训等变量，对于家长对教师的满意度均未产生显著性影响，是值得注意的现象。教师家访次数会产生显著影响，而学校开家长会次数未产生显著影响，可能是因为教师家访至少给家长带来了教师有责任心和关爱之心的印象，以及解决孩子教育问题的希望，而家长会则既可能使家长遭受批评和产生羞耻感，又不能给家长以实用的忠告或建议。之所以会如此，可能跟目前的家长会形式主义色彩浓厚有关，这样的家长会缺少家长真正参与的氛围和过程，家长"奉召"参加，而教师代表更多的是指出问题、提出要求、布置任务，[1]且会后因为人员众多家长一般也没有单独与老师沟通的机会。这是一种尴尬且无用的场面，因此参加多少次家长会都不会使家长对老师更满意。类似的，学校为学生组织的课后作业辅导和特长培训未能对家长对教师的满意度产生显著影响，应该也与活动的形式主义和参与教师的责任心不足有关。[2]尽管学校开展这些活动可能是免费的或者是低偿的，而且还顺带协助家长解决了"三点半"接送难题，但家长们依然不满意。

表4-4 影响家长对教师满意度的各种因素

自变量	非标准系数	标准误	标准系数	t	显著性
学校等级	0.205	0.067	0.200	3.057	0.002
学校位置	0.024	0.057	0.028	0.416	0.678
教师家访次数	-0.260	0.074	-0.209	-3.525	0.001

---

[1] 有学者将中小学家长会的问题归纳为"流于形式多、单向灌输多、一味要求多"。参见江荣国《当前中小学家长会现状分析及研究对策》，《基础教育课程》2006年第9期。

[2] 此类问题被归结为四个方面：学校参与意愿较低、学校管理制度落实缺位、教师职责边界不明和教育功能不明显。参见潘辰午、任娇旸《中小学课后服务实施的问题及对策——基于学校管理的角度》，《教学观察》2021年第15期。

续表

自变量	非标准系数	标准误	标准系数	t	显著性
家长与老师交流频繁程度	0.124	0.051	0.148	2.433	0.016
年教育费用	-0.013	0.030	-0.026	-0.435	0.664
学校开家长会次数	-0.093	0.080	-0.073	-1.171	0.243
孩子综合表现	0.223	0.068	0.201	3.290	0.001
孩子文体特长项数	-0.012	0.050	-0.015	-0.248	0.804
孩子功课强项数	-0.003	0.060	-0.004	-0.057	0.955
学习成绩	-0.014	0.085	-0.010	-0.160	0.873
学校平时是否组织教师辅导家庭作业	0.082	0.166	0.029	0.497	0.620
教师是否参加辅导家庭作业作业	0.085	0.127	0.040	0.674	0.501
学校是否在周末及寒暑假提供学业辅导和特长培训	0.055	0.098	0.033	0.555	0.579
家长性别	-0.080	0.093	-0.049	-0.861	0.390
家长学历	0.057	0.064	0.053	0.894	0.372
（常量）	1.063	0.534		1.992	0.047

注：$R^2 = 0.222$，调整后的 $R^2 = 0.173$，$F = 4.567$，ANOVA Sig. $= 0.000$。

三 家庭作业负担

家庭作业通常是指学校给学生布置的课外作业，当然也包括家长在课余时间给自己孩子的"加料"。本次调研未对两种情况作分别处理，而是将家庭作业笼统地理解为课堂教学的课余延伸。巩固和消化课堂所学的知识、弥补在校学习的不足，是家庭作业最重要的功能。让学生做家庭作业的主要目的是，培养学生独立学习的能力和习惯，养成认真、独立、珍惜时间等好品质。但过多的家庭作业，会对学生产生一系列不利的影响，如缺少必要的休息时间、对学习产生疲劳和厌烦感、身体素质下降、缺少必要的游戏玩耍和社交时间、没有时间参与必要的家务劳动等。同时，过多的家庭作业也会给家长造成负担。因为不是所有家长都有时间和能力辅导孩子作业，所以相当一部分家长不得不求助于外部环境（包括市场课业辅导和培训机构）的支持，而没有经济能力的家长只能自我放弃。在现行升学制度的压力下，家庭作业过多已经成为一个普遍性的社会问题。适当减轻学生的家庭作业负担已经成为教育界的共识。

（一）平时家庭作业时长

教育部 2017 年 12 月发布的《义务教育学校管理标准》要求，家校配合保证每天小学生 10 个小时、初中生 9 个小时睡眠时间。这意味着，学生的家庭作业时间一般不应该超过 2 个小时。2018 年教育部等八部门印发的《综合防控儿童青少年近视实施方案》（教体艺〔2018〕3 号）对此提出了更严格的要求："小学一二年级不布置书面家庭作业，三至六年级书面家庭作业完成时间不得超过 60 分钟，初中不得超过 90 分钟，高中阶段也要合理安排作业时间。"事实上，本次调查所在地的湖南省教委早在 2009 年印发的《关于进一步规范普通中小学办学行为的规定》（湘教发〔36〕号）就做出了类似的规定："小学一、二年级不留书面课外作业，其他年级课外作业时量每天不超过 1 小时。初中、高一、高二课外作业时量每天不超过 2 小时。高三课外作业时量每天不超过 3 小时。"

问卷统计显示，S 村和 D 村儿童的家庭作业时间绝大多数情况下都超过了教育部的规定。受访儿童平时放学后完成家庭作业需要的时间在 2 个小时以下的占 49.5%，其余均在 2 个小时以上，其中有 7.9% 的受访儿童作业时长在 4 个小时及以上。相比较而言，幼儿园阶段的家庭作业时间要短于小学阶段，小学阶段的又要短于初中阶段的，高中/中职阶段的作业时间最长。幼儿园小朋友居然也要做家庭作业，尽管超过 2 个小时的比例很低，但小学化的倾向还是非常明显的。小学生中每天放学后作业时间少于 1 个小时的仅有 12.5%，而超过 3 个小时的占 17.2%，初中生平时家庭作业时长超过 2 个小时的占 64.4%，高中/中职生中平时家庭作业时长超过 3 个小时的占 32.4%（见表 4-5）。相关分析也表明，儿童学历等级越高，其作业时间越长（$r = 0.332$）。将家庭作业时长与学校等级进行交叉分析后发现，学校等级越高，其学生家庭作业所需时间总体上越长。相关分析显示，二者呈现显著相关（$r = -0.172$）关系。将作业时长与学习成绩进行相关分析后发现，二者之间并不显著相关，说明作业时长并不是成绩好坏的影响因素。作业时长与功课强项数之间也没有显著相关关系，说明更长时间的作业也不会增加学生的功课强项数。超过50%的受访儿童平时的家庭作业时间超过2个小时，对于学生放学后的休息和娱乐显然是不利的，从后面的分析可以看到，仅有不到六分之一的学生会在作业后去找小伙伴玩耍。

表 4-5 平时家庭作业时长分布

单位：%

平时家庭作业时长	幼儿园	小学	初中	高中/中职	总体
1 小时以下	45.5	12.5	9.5	8.1	12.7
1~2 小时	36.4	51.0	31.1	27.3	36.8
2~3 小时	13.6	24.0	29.7	32.3	27.5
3~4 小时	4.5	10.4	23.0	16.2	15.1
4 小时及以上	0.0	6.8	11.7	16.2	7.9
省重点	20.0	40.0	0.0	40.0	0.0
市重点	6.7	10.0	36.7	20.0	26.7
区重点	23.1	34.6	30.8	0.0	11.5
一般学校	12.0	39.4	27.3	15.7	5.6
较差的学校	8.3	58.3	16.7	16.7	0.0

（二）周末家庭作业时长

除了平常放学后的家庭作业外，中小学生还要普遍完成沉重的周末家庭作业。完成3个小时的作业，基本上半天也就过去了。从此次收集的数据看，周末需要花3个小时以上完成作业的儿童比例高达56.7%，其中初中生和高中/中职生超过3个小时作业时间的比例更高达61.3%和66.6%。小学学习相对比较轻松，但周末家庭作业时长超过3个小时的儿童比例也达到48.4%（见表4-6）。相关分析表明，儿童学历等级与周末家庭作业时长呈正相关关系（$r=0.252$）。交叉分析还显示，学校的等级越高，其学生的周末家庭作业时间越长。相关分析证实了学校等级与周末家庭作业时长呈显著相关关系（$r=-0.160$）。总体上，周末功课任务对于受访儿童来说还是比较重的。相关分析还表明，平时家庭作业时长和周末家庭作业时长两个变量之间高度相关，相关系数达 0.661，说明家庭作业时间长短不仅与学校布置的作业量有关，更与个人完成作业的习惯和速度有关。有趣的是，周末家庭作业时长虽然与儿童的学习成绩没有显著相关关系，但与儿童的功课强项数显著相关（$r = 0.157$），也就是说，延长周末家庭作业时间，很可能有助于儿童形成更多的功课强项。这一点显然与平时家庭作业时间过长无益于功课强项建设有关。原因可能在于，儿童平时忙于应付家庭作业，而周末则有时间更认真地思考和学习。如果二者之间的区别确实存在内在的关联机制，则至少可以佐证教育部关于缩短家庭作业时长的设想是有道理的。但是否存在这样的内在关联机制，则需要进一步的深入研究。

表 4-6 周末家庭作业时长

单位：%

	2 小时以下	2~3 小时	3~4 小时	4~5 小时	5 小时及以上
幼儿园	36.4	31.8	22.7	9.1	0.0
小学	16.8	34.7	30.5	8.4	9.5
初中	13.3	25.3	33.3	14.7	13.3
高中/中职	10.1	23.2	30.3	14.1	22.2
总体	15.1	28.2	30.6	12.0	14.1
省重点	20.0	20.0	20.0	0.0	40.0
市重点	10.0	6.7	33.3	16.7	33.3
区重点	23.1	26.9	23.1	11.5	15.4
一般学校	15.2	30.4	31.8	12.0	10.6
较差的学校	0.0	45.5	27.3	9.1	18.2

超过半数的受访儿童在周末与朋友一起玩耍的时间少于 4 个小时，仅有超一成的儿童周末玩耍时间在 8 个小时及以上。总体上，儿童周末与朋友一起玩耍的时间是不长的。相比较而言，高中/中职生和初中生的周末玩耍时间更短一些，小学生的周末玩耍时间略长于幼儿园小朋友的（见表 4-7）。将周末家庭作业时长与周末玩耍时长进行相关分析，结果二者并

不显著相关。这说明，玩耍时间不长并不是因为家庭作业时间过长，而是没有机会——没有家长放心的玩伴或去处。幼儿园小朋友周末玩耍时间不如小学生的长应该正与此有关。不过，与小学生相比，初中生的周末玩耍时间要更短，高中/中职生的又比初中生的更短，儿童学历等级与周末玩耍时长呈负相关关系（$r=-0.129$），这显然是不正常的。因为理论上年龄越大，其社交能力越强、社交范围越广，家长也越放心。学校等级越高，其学生周末玩耍时间也越短（$r=0.156$），说明重点学校学习压力大很可能影响了学生的交友和娱乐。

表4-7 周末与朋友一起玩耍时间

单位：%

	2小时以下	2~4小时	4~6小时	6~8小时	8小时及以上
幼儿园	13.6	31.8	22.7	18.2	13.6
小学	17.5	26.8	24.7	15.5	15.5
初中	16.2	40.5	20.3	14.9	8.1
高中/中职	19.2	41.4	22.2	7.1	10.1
总体	17.5	35.6	22.6	12.7	11.6
省/市重点	20.0	54.3	17.1	8.6	0.0
区重点	28.0	28.0	16.0	8.0	20.0
一般学校	16.5	34.4	23.9	12.8	12.4
较差的学校	8.3	25.0	25.0	33.3	8.3

（三）假期作业时长

为了更准确地了解受访儿童假期作业时长，问卷仅就2019年暑假作业情况进行了提问。从统计结果看，只有超五分之一的受访儿童用时在10天以内，用时在20天（四周）及以上的超过了三成，用时在15天及（三周）以上的超过了五成五（见表4-8）。2019年中小学的暑假一共才49天（7周），说明中小学生假期作业任务还是比较重的。相比较而言，初中生和高中/中职生完成假期作业的时间更长一些，学历等级与假期作业时长显著相关（$r=0.140$）。不过，学校等级与假期作业时长并无显著相关关系。相关分析的结果表明，假期作业时长与平时家庭作业时长及周末家庭作业时长之间都存在正相关关系，说明完成作业时间长短主要还是由个人因素决定。难怪有些家长将作业拖拉列为头疼事项之一。有意思的是，与周末家庭作业时长一样，假期作业时长与功课强项数之间存在显著相关关系（$r=0.171$），同时与学习成绩不相关。这再次说明自学的重要性。

为了解家庭作业负担对于儿童成长的影响，我们将平时家庭作业时长、周末家庭作业时长和假期作业时长合并生成了新变量"家庭作业负担"，分值越高表示家庭作业负担越重，反之亦然。将家庭作业负担变量与孩子的学习成绩、综合表现、家庭教育问题集中程度三个变量进行相关分析，结果显示，孩子的学习成绩和综合表现较好的，家庭作业负担要轻一些，但无显著相关关系，家庭教育问题集中的，家庭作业负担反而轻一些，虽然也不显著相关，但暗示家长可能因为家庭教育问题集中而放松对孩子的作业要求。相关分析还表明，家庭作业负担越重，儿童玩得来的伙伴数越多，二者呈显著正相关关系，说明作业压力大的儿童，可能更需要与朋友相互慰藉。将周末家庭作业时长和假期作业时长再次合并生成新变量并进行相关分析的结果表明，家庭作业负担与功课强项数确实相关（$r=0.199$），但与学习成绩和综合表现还是不相关。

表 4-8　暑期作业时长

单位：%

	不到5天	5~10天	10~15天	15~20天	20天及以上
幼儿园	21.1	31.6	10.5	15.3	21.6
小学	10.3	15.5	24.7	21.6	27.8
初中	9.3	4.0	25.3	30.7	30.7
高中/中职	6.2	12.4	20.6	27.8	33.0
总体	9.4	12.5	22.6	25.0	30.6
市重点	2.9	17.1	20.0	25.7	34.3
区重点	4.0	24.0	16.0	12.0	44.0
一般学校	11.6	9.3	24.2	26.5	28.4
较差的学校	0.0	33.3	16.7	16.7	33.3

四 素质教育

要求学校重视素质教育的呼声，近年来越来越高。从表4-9中可以看出，学校每周开设的素质教育课程主要有体育课、音乐课和美术课，其他如书法课、舞蹈课和安全自护课都开设得很少。相比较而言，高中的开设情况要好一些，中职的开设情况则较差。幼儿园禁止开设文化课，但实际情况是，素质课程开设并不普遍。假设家长会尽可能地在学校附近就近居住，那么根据下面的数据还是可以得出这样的推论，即与城市学校相比较，农村学校开设素质教育课程的情况普遍更差些。令人费解的是，有不少学生选择了"不清楚"。对此，合理的解释是，学校开设这些课程并非针对所有学生。

表4-9 学校素质教育课程开设情况

单位：%

	总体	城市	农村	幼儿园	小学	初中	高中	中职
书法课	16.4	23.1	14.7	10.0	16.5	8.1	27.2	6.7
舞蹈课	12.2	21.2	9.9	10.0	12.4	8.1	16.0	13.3
美术课	51.9	50.0	51.7	35.0	59.8	52.7	53.1	13.3
音乐课	56.4	59.6	55.2	35.0	66.0	55.4	58.0	20.0
体育课	70.4	69.2	70.7	55.0	70.1	68.9	76.5	66.7
安全自护课	20.6	26.9	19.4	10.0	21.6	25.7	19.8	6.7
不清楚	16.4	13.5	19.1	20.0	18.6	20.3	12.3	13.3

将表4-9中的前六个选项转换成一个新的变量"素质教育课程完整度"，分值越高，说明学校开设素质教育课程越全面。从表4-10中可以看到，多数学校开设的课程是不全的，多数开设的是其中1门或3门；相比较而言，高中开设素质课程的情况要好一些，可能与高中学校的师资和财政投入长期比较充足有关，小学开设的情况较差，应该与本次调查对象中的小学生多在农村小学上学有关，幼儿园开设的情况最差，应该与部分幼儿园是私立的因而教学设施和师资能力有限有关；与城市学校相比，乡

镇学校开设素质课程的情况要明显差一些。素质教育课程开设完整度与学校等级之间不存在显著相关关系，说明学校无论是否为重点学校，都不太重视素质教育。

表 4-10　不同类型学校素质教育课程的开设情况

单位：%

	0	1	2	3	4	5	6
幼儿园	25.0	30.0	15.0	25.0	5.0	0.0	0.0
小学	19.6	10.3	10.3	35.1	16.5	5.2	3.1
初中	18.9	20.3	9.5	33.8	10.8	5.4	1.4
高中	14.8	23.5	6.2	24.7	17.3	9.9	3.7
中职	13.3	66.7	6.7	6.7	6.7	0.0	0.0
城市	11.5	21.2	15.4	26.9	13.5	5.8	5.8
乡镇	19.8	21.1	7.3	30.2	14.2	5.6	1.7
总体	18.1	20.9	9.1	29.6	13.9	5.9	2.4

开设素质教育课程究竟有没有意义？对儿童的成长有什么样的影响？"素质教育课程完整度"和儿童的综合表现、学习成绩及功课强项数都存在显著相关关系，相关系数分别为 -0.151、-0.200 和 0.237。学校不会因为儿童的各项表现好或不好而决定是否开设素质教育课程，因此，这里可以将"素质教育课完整度"理解为影响变量，而将儿童的综合表现理解为受影响变量。在排除其他变量交叉影响的前提下，这里的相关关系可以解释为：学校开设素质教育课程越多，则儿童的综合表现越差、学习成绩越差、功课强项数越多。本研究中学习成绩作为一种主观指标是与其他儿童相比较得出的，具有相对性。相比之下，功课强项数作为衡量儿童学业成就的指标应该更接近真实情况。事实上，"素质教育课程完整度"也会减少家庭面临的教育困难项数（"家庭教育困难聚集度"），但影响不显著。相关分析表明，学校开设素质教育课程的完整度直接影响儿童的文艺特长（$r=0.255$）及文体特长（$r=0.232$），而前面的分析提到56%的受访儿童没有任何文艺特长，离教育部关于让每个学生至少学习掌握一项文艺特长的要求还相差甚远。另外，分析还发现，素质教育课程完整度与儿童平时家庭作业时长、周末家庭作业时长及假期作业时长都显著相关，相关系数

分别为0.176、0.170和0.162（见表4-11），说明儿童作业时长除了受其完成作业的能力和速度影响外，还受其学习态度的影响。素质教育可能会使儿童在完成家庭作业时更加耐心和认真。综合来看，学校开展素质教育会让儿童获得多方面的收益。这也说明，教育部提倡素质教育的政策方向无疑是正确的。上文提到，学校等级与其开设素质教育课程完整度之间没有显著相关关系，这说明学校不重视儿童素质教育是普遍的现象。这一点非常令人遗憾，是值得深思的问题。除了"唯文化论"至深至广的影响外，没有相应的配套激励政策（如纳入师生业绩考核）也应该是重要原因。在这种现实背景下，或许应该考虑，是否以及如何才能由社区教育来承担更多的素质教育职能？

表4-11 素质教育对儿童的影响

	功课强项数	综合表现	周末家庭作业时长	平时家庭作业时长	学习成绩	假期作业时长	文体特长项数
功课强项数	1						
综合表现	-0.188**	1					
周末家庭作业时长	0.157**	-0.102	1				
平时家庭作业时长	0.099	-0.054	0.661**	1			
学习成绩	-0.382**	0.321**	-0.045	0.054	1		
假期作业时长	0.171**	-0.088	0.324**	0.209**	-0.084	1	
文体特长项数	0.226**	-0.007	0.014	-0.041	-0.084	-0.029	1
素质教育课程完整度	0.237**	-0.151*	0.170**	0.176**	-0.200**	0.162**	0.232**

注：* 在0.05水平（双侧）上显著相关；** 在0.01水平（双侧）上显著相关。

五 社区服务学习：校社合作

社区服务学习（Community Service Learning）是西方国家在20世纪80年代兴起的教育理念和教育实践方法，近年来也为我国教育界和政府所提倡。2017年我国教育部出台的《关于做好中小学生课后服务工作的指导意见》明确要求将社区服务纳入中小学考评体系。开展社区服务学习的目的是要将学生的课堂学习与现实社会的问题和需要结合起来，在促进学生的智力发展的同时提升学生的公民参与意识和能力。这种学校有目的地组织的社区服务学习明显属于"校社合作"范畴。社区服务学习的形式很多，但鉴于目前各级学校的开展情况并不好，因此本次调查仅就学生参与慈善捐赠和志愿服务的情况进行了了解。需要事先说明的有三点：首先，学校组织的慈善捐赠和志愿服务，既可能是学校官方组织的，也可能是不那么官方的学生社团组织的，甚至有可能是教师个人组织的。但绝大多数是第一种情况。其次，问卷没有对慈善捐赠和志愿服务行为的时间起点和终点做出限定，由此可能会导致两种结果：一是对不同年龄的调查对象来说，其慈善捐赠和志愿服务行为的发生率存在不可比较性，所得均值也不能解读为发生在某一年度的事情；二是对高年级学生来说，由于时间跨度大，所参加的慈善捐赠或志愿服务很可能是由不同学校组织的。最后，没有对捐赠额度或志愿服务时长进行测量，这显然会导致信息反映不足。

从统计结果看，农村儿童参与过慈善捐赠和志愿服务的比例之高，还是超出笔者预期的：近八成儿童参加过学校组织的慈善捐赠，近三分之二的儿童参加过学校组织的志愿服务活动。不过，儿童参与的频次并不高，以参加过 1~2 次慈善捐赠和志愿服务活动的为主，参加过 3 次及以上的儿童相对较少。相比较而言，年龄越大，参与慈善捐赠和志愿服务的情况越好，只有中职学生稍有例外（见表 4-12）。学校等级与慈善捐赠和志愿服务的参与频率之间也有显著相关关系，其相关系数分别为 0.195 和 0.163。对于没有自己收入的儿童来说，志愿服务应该是更好的社区服务方式，也是西方国家更为常见的社区服务方式。但本次调查的结果却令人感到意外，儿童参加慈善捐赠的情况要好于参与志愿服务的情况。这应该与校方比较保守、更愿意组织安全的慈善捐赠活动有关。相关分析还发现，参加慈善捐赠活动次数越多的儿童，其参加志愿服务的频次也越高（$r=0.504$）。[1] 这很可能是因为重视儿童参加公益服务的学校组织慈善捐赠相应地就会组织志愿服务，而不重视儿童参加公益服务的学校也不会在两种方式中做选择。

---

[1] 慈善捐赠和志愿服务之间存在互相依存关系，这是早已经被发现的事实。不过，一般是从个体的亲社会性角度来解释的，因为这两种行为都被假定为自愿的。但事实上，今天的慈善捐赠和志愿服务更多地受到了组织和制度的影响，而不再是纯粹的个人自愿行为。在权威主义的教育体制下，很难想象学生的慈善捐赠与志愿服务不是被教育、被劝说、被引导、被安排的结果。简单地说，中小学生的慈善捐赠和志愿服务主要是学校行为。

表 4-12 儿童服务学习的情况

单位：%

	慈善捐赠			志愿服务		
	参加过3次及以上	参加过1~2次	没有参加过	参加过3次及以上	参加过1~2次	没有参加过
幼儿园	22.7	27.3	50.0	18.2	4.5	77.3
小学	22.4	50.0	27.6	17.3	42.9	39.8
初中	40.0	48.0	12.0	25.3	41.3	33.3
高中	44.6	43.4	12.0	28.9	45.8	25.3
中职	37.5	43.8	18.8	18.8	37.5	43.8
总体	34.0	45.6	20.4	22.8	40.1	37.1
省/市重点	57.1	28.6	14.3	45.7	22.9	31.4
区重点	38.5	61.5	0.0	23.1	46.2	30.8
一般学校	30.6	46.6	22.8	19.2	42.9	37.9
较差的学校	16.7	41.7	41.7	16.7	25.0	58.3

本部分研究的对象是农村社区教育，因此这里按家长给出的居住社区进行了分类处理。从交叉分析的情况看，居住在城市社区的学龄儿童参与过学校组织的慈善捐赠和志愿服务的比例要远高于居住在乡镇和农村社区的学龄儿童的比例，尤其是参加过3次及以上的比例要高不少；乡镇社区儿童的参与情况虽然要比农村社区的好一些，但差别不是很大（见表4-13）。这种城—镇—村差异符合一般推测。不过，虽然有一定的城乡差异，但农村学校多数也组织学生参加过慈善捐赠和志愿服务，这一点还是超出了笔者的预料。这种情况很可能反映目前各级学校组织学生参加的服务学习活动，主要是为了回应教育主管部门的要求，而且教育主管部门对城乡学校寄予了有差别的希望。

将慈善捐赠和志愿服务合成一个新的变量"服务学习次数"，分值越小，服务次数越多。统计后发现，慈善捐赠和志愿服务都没有参加过的儿童占总数的15.6%，只参加过志愿服务或慈善捐赠活动的占26.2%，二者相加占41.8%，其余58.2%的儿童既参加过慈善捐赠也参加过志愿服务，而同时参加过3次及以上志愿服务和慈善捐赠活动的儿童占17.0%。总的

表 4-13　儿童服务学习的城—镇—村比较

单位：%

家庭住所	慈善捐赠			志愿服务		
	参加过3次及以上	参加过1~2次	没有参加过	参加过3次及以上	参加过1~2次	没有参加过
城市社区	50.0	50.0	0.0	42.9	42.9	14.3
乡镇社区	28.2	59.0	12.8	25.6	35.9	38.5
农村社区	34.2	43.0	22.8	21.5	41.4	37.1
总体	34.1	45.5	20.3	23.1	40.7	36.2

来看，学校组织的服务学习活动还是比较少的。将"服务学习次数"与学校等级进行相关分析后发现，等级越高的学校，开展的服务学习次数越多，二者之间的显著性相关系数为 0.212。这与学校等级多沿着中心城市向农村由高到低分布有关，也与高等级的学校更配合教育主管部门的要求有关。

将"服务学习次数"与儿童的学习成绩、文体特长项数和功课强项数进行交叉分析后发现，服务学习次数与三者之间都呈显著相关关系，相关系数分别为 0.244、-0.182 和 -0.330。虽然不能排除个别儿童在参加过有限次数的服务学习活动后学习成绩会有明显提升、文体特长项数和功课强项数会增多，但从统计学上看，这里的相关性应该解读为：学习成绩好的、文体特长项少的、功课强项少的学生更倾向于被学校和老师安排参加服务学习活动。这符合精英主义的学校教育理念。为了检验这一推论，笔者将儿童的学习成绩、文体特长项数和功课强项数与其未来参加"社区儿童中心"的意愿强烈程度进行了交叉分析，结果发现，三者均与儿童参加"社区儿童中心"的意愿存在显著相关关系，相关系数分别为 0.252、-0.184 和 -0.220（见表 4-14）。将"服务学习次数"与儿童的综合表现及家庭教育困难集中度进行相关分析的结果也佐证了这一点：服务学习次数与儿童的综合表现和家庭教育困难集中度之间不存在显著相关关系。综上，可以得出结论：目前学校开展的服务学习活动，由于次数少、流于形式等问题，还不能很好地服务于儿童在课外时间的成长。

表 4-14 儿童服务学习的相关性分析

	学习成绩	服务学习次数	文体特长项数	功课强项数
学习成绩	1			
服务学习次数	0.244**	1		
文体特长项数	-0.084	-0.182**	1	
功课强项数	-0.382**	-0.330**	0.226**	1
社区儿童中心参与意愿	0.252**	0.234**	-0.184**	-0.220**

注：** 在 0.01 水平（双侧）上显著相关。

六 家校合作

教育部《义务教育学校管理标准》（教基〔2017〕9号）明确要求"构建和谐的家庭、学校、社区合作关系"。在"学校—家庭—社区"三方合作教育模式下，家校之间的沟通、互动和合作都是必要环节。家校合作密切，可以增强家庭教育和学校教育的效果、弥补双方教育的不足、创新教育方式和丰富教育内容。上一章我们从家长的角度描述了家校合作的现状与问题。这一节将从学校的角度展开，具体描述和分析学校家长会、教师家访和学校课外服务三种家校合作形式。

（一）学校家长会

家校合作的最重要载体应该是家长委员会。为此，教育部在2012年专门出台了《关于建立中小学幼儿园家长委员会的指导意见》（教基一〔2012〕2号）。但事实上，家长委员会制度并未能很快在各级中小学校真正建立起来。仅仅三年以后，教育部出台《关于加强家庭教育工作的指导意见》（教基一〔2015〕10号）又提出了要"建立健全家庭教育工作机制"，其功能是"统筹家长委员会、家长学校、家长会、家访、家长开放日、家长接待日等各种家校沟通渠道，逐步建成以分管德育工作的校长、幼儿园园长、中小学德育主任、年级长、班主任、德育课老师为主体，专家学者和优秀家长共同参与，专兼职相结合的家庭教育骨干力量"。从政策递进的角度看，家庭教育工作机制建立应该是有助于推动家长委员会制度发展的。但考虑到现实中家庭教育工作机制和家长委员会还不成熟，以及家长中仅有少量会实质性地参加家长委员会，本次调查选择从更加普遍存在的家长会来观察家校合作的发展现状。

家长会是学校与家长沟通的重要平台，是家长和学校交换孩子信息、沟通教育理念和教育内容、决议家校联合行动的重要载体。对于家长来说，家长会是他们熟悉学校环境、及时与老师交流孩子情况、学习教育方法的良好平台。但问卷统计结果令人遗憾，21.6%的家长没有听说过学校开家长会，近三分之二的家长报告说孩子所在学校每学期仅开1~2次家长会。相比较而言，幼儿园的家长会100%开2次及以下，小学的家长会93.9%的开办频率在2次及以下，初高中的家长会更加频繁一些，但2次及以下的也有八成。将每学期家长会次数与学校所在位置及学校等级进行交叉分析后发现，孩子在村里学校上学的家长中31.9%的表示没有听说过学校开家长会，58.7%的表示有那么1~2次，两项相加为90.6%；孩子在一般学校上学的家长没有听说或者知道有1~2次家长会的比例高达88.6%。重点学校的情况略好一些，但多数家长每学期也就参加1~2次家长会（见表4-15）。这道题是一道主观题，家长没有听说学校开家长会并不表示学校真的没有开，因此，我们将家长会频次与家长的年龄和学历进行了相关分析。结果发现，两组变量均不存在相关关系，这说明目前的调查结果并没有因受到调查对象的年龄和学历的影响而产生明显差异。将每学期家长会次数与孩子的学习成绩、家庭面临教育问题及其分项（学习习惯、生活习惯、行为习惯、人际关系和健康安全）分别进行相关分析后发现，均不存在显著相关关系。这意味着，每学期家长会次数与孩子的学习成绩和家庭面临教育问题及其分项都没有关联。这从一个侧面说明，学校组织家长会并非要和家长一起寻求解决学生问题的方法，事实上目前的家长会应该也没有这方面的功能。关于我国中小学家长会存在的问题，有教师总结为重视主导控制、忽视协商参与、重视学业成绩、忽视学生隐私、重视教师尊严、忽视平等对话、重视会议本身、忽视引导回访等。[1] 从本研究的分析结果看，家长会可能还没有真正"重视"学业成绩，而仅是"重谈"学业成绩。总的来说，家长会作为教育部门设计的一个制度平台，目前并没有起到应有的作用。

---

[1] 曾建发：《家长会可以变变脸》，《中小学管理》2013年第5期。

表 4-15 每学期家长会次数

单位：%

	没有听说过	1~2次	3~4次	5~6次
幼儿园	22.7	77.3	0.0	0.0
小学	38.8	55.1	5.1	1.0
初中	12.0	73.3	10.7	4.0
高中/中职	11.3	69.1	18.6	1.0
总体	21.6	66.1	10.6	1.7
重点学校	12.5	68.8	15.6	3.1
一般学校	24.1	64.5	8.6	2.8
村里	31.9	58.7	6.5	2.9
镇上	16.0	68.1	12.8	3.2
市里	15.0	55.0	25.0	5.0

（二）教师家访

教师家访是学校教育与家庭教育衔接的重要途径，规范而有效的教师家访会促进家校合作的良性循环发展。[①] 通过教师家访，学校可以了解学生成长的家庭环境及支持与不足，也可以了解学生在家庭和社区的表现、家长对学校及老师的诉求，还可以通过教师和家长的沟通共同寻找帮助学生成长的更佳方案。对于学校来说，教师家访是学校教育的必要补充。正因其重要性，近年来多地教育主管部门制定了中小学教师家访相关政策，如：2006 年湖南省教育厅在《关于进一步加强中小学班主任工作的实施意见》（湘教发〔2006〕96 号）中就提出教师家访是学校教育和家庭教育有效结合的方式之一；2014 年南宁市教育局出台的《南宁市教育局中小学教育工作者家访规定》明确要求"学校班主任每学年要对三分之一以上的学生进行家访，原则上，三年内访遍全班学生家庭"。在国家层面，教育部在 2015 年印发的《关于加强家庭教育工作的指导意见》（教基一〔2015〕10 号）中明确将家访列为家庭教育工作机制的一项重要内容。2020 年，中共

---

① 张润林、肖健美：《教师家访规范化工作指引》，《当代家庭教育》2021 年第 12 期。

中央、国务院印发的《深化新时代教育评价改革总体方案》明确要求，"落实中小学教师家访制度，将家校联系情况纳入教师考核"。借助考核推行中小学教师家访制度或许很快会成为一种流行，但能否成功则要拭目以待。因为只有教师家访确实有利于儿童成长，才会对教师形成可持续的内在激励。

尽管本次调查问卷设计时没有规定教师家访次数的上限，但从分析的结果看，教师家访次数最多是 2 次而且发生的概率极低，大部分家长接待的教师家访次数都是 1 次，还有 44.4% 的家长报告说没有接待过教师家访。尽管问卷仅了解了 2019 年上半年的情况，但显然也能代表一般的情况。相比较而言，孩子上幼儿园和初中的家长接待教师家访的比例要略高一些。为了检验教师是否因为距离遥远而放弃家访，我们将教师家访次数与学校位置进行了交叉分析，结果发现，距离的影响并不大（见图 4-1）。相关分析发现，教师家访次数与孩子的学习成绩不相关，但与家庭教育困难集中程度显著相关（$r = -0.125$），具体则仅与孩子"交友不慎、常打架闯祸"有关（$r = -0.118$）。至于教师家访能否有效解决家庭教育问题，则待以后的研究来检验。

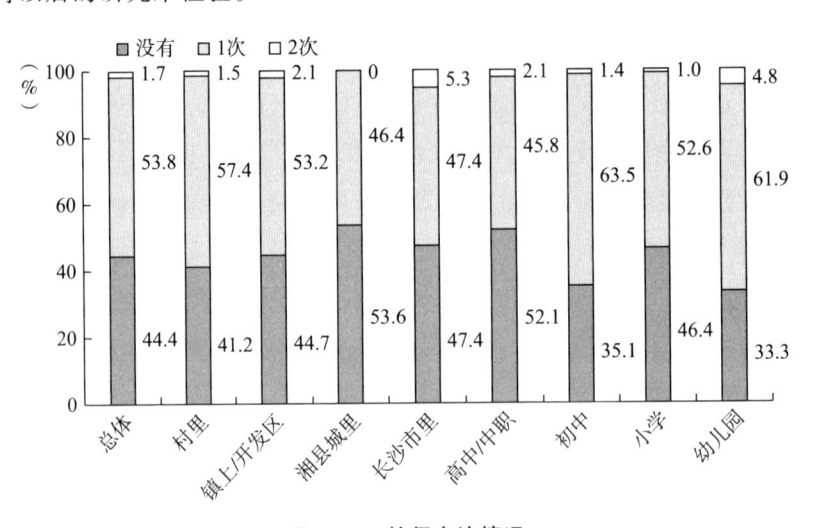

图 4-1 教师家访情况

（三）学校课外服务

按照《教育部办公厅关于做好中小学生课后服务工作的指导意见》，学校在规定的教学时间外，安排学生做作业，自主阅读，进行体育、艺术、科普活动以及娱乐游戏、拓展训练、开展社团及兴趣小组活动，观看适合儿童的影片等，对个别学习有困难的学生给予免费辅导帮助，都是学校为学生提供的课外服务。这些教育主管部门倡导的课外服务不仅能减轻家长的负担，而且也弥补了家长在教育方面的能力不足，因此是家校合作的重要形式。将课外时间分为平时放学后、周末和寒暑假期三个时间段，本次调查想要从家长处了解孩子所在学校在这些时间段给学生提供学业辅导或特长培训的情况。从表4-16的数据看，64.1%的家长回答"没有"和"不清楚"，而肯定学校曾经提供过课外服务的家长只有36%，而其中肯定平时放学后提供过的只有10.5%，周末提供过的不到10%，寒暑假期提供过的也才15.7%。从城乡比较的情况看，城市学校提供课外服务的情况要好于乡镇学校的。与一般学校相比较，重点学校提供课外服务的情况要更好一些。

为了分析方便起见，我们将学校提供课外服务的情况生成一个新的变量"学校课外服务"，以"1"代表平时放学后、周末和寒暑假期提供过课外服务，以0代表没有提供过或不清楚。从图4-2中可以看出，学校提供课外服务层级大致沿着长沙市里—湘县城里—镇上/开发区—村里和省重点—市重点—区/街/镇重点—非重点两条轴线由高到低分布。这一特点与服务学习的城乡差异是一致的。相关性检验也表明，学校是否提供课外服务与其组织学生开展服务学习活动的次数是显著相关的，相关系数为-0.152。需要说明的是，省重点学校的表现偏离分布线，可能与家长确实不太清楚有关。本次调查没有对课外服务的经常性、无偿性和具体内容进行追问。将"学校课外服务"变量与孩子的综合表现、学习成绩和家庭教育困难集中程度进行相关分析的结果表明，三者之间的影响很微弱且不显著。也就是说，目前学校组织的课外服务对于学生的健康成长并未产生明显的作用。

表4-16 学校课外服务情况

单位：%

	平时放学后	周末	寒暑假期	没有	不清楚
幼儿园	9.5	9.5	0.0	28.6	52.4
小学	15.3	5.1	12.2	53.1	14.3

续表

	平时放学后	周末	寒暑假期	没有	不清楚
初中	9.3	10.7	16.0	28.0	36.0
高中	7.1	15.5	19.0	38.1	20.2
中职	7.1	7.1	21.4	35.7	28.6
城市	11.9	11.9	22.0	33.9	20.3
乡镇	10.1	9.3	14.2	40.1	26.3
总体	10.5	9.8	15.7	38.9	25.2
重点学校	14.1	20.3	21.9	29.7	14.1
一般学校	9.8	6.9	13.9	41.6	27.8

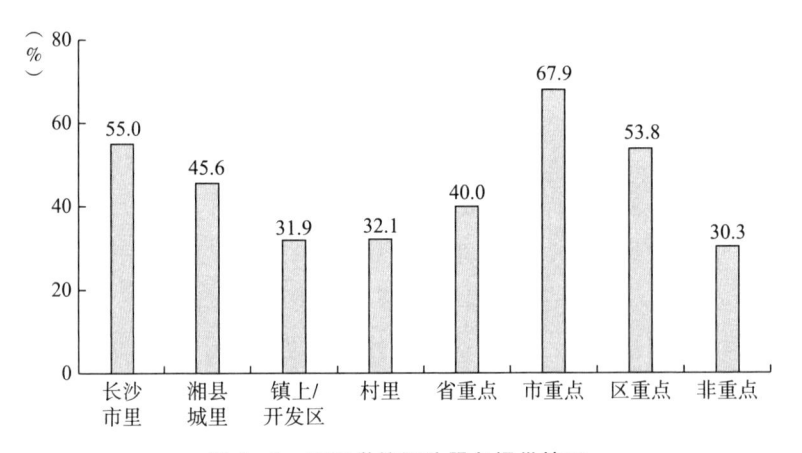

图 4-2 不同学校课外服务提供情况

从上面的统计分析看，目前家校合作的开展情况并不好。为了了解家校合作对家庭教育的综合影响，我们将家长会、教师家访和课外服务三个变量合并生成了一个新变量"家校合作紧密程度"，并与孩子的学习成绩、综合表现及家庭教育困难集中程度进行了相关分析，结果发现，只有家庭教育困难集中程度与"家校合作紧密程度"存在显著的负相关关系，相关系数为 -0.158。这就是说，目前开展的家校合作对于提高孩子的学习成绩、改善孩子的综合表现都没有显著影响；由此可以推断，家校合作和家庭教育困难集中程度之间的显著相关关系更多地表现为学校对于家庭教育问题的回应，而不是目前的家校合作能够有效帮助家庭解决教育困难。

小　结

本章描述和分析了现有学校分层体系对学生的影响、各种时段的家庭作业对学生造成的压力、学校素质教育和社区服务的开展情况和家校合作的广度与深度，从中可以得出以下结论。

（1）中小学学校教育存在明显的城乡区别和等级差异；现在农村家庭已经不再反对女童接受教育，但还是愿意为男童教育投资更多。

（2）学校平时放学后、周末和寒暑假布置的家庭作业均偏多，虽然没有影响儿童正常玩耍时间，但会挤占儿童必要的睡眠时间，关键是无助于提升学生的学习成绩；周末和寒暑假家庭作业有助于儿童形成功课强项，说明进一步开发儿童自我教育能力具有重要意义。

（3）学校素质教育对儿童的学习成绩、文体特长和功课强项数等方面都有影响，但目前各类学校素质教育课程的开设都不全，无法助力儿童培养兴趣爱好、提升学习成绩和改善综合表现。

（4）校社合作尚在萌芽阶段，协作内容少且表面。目前学校开展的社区服务学习活动不足，且大多流于形式，七成左右儿童没有参加过或只参加过1~2次慈善捐赠和志愿服务活动，慈善捐赠和志愿服务活动尚不能成为帮助儿童成长的有效途径。

（5）家校合作少而无力。学校的家长会，近九成家长没有听说过或只是参加过1~2次；44.4%的家长没有接待过教师家访，接待过的也以1次为主，极少有2次的；学校很少在平时放学后、周末及寒暑假期为学生提供学业辅导和特长培训，且已经开展的课外服务对于孩子的综合表现和学习成绩都没有显著影响。

第五章 社区教育现状

本章将在介绍湘县农村社区人际交往与社会生活环境的基础上，描绘和分析农村儿童所面临的社区教育供给现状及存在的问题。具体将从社区人文环境之于儿童的亲善性、生活环境之于儿童的安全性、儿童同伴交往的密度、儿童社区休闲的方式、社区儿童设施的供给与服务活动的开展等几个方面展开。

一　农村社区教育简史

社区是儿童生活和成长的基本空间，是儿童接受教育的重要平台。社区教育的实践在人类社会诞生之初就开始了，远早于学者的解读和政策的发现。之所以如此，根本的原因在于，儿童不可能靠自我教育独自成长，儿童教育也不可能由家庭单独承担。但在不同的社会环境中，社区教育的功能是有所区别的。下面将从社区教育、家庭教育和学校教育三者之间不同的组合模式的角度，粗略地勾勒一下我国农村社区教育的发展简史。

（一）传统社会的"社区+家庭"二元模式

在现代学校教育制度还没有确立之前的传统社会，儿童教育也不是由家庭独自承担的。社区教育与家庭教育互为补充、相互支持，共同为儿童的健康成长保驾护航，是传统社区教育的特征。在这种"社区+家庭"两方合力教育模式下，社区教育的主体、方式和内容都是比较固定的，其主要功能是培养合格的社区人、维持社区共同体的稳定运行。合格的社区人有三条标准，一是"成才"，即习得了一定的生存技能或获得某种职业身份，能参加正常的家庭及社区生产活动；二是"成人"，即习得了必要的行为规则、习俗、礼仪等社区文化制度，能参加正常的家庭和社区生活；三是"成群"，即习得了有效的人际交往和组织协作的技巧并获得相应能力，能参加社区正式与非正式组织。在传统社会，这三条标准都是社区界定（约定俗成）的，但达到三条标准则需要社区教育和家庭教育在各司其职的同时彼此合作。这一时期社区具有较强凝聚力的内在标志是培养合格的社区人是家庭和社区组织的"共同愿望"，外在标志是即便有社区成员因谋生、经商、入仕等原因离开社区，也都会遵守"游必有归""落叶归根"的社区训诫。从上一章提到的儿童入学率看，直至新中国成立的最初几年，广大农村地区的儿童教育基本上仍然处于"社区＋家庭"二元模式。

与下文提到的农村集体经济组织不同，传统的农村社区并没有一个强大的"统合性"组织。社区教育的主体是多元的，由遍布农村地区的家族组织、姻亲组织、邻里组织、宗教机构、民间宗教团体、行会、集市、文艺团体、儿童游戏群体及社区精英等构成。在传统社区，儿童可以与同伴一起嬉戏娱乐、学会人际交往、熟悉社交规则；可以接触自然、辨别动植物、认识四季更替等自然现象；可以体验特色文化、了解历史传承、培养自己的社区归属感；可以观摩各种生活实践、培养生活能力和爱好；可以参与成人社会实践、了解社区结构、认识社区制度；可以接触各种社区组织，了解其功能和运行状况；等等。在这些教育活动中，儿童面对的社区教育的主体是多元的，接受的教育内容是多层次的、复杂的，儿童自身的态度既可能是主动的，也可能是被动的。

（二）集体经济时代的"社区＋学校＋家庭"三元模式

现代学校制度嵌入我国农村社区始于清末，[①] 但在农村地区迅速落地生根则是 20 世纪 50 年代的事。与多数国家在社会现代化过程中普遍经历了社区教育凋零不同，我国农村社区教育有着自己特有的发展历程。除了现代学校制度外，还有三大因素对于塑造这一时期的农村社区教育起了关键作用。首先是农村集体组织的建立。以土地等生产资料集体所有制为基础的农村集体组织迅速取代了传统的村落组织，私有制被基本消灭了，所有农村居民都成了农村集体组织的员工——社员。集体化后的农村社区在政治、经济、社会、文化等多个维度上具有明显的共同体特征，尽管色彩是单调的，但其紧密程度远远超过了传统的农村社区。其次是持续的社会主义教育运动。社会主义教育运动有三个方面的主要内容：一是培养与集体所有制及公有制相适应的人生观和世界观，通过不断地"斗私批修"确立价值观底线，以及通过不断地树立典型人物建立道德高台；二是培养新的生活方式和生活习惯，通过不断地"移风易俗"行动改造传统社区的旧

[①] 我国农村开设学校的历史非常悠久，这些学校虽然也有为科举制度培养人才的功能，但主要还是乡村教育的一部分。

礼仪、旧习俗和旧习惯，同时培养新的文明礼仪和新的生活习惯；三是建立新的社区文化组织载体，不断打击和削弱传统社区的"封建残余"微观组织（如宗教机构）和中观组织（如家族组织），同时建立社会主义文化组织（如放映队、儿童团、妇女组织、文宣队等）。最后是"两条腿走路"的二元发展国策。"两条腿走路"意味着，一方面农村各项事业由农村集体组织兴办，另一方面农民职业身份的固化，农民及其子女流向城市和非农职业的通道非常狭窄且不受农村力量的控制。

在现代教育制度、农村集体组织、社会主义教育运动和新社区文化组织的综合作用下，在20世纪50年代中期到70年代末期长达20多年的农村集体主义时代，农村的社区教育，与学校教育和家庭教育一起，承担着将农村儿童培养成爱党爱国的集体农民的重大责任。这一时期农村社区的儿童教育模式相应地转变为"社区+学校+家庭"三元模式，具有家庭教育的边缘化、学校教育的外来嵌入性和社区教育的强势运行三大特征。在新的教育组合模式下，社区教育的主体主要是农村集体经济组织和各类社会主义文化组织；社校合作直接体现为社区兴办学校、教师半耕半教、学生参加劳动，家校合作更多体现为培养有一定文化知识的农民，社家合作更多体现为培养儿童的集体意识和集体责任感。从儿童教育的目的来看，"成才"就是成为合格的农业劳动者，与其祖辈不同的是，他需要了解和掌握一些现代耕作技术；"成人"就是成为合格的社员，与传统农民由农村社区定义其是否合格不同，合格的社员是由外在于社区的力量定义的；"成群"就是融入农村集体经济组织和文化组织，与传统的社区组织多是社会性的和习俗性的不同，集体主义时代的社区组织更多是经济性的和政治性的。与传统的农村社区和更大的社会环境之间存在较为明显的边界不同，农村集体组织作为一个基层单位，虽然具有更强的共同体性质，但与更大的社会环境之间的边界是开放的，社区的文化制度和日常生活都深受外部世界的影响。

（三）市场经济时代的"学校+家庭"二元模式

20世纪80年代的农村经济体制改革，一方面使农村家庭重新成为独立的经济主体并推动了农业的快速发展和农业经济内部的多元化，另一方面使农村地区的非农产业迅速发展并成为农村集体经济新的支撑点。农村经济的发展为农村集体与农民继续支持农村学校教育发展提供了基础，而非农产业的崛起也改变了农村的就业结构并对原来的农村教育造成了冲击：一方面新兴的乡镇企业更需要有一定文化知识的劳动力，另一方面乡镇企业工人更高的薪酬和社会地位使原先培养新农民的教育目标不可能再得到坚持。对于农村教育来说，更大的冲击来自市场经济的引入和 20 世纪 70 年代末恢复的高考制度。市场经济的引入，尤其是区域性和全国性市场的建立，使得经济要素的流动逐渐冲破了城乡隔阂，这不仅方便了农民在集体经济组织外获得更多的就业和发展机遇，同时也削弱了农村集体经济组织的制度基础和村民认同。如果说 20 世纪 80 年代的要素市场化还是为乡镇企业为主的农村集体经济添增了活力的话，90 年代的产权市场化则直接导致了农村集体经济的衰落。类似地，80 年代的要素市场化曾经在供给不足的背景下大力推动了农副业的发展，90 年代的产权市场化则在需求不足的背景下引发了农业经济的停滞与衰落。农村集体经济和农业的衰落不仅直接导致了农村集体组织的式微，还引发了规模日益庞大的民工潮和导致数以千万计的"留守儿童"和"流动儿童"的出现，而后者则进一步加速了农村社区共同体的解体进程。高考制度的恢复，贯通了农村初等教育和城市高等教育，这一方面使农村教育的目的不再以培养农业接班人为主，另一方面也给农村儿童进入城市就业和生活提供了制度通道；两个方面的影响合在一起确立了学校教育在农村儿童教育中至高无上的地位。另一个对农村教育有一定影响的要素就是传统文化习俗的部分回归。与城市社区不同，农村社区伴随着改革开放部分恢复了传统的风俗习惯和传统文化组织，但也只是一部分而且是象征性的，在社区解体和传统文化严重衰落的大背景下对儿童教育很难再有影响力，这与其在传统社区的影响力是无法比拟的。

总之，20 世纪 90 年代可以明显观察到的一个趋势是，随着农村社区在很多维度失去共同体特征，儿童教育模式迅速从集体经济时代的"社区＋学校＋家庭"三元模式转变为市场经济时代的"学校＋家庭"二元模式。学校居于主导和支配地位、家庭居于从属和配合地位，是新模式的主要特征。农村儿童教育的目标不再是培养合格的社区人，而是为培养合格的社会人做准备。"成才"的标准既不由社区设定，"成才"过程也不再在社区内完成；"成人"的标准既没社区组织参与设定，"成人"的过程也没有社区组织的关心和介入；"成群"的标准也不再由社区组织参与设定和实施。社区教育缺位，是新的儿童教育模式的特征。社区教育缺位所产生的问题以及社区教育参与所具有的潜在优势，促使《国家中长期教育改革和发展规划纲要（2010－2020年）》等国家教育政策文件多次提倡要推行社区教育。21世纪以来开展的新农村建设和实施的乡村振兴战略则为农村社区教育重建提供了契机。不过，至今为止，在儿童教育中，社区教育发挥的作用依然十分有限。

二 社区人文环境

社区本身的人文环境、社会风气就是影响儿童成长的重要因素。为了了解所调查社区的人文环境，问卷设计了三个指标，即人际关系、家庭社会交换圈和社区娱乐活动。其中，人际关系指标主要用来从宏观层面上测量社区内的社会信任水平和社会交往现状，家庭社会交换圈指标则用来从中观层面上测量社区内的社会支持网络和互助范围，社区娱乐活动指标则用来从微观层面上测量社区居民日常生活中的集体休闲和自助倾向。三个指标合在一起，可以从家长的视角测量社区环境中蕴涵的社会资本和人文倾向。

（一）居住区

在城市中心的经济政策、个体化、市场原则作用下，我国的社区人文环境被明显分化为城市社区、乡镇社区和农村社区三类。作为人口流动的结果，乡村居民不再全部居住在农村社区。在本次调查中，约两成受访家长表示其家庭的居住位置不在农村。在耕地更为富裕的 D 村，这一比例要小一些。将居住地与户籍进行交叉分析后发现，有六成的城市户籍家庭居住在农村，但也有少量农村户籍家庭住在城市，这说明户籍仍然是影响家庭居住地选择的重要因素，但已不是唯一因素，这一点与计划经济时代有显著区别。从居住地与孩子学校位置的交叉分析结果看，如果孩子在长沙市里和湘县城里上学，则家庭更有可能居住在城市居民小区，孩子在村里上学的，则家庭住址更有可能在村里，这说明家长选择居住地很有可能是为了满足孩子就近学习的需要。不过，从家庭居住地与家长及其配偶是否为农民的交叉分析结果看，家长或配偶是农民的家庭极少居住在城里，也较少居住在镇上,这说明职业身份也可能是影响家庭选择居住地的重要原因(见表5-1)。

表5-1 受访家庭所在社区

单位:%

	城市居民小区	乡镇居民小区	农村社区	合计
S村	5.3	14.7	79.4	100.0
D村	4.9	12.5	82.6	100.0
总体	5.1	13.7	80.9	100.0
城市户籍	24.0	16.0	60.0	100.0
农村户籍	2.6	13.9	83.6	100.0
长沙市里	20.0	10.0	70.0	100.0
湘县城里	17.5	21.1	61.4	100.0
镇上/开发区	1.1	25.0	73.9	100.0
村里	0.7	4.3	94.9	100.0
家长农民	1.1	9.9	89.0	100.0
配偶农民	1.7	12.2	86.1	100.0

如果家长确实因为孩子上学而选择居住地,则为上文所说的"学校+家庭"二元教育模式中学校占主导地位的说法提供了一个例证。从表5-2相关分析的结果看,家庭是选择在城市、乡镇还是在农村居住,既不受家长年龄的显著影响,也与家庭收入水平无显著相关关系,但与孩子学校所在位置及学校等级显著相关,说明家长确实会选择在孩子就读学校附近租房或买房居住,而且孩子就读学校等级越高,家长伴读的倾向越明显。

表5-2 家庭居住地选择的影响因素

	学校位置	学校等级	家长是否为农民	配偶是否为农民	家庭收入水平	家长年龄	家庭居住地
学校位置	1						
学校等级	0.455**	1					
家长是否为农民	0.108	0.083	1				
配偶是否为农民	0.059	0.046	0.659**	1			

续表

	学校位置	学校等级	家长是否为农民	配偶是否为农民	家庭收入水平	家长年龄	家庭居住地
家庭收入水平	-0.006	-0.125*	-0.184**	-0.210**	1		
家长年龄	-0.096	-0.120*	0.316**	0.249**	-0.198**	1	
家庭居住地	0.349**	0.147**	0.267**	0.188**	-0.106	0.089	1

注：* 在0.05水平（双侧）上显著相关；** 在0.01水平（双侧）上显著相关。

（二）人际关系

本部分旨在了解家长对所在行政社区人际关系状况的判断，因为只有行政社区才具有一定的重建社区儿童教育的能力和资质。考虑到由多个小区或村落组成的行政社区是近几年才形成的，很可能还只是"机械团结"的状态，因此本次调查没有询问调查对象所在社区的人际关系，而只是问了其居住小区的人际关系。从超过三成居住在城市社区的家长反映他们所在小区的人际关系都挺好还经常互相串门这一情况来看，受访家长所理解的"小区"不是行政村或居委会，甚至不是居民小组或居民小区，而更可能是原来的村民小组、"邻里"或"熟人圈"。将是否为本地户籍与人际关系及社会交换圈进行相关分析的结果表明，是否为本地户籍与人际关系好坏及社会交换圈大小都不存在显著相关关系。这说明，那些在调研村的外地人也可能将"所在小区"理解成他们故乡的小区。不过，服从于用语习惯，下面还是使用社区一词。接近四分之三的农村受访家长反映所在社区人际关系都挺好，经常互相串门，这符合所调查村落目前还是以农业为主的事实。但人际关系的淡漠化还是通过"关系还好，但来往较少""各忙各的事，相安无事""关系不太好，尽量少接触""互相关系比较紧张，矛盾较多"等不同层次地反映出来。相比之下，农村社区人际关系密切程度总体上要远高于城市社区，农村社区人际关系的负面信息（"关系不太好，尽量少接触""互相关系比较紧张，矛盾较多"）要比城市社区少多了，乡镇社区的相关情况居于城市社区和农村社区之间，但更接近农村社区。这也说明，与城市社区相比，乡镇社区还具有较为明显的熟人社会特征。

本次问卷列出的五类人际关系可以视为一个由"很好"到"很不好"的序列。社区人际关系有两个层面：一是集体层面，反映社区作为一个整

表 5-3　社区人际关系

单位：%

	城市社区	乡镇社区	农村社区	总体
关系都挺好，经常互相串门	37.5	62.8	72.4	69.3
关系还好，但来往较少	31.2	32.6	19.6	22.0
各忙各的事，相安无事	18.8	2.3	6.8	6.8
关系不太好，尽量少接触	6.2	0.0	0.4	0.6
互相关系比较紧张，矛盾较多	6.2	2.3	0.8	1.3

体的人际关系状况；二是个人层面，反映个人及家庭与社区其他成员及家庭相处的人际关系状况。将人际关系分别与家长的性别、年龄、健康状况、家长及其配偶的学历与文体特长、家长及其配偶的职业是否为农民、家庭规模、未成年子女数、家庭收入水平、家庭生活水平及家庭关系（夫妻关系和亲子关系）进行相关分析后发现，女性与男性相比，对于社区人际关系的判断要更好一些，年长的要略好于年轻的，学历高的要好于学历低的，身体健康的要好于身体较不健康的，但这些因素的影响都不显著，只有家庭生活水平（$r=0.182$）、夫妻关系（$r=0.174$）和亲子关系（$r=0.132$）3个变量与社区人际关系存在显著相关关系。家长及其配偶的个人特征没有产生显著影响，说明家长对所在社区人际关系的评价是实事求是的。家庭关系对家长评价社区人际关系有正面的影响，可能与内部关系良好的家庭更容易为社区居民所认可和接受有关。家庭生活水平而不是家庭收入水平对家长的评价有积极影响，可以理解为与对生活满意度高的居民更容易为其他社区居民所接受有关。从这三个显著性相关关系看，家长对社区人际关系的判断是基于自己及家庭在社区交往中的体验和认知而得出的。家长的职业是否为农民、家长配偶的职业是否为农民以及家长及其配偶双方是否都为农民，对于社区人际关系的判断均无显著性影响，应该与农村社区在农业生产过程中的合作关系荡然无存有关（见表5-4）。与分田到户初期相比较，目前农户在农业生产过程中更多依赖于机械和市场服务，而不是传统的村民互助。由此产生的互助精神的"空心化"对农村社区作为生产和生活共同体的影响却很少有人研究。从另一个角度看，人们对社区人际关系的判断具有鲜明的时代烙印，跨时代的比较需要持更加审慎的态度。

表 5-4 社区人际关系的影响因素

	性别	年龄	学历	健康状况	收入水平	生活水平	夫妻关系	亲子关系
性别	1							
年龄	-0.194**	1						
学历	-0.034	-0.345**	1					
健康状况	-0.067	0.209**	-0.076	1				
收入水平	0.016	-0.198**	0.179**	-0.179**	1			
生活水平	-0.053	-1.50%	-10.10%	2.80%	-0.212**	1		
夫妻关系	-0.033	-3.20%	6.80%	7.30%	-0.40%	0.070	1	
亲子关系	-0.093	-0.013	0.077	0.051	0.024	0.051	0.372**	1
社区人际关系	-0.101	-0.30%	9.10%	5.90%	8.20%	0.182**	0.174**	0.132*

注：* 在 0.05 水平（双侧）上显著相关；** 在 0.01 水平（双侧）上显著相关。

（三）社会交换圈

传统村落社区的团结机制建立在互惠主义的流行和社会交换的常态发生基础之上。村民在村落内的社会支持通常以家庭之间互相往来的形式呈现。互相往来的家庭之间应该有着比较密切的关系，彼此之间构成实质性的支持网络。① 问卷设置这一题目，是为了了解家庭在社区内往来圈的大小，并以此测量社区内社会交换发生的频率及变化趋势。"平常互有往来"说明家庭还遵守互惠主义的传统并互相支持。人民公社制度的遗存之一，就是将"生产队"（今村民小组，一般由 20~30 个农户组成，人口在 100 人左右）打造成生产和生活共同体。生产队里的农户一般平常都互有往来（红白喜事、劳动互助、应急互援等）。基于这一点，这里将 21 家及以上界定为正常的社会交换圈。从统计结果看，城市家庭的社会交换圈中位数为 1~5 家，明显小于农村家庭的 6~10 家；不过，农村家庭的社会交换圈超过 20 家的数量也已经下降到 29.9%，而小于 10（含 10）家的则已经超过半数（见表 5-5）。社会交换圈的收缩还体现在，家长年龄越小则社会交换圈越小（$r = 0.117$），家庭居住小区离农村越远则社会交换圈也越小

---

① 本次调查没有测量社会交往圈或人际交往圈，主要是因为人们参与社会交往的原因很多，导致社会交往圈或人际交往圈不能准确地反映社区成员之间的支持程度。

($r=0.206$)。前者应该与年轻人大多不再长期在农村社区工作和生活有关,也可能与年轻人的手足数少有关系,后者则与城市社会交换圈本身就较小有关。由此可以预见,随着社会流动的增加,农村社区的社会交换圈会进一步缩小。

表5-5 家庭社会交换圈

单位:%

	城市社区	乡镇社区	农村社区	总体
都不往来	0.0	7.0	1.6	2.3
1~5家	50.0	39.5	22.7	26.5
6~10家	31.2	20.9	28.3	27.5
11~20家	18.8	18.6	17.4	17.6
21家及以上	0.0	14.0	29.9	26.1

将家庭社会交换圈与家长的性别、年龄、健康状况、家长及其配偶的学历与文体特长、家长及其配偶的职业是否为农民、家庭规模、未成年子女数、家庭收入水平、家庭生活水平及家庭关系(夫妻关系和亲子关系)分别进行相关分析后发现,家长的年龄、文体特长及其配偶的文体特长、社区人际关系4个变量与社会交换圈显著相关。年龄产生显著影响,是因为转型中的农村社区内的社会交换行为正在不断减少;家长及其配偶的文体特长对家庭社会交换圈大小有影响($r=0.132$;$r=0.141$),说明农村社区的社会交换中的娱乐化倾向和情感取向正在增强。家庭规模与社会交换圈之间没有显著相关关系,表明亲缘和血缘关系对社会交换圈的影响正在减小。相关分析还显示,社会交换圈对人际关系有显著的负面影响($r=-0.198$):家庭社会交换圈越大,社区人际关系评价越差(见表5-6)。这说明,社区居民已经将社会交换视为一种负担,视为引发人际关系问题的影响因素。这可能与必要的社会交换对于实践者来说更多地意味着代价和付出而不是互惠有关。受此影响,可以预见,农村社区的社会交换圈将进一步缩小。这也从侧面启示我们,传统的亲缘和血缘组织所产生的纽带功能将进一步弱化和向中心收缩。对于儿童教育来说,这意味着传统社区组织的作用将越来越小。

表 5-6 家庭社会交换圈的影响因素

	年龄	夫妻关系	亲子关系	家长文体特长	配偶文体特长	社区人际关系
年龄	1					
夫妻关系	-0.032	1				
亲子关系	-1.300	0.372**	1			
家长文体特长	-0.116*	-0.028	0.009	1		
配偶文体特长	-0.167**	0.004	0.015	0.757**	1	
社区人际关系	-0.003	0.174**	0.132*	-0.103	-0.086	1
社会交换圈	0.117*	0.047	-0.031	0.132*	0.141*	-0.198**

注：* 在 0.05 水平（双侧）上显著相关；** 在 0.01 水平（双侧）上显著相关。

（四）社区娱乐活动

社区娱乐活动，是社区居民交往的平台、社区舆论的公共空间和加强人际关系的纽带。家长参加社区娱乐活动，不仅出于家长个人提升生活质量的需要，也是家长正常社会交往需求的反映。问卷共设置了七类社区娱乐活动，鉴于民间信仰活动的娱乐化倾向也将其列入其中。从统计结果看，居民参加比较多的是散步、爬山等休闲运动，篮球、羽毛球等体育活动，打牌、下棋等棋牌活动，跳广场舞和 KTV 唱歌，传统的民间信仰和文艺活动即便在农村也衰落得很明显——不仅每年活动举办的次数有限，而且参与的人也很少。近三分之一的农村家长不参加任何社区娱乐活动，从侧面反映了农村社区"空心化"的程度已经很高了；如果将散步、爬山等休闲活动，KTV 唱歌（所调查的两个村均没有相关场所）视为个体活动而非社区群体活动，那么农村家长中不参加社区性质娱乐活动的比例就可能高达七成。城市社区虽然不是我们考察的重点，但作为参考，可以反映农村社区娱乐活动的未来趋势。从表 5-7 中可以看到，城市居民的社区活动主要是一些体育、休闲和棋牌活动，这基本符合事实。

社区娱乐活动的社交、信息交流、锻炼、沟通和结群功能，决定了它对社区人际关系建构的积极作用。居民参加的社区娱乐活动越多，社区人际关系就越活跃，互助行为就越有可能发生。但从统计结果看，除三成多居民不会参加社区娱乐活动外，参加的家长中也以参加某一项活动为主，

表 5-7 家长参加社区娱乐活动的情况

单位：%

社区娱乐活动项目	城市社区	乡镇社区	农村社区	总体
篮球、羽毛球等体育活动	31.2	19.0	18.2	19.0
跳广场舞	0.0	19.0	14.2	14.1
花鼓戏、划龙舟等传统文艺活动	0.0	2.4	4.9	4.3
打牌、下棋等棋牌活动	12.5	23.8	12.6	14.1
KTV 唱歌	6.2	16.7	10.5	11.1
民间信仰活动	0.0	7.1	1.6	2.3
散步、爬山等休闲活动	50.0	16.7	27.1	26.9
不参与上述活动	31.2	26.2	32.8	31.8

尤其是农村社区参加2项或3项活动的比例很小，说明农村社区的娱乐活动总体上是非常缺乏的（见图5-1）。如果刨去KTV唱歌、散步、爬山等非社区类项目，那么农村家长中不参加任何社区娱乐活动的比例则会上升到54.9%，参加1项的下降到39%，参加2项的下降到5.7%，参加3项的下降到0.4%。

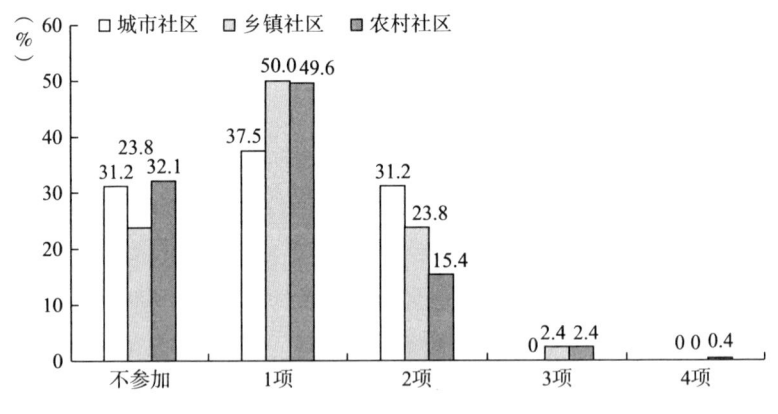

图 5-1 家长参加社区娱乐活动项数分布

将家长参与社区娱乐活动项数与家长的性别、年龄、健康状况、家长及其配偶的学历与文体特长、家长及其配偶的职业是否为农民、家庭规模、未成年子女数、家庭收入水平、家庭生活水平及家庭关系（夫妻关系和亲子关系）分别进行相关分析后发现，参与社区娱乐活动更多是家长个体层面的事,而非家庭层面的事。相比于男性家长,女性家长参加更多的社区娱乐活动($r=0.140$);家长越是年轻($r=-0.181$)、学历越高($r=0.137$)、身体越健康($r=-0.140$)、文体特长越多($r=0.366$),则参加的社区娱乐活动越多。有意思的是,家长配偶的学历越高($r=0.193$)、文体特长越多($r=0.335$),则家长参加的社区娱乐活动也越多,而家庭规模、未成年子女数、家庭生活水平、家庭关系(亲子关系和夫妻关系)等则不影响家长的社区娱乐活动参与情况。这说明,以家庭为单位的娱乐活动非常少见。这也从侧面反映了农村社区的个体化已经达到了一定高度。家庭收入水平对家长参与社区娱乐活动有显著影响($r=0.148$),说明参加社区娱乐活动是有一定经济成本的(见表5-8)。

表 5-8　家长参加社区娱乐活动的影响因素

	性别	年龄	学历	收入水平	配偶学历	家长文体特长	配偶文体特长	健康状况	社区关系
性别	1								
年龄	-0.194**	1							
学历	-0.034	-0.345**	1						
收入水平	0.016	-0.198**	0.179**	1					
配偶学历	0.150**	-0.344**	0.549**	0.230**	1				
家长文体特长	-0.034	-0.116*	0.231**	0.012	0.169**	1			
配偶文体特长	-0.020	-0.167**	0.177**	0.007	0.177**	0.757**	1		
健康状况	-0.067	0.209**	-0.076	-0.179**	-0.059	-0.116*	-0.045	1	
社区关系	-0.101	-0.003	0.091	0.082	0.043	-0.103	-0.086	0.059	1
社区娱乐	0.140*	-0.181**	0.137*	0.148**	0.193**	0.366**	0.335**	-0.140*	-0.099

注:* 在0.05水平(双侧)上显著相关;** 在0.01水平(双侧)上显著相关。

按照社会资本理论,社区娱乐活动应该是一种社团性质的活动,参与社区娱乐活动应该有助于拓展人们的人际交往网络,增强社会交换习惯,提升社会信任水平。[①] 然而,相关分析却显示,家长参与社区娱乐活动的

---

① 罗伯特·帕特南:《独自打保龄——美国社区的衰落与复兴》,刘波等译,北京大学出版社,2011。

多少与社区人际关系及家庭社会交换圈大小之间没有显著相关关系。究其原因，可能与目前社区娱乐活动的社团化不足、部分社区娱乐活动少且形式化严重有关。

（五）社区人文环境对儿童的影响

处于转型中的农村社区，在不同维度和不同程度上展现着"空心化"的现象。人际关系越来越淡漠和社会交换圈向内坍塌正是"空心化"在社会关系层面的重要表现形式，而动员和组织居民参加社区活动越来越困难是"空心化"的严重后果之一。本次调查关注的是这些现象对社区儿童教育会产生什么样的影响。从表5-9中可以看出，社区人际关系会对儿童平时是否从事良性休闲活动有显著影响，这意味着，随着社区人际关系的冷漠化、社会信任程度继续下降，可能会有更多儿童在自由时间里"宅"在家里玩手机、看电视；家庭社会交换圈的大小对儿童玩伴数量多少有显著影响（$r=0.229$），这意味着，随着家庭社会交换圈的收缩，儿童的伙伴圈也将不断缩小，儿童在社区将变得更加孤独；家长参与社区娱乐活动与社区是否有适合儿童玩耍的场所显著相关，说明家长的社区娱乐活动参与有助于儿童发现合适的玩耍场所，也有助于儿童通过到社区公共场所玩耍而改掉过度玩手机、看电视等不良习惯。

表5-9 社区人文环境对儿童社区活动的影响

	社会交换圈	社区人际关系	家长社区娱乐	课余外出玩耍	玩得来伙伴数	周末玩耍时长	平时良性休闲	适童玩耍场所
社会交换圈	1	-0.198**	0.060	0.049	0.229**	0.109	-0.108	0.066
社区人际关系		1	-0.099	-0.066	-0.004	-0.009	0.162**	-0.024
家长社区娱乐			1	0.005	0.088	0.040	-0.137*	0.146*
课余外出玩耍				1	0.001	-0.178**	-0.051	-0.116
玩得来伙伴数					1	0.068	-0.069	0.183**
周末玩耍时长						1	0.122*	-0.016
平时良性休闲							1	0.007
适童玩耍场所								1

注：* 在0.05水平（双侧）上显著相关；** 在0.01水平（双侧）上显著相关。

家庭社会资本对儿童教育及成长的影响，是学术界很关心的一个课题。按照詹姆斯·S. 科尔曼的解释，家庭社会资本的大小代表父母能够提供给孩子的社会资源和网络，它们通过基于人际网络的责任与期望、资讯渠道及社会规范传递到子代身上。① 但实证研究并未取得一致的结论，这可能与测量社会资本的方法不同有关。根据赵延东和洪岩璧的研究，家长的资源网络主要起到保证子女进入条件更好的学校学习的作用，并不能直接提高子女的学习成绩。② 吴重涵等人则发现，父母与亲朋的联络频率对儿童成长有显著的正向作用，但社区环境和社区氛围对儿童成长则没有显著作用。社区环境之所以不会显著影响儿童成长，是因为我国家庭普遍"居住隔离"，邻里交往少，更无从参与社区活动。③ 他们所说的"居住隔离"显然不适用于本次调研的家庭。

为了检验家庭社会资本对儿童成长的影响，这里先将社区人际关系、家庭社会交换圈和家长娱乐活动频繁度三个指标合成一个新的变量"家庭社区社会资本"，然后与孩子的综合表现进行相关分析。从表 5 - 10 中可以看出，这里的分析结论似乎与赵延东和洪岩璧的相反。这应该与本书测量的社会资本是社区性质的有关。这也提示我们，测量家庭社会资本时区分社区和非社区，可能有助于更加全面地解释家庭社区社会资本对儿童成长的影响。家庭社区社会资本并不显著影响父母为孩子所择学校的等级，进一步的分析也发现家庭社会交换圈对孩子择校也没有影响，由此可以解释家庭在收缩传统的亲缘和血缘交往圈的同时会致力于建设基于学缘、业缘交往圈的现象。家庭社区社会资本不仅会显著影响孩子的学习成绩和功课强项数，也会显著影响孩子的综合表现。由于家庭社区社会资本与夫妻关系、亲子关系及家庭用于孩子课外辅导及培训的经费之间都不显著相关，我们推测家庭社区社会资本之所以显著影响孩子的学习，可能是因为家长从社区交往中得到一些有用的信息，如哪些老师补课效果更好等。家长的交往圈、活动圈和交换圈，都是重要的儿童社区教育主体，因此在正

---

① 詹姆斯·S. 科尔曼：《社会理论的基础（上）》，邓方译，社会科学文献出版社，1999。
② 赵延东、洪岩璧：《网络资源、社会闭合与宏观环境——教育获得中的社会资本研究及发展趋势》，《社会学评论》2013 年第 4 期。
③ 吴重涵、张俊、王梅雾：《家长参与的力量——家庭资本、家园校合作与儿童成长》，《教育学术月刊》2014 年第 3 期。

常的情况下，社区人文环境会深刻影响儿童的"成人"和"成群"过程。从上面的分析也可以看到，家庭社区社会资本确实会影响孩子的玩耍和休闲。但从表 5-10 中也可以看到，家庭社区社会资本无助于解决家庭面临的教育问题。将家庭教育问题分为学习习惯、行为习惯、生活习惯、人际关系及健康安全 5 个维度再与家庭社区社会资本进行相关分析都没有发现存在显著相关关系。这说明，原本一体化的社区教育可能分化出两个不同的方向：社区个体交往及家庭往来还是有利于儿童玩耍和休闲的，但这些交往和往来已经失去了价值观传导和行为矫正的功能。这是社区衰退的又一重要表征。

表 5-10 家庭社会资本对儿童成长的影响

	学校等级	综合表现	功课强项数	学习成绩	家庭社区社会资本
学校等级	1				
综合表现	0.179**	1			
功课强项数	-0.115	-0.194**	1		
学习成绩	0.109	0.311**	-0.382**	1	
家庭社区社会资本	0.067	-0.174**	0.155**	-0.135*	1
家庭教育问题	0.167**	0.255**	-0.102	0.087	-0.093

注：* 在 0.05 水平（双侧）上显著相关；** 在 0.01 水平（双侧）上显著相关。

三 儿童社区活动

玩耍对于孩子的成长，具有重大的意义。联合国《儿童权利公约》明文规定了玩耍是儿童的合法权利。儿童在社区的玩耍成长空间，基本上可以用三个指标来测量：一是适合儿童玩耍的场地或设施多少，二是儿童玩伴数量的多少，三是儿童玩耍时间的长短。三者之间有着复杂的循环影响关系。正常的情况下，儿童玩伴数量越多，对于场地及设施的要求也就越高，玩耍的时间可能越长。如果场地不多或设施不全，那么儿童玩耍的时间就不会那么长，玩伴数量也就不会那么多。同样，如果玩耍的时间受到了限制，那么玩伴的数量就会减少，场地和设施的使用效率就会降低。不过,相关分析的结果显示,是否有适合儿童玩耍的场地及设施与儿童玩伴数量之间存在正相关关系($r=0.183$),但与儿童周末玩耍时长并不相关。这说明,儿童玩耍并不依赖社区儿童文体设施。换句话说,社区儿童文体设施对于儿童来说并没有多大的吸引力。

(一) 社区儿童文体设施

随着社会的发展,儿童文体活动逐渐远离了自然环境和家庭自制设施,对现代工业制造设施的依赖越来越强。同时,对儿童安全的重视,也使得儿童文体活动越来越局限于相对隔离的设施和环境。在家长眼里,适合儿童使用的社区设施主要有篮球场、运动操场和乒乓球室等体育类设施,其他设施都很少,尤其是美术室、舞蹈室等文艺类设施。还有超四分之一的家长反映社区内没有任何适合孩子玩耍的设施,对此,可能有四个方面的原因:一是现有设施存在安全隐患等方面的问题,因而家长认为都不适合儿童玩耍;二是自己的孩子较小或身有残疾,因而现有设施都不适合自己的孩子使用;三是社区内现有设施离自己的居住地太远,因而自己及周边的孩子基本使用不到;四是家长长期不在社区活动,因而确实对现有设施情况不了解。相比较而言,居住在城市社区的家长认为社区没有适合儿童玩耍的文体设施的比例要低于农村社区的家长;但从可使用程度上看,居住在农村社区的家长认为社区内适合儿童玩耍的文体设施比城市家长认为的还要略多一些,尤其是篮球场和乒乓球室(见表5-11)。这种理解上的反差,既可能与农村家长的要求更低有关,也可能与农村社区居委会拥有更多的可用地和对村里的公立学校有更大的影响力有关。需要说明的是,本次调查问卷回避了这些社区设施的产权性质,因此,家长所列举的音乐室、舞蹈室、美术室等都可能是公立学校或私营机构的,而不一定是社区公共设施。从儿童所反映的情况看,篮球场是最重要的文体设施,也有近三分之一的儿童反映所在社区或村没有任何文体设施。从相关分析的结果看($r=0.465$),家长认为适合儿童玩耍的场所与儿童认为适合自己玩耍的场所之间有重合也有区别。

尽管本题没有限选,但排除"没有任何设施"后,人均选项只有1.46项,说明社区内适合儿童玩耍的文体设施确实是非常少的。将选择"没有任何设施"之外的选项合成一个新变量"社区儿童文体设施集中程度"后,

表 5-11　社区儿童文体设施（家长视角）

单位：%

文体设施	城市社区	农村社区	总体
书法室	1.7	4.0	3.6
美术室	6.8	3.2	3.9
音乐室	1.7	3.6	3.3
舞蹈室	6.8	6.0	6.2
篮球场	45.8	54.4	52.8
乒乓球室	18.6	25.1	23.9
台球室	3.4	5.6	5.2
图书室	1.7	10.9	9.1
运动操场	37.3	31.9	32.9
其他	3.4	4.8	4.6
没有任何设施	20.3	29.0	27.4

除29.0%的家长没有选择外，其余绝大部分家长只选择了1项或2项。这再一次说明，调查社区的儿童文体设施是非常欠缺的，而且分布不均匀。这种不均匀虽然是一种主观感受，但与课题组实地考察的情况类似。从交叉分析的情况看，D村的儿童文体设施拥有情况要远好于S村的。仅7.0%的D村家长反映所在社区没有适合儿童玩耍的文体设施，而S村的这一比例高达48.2%（见图5-2）。这与D村人均收入远高于S村有关，也与D村集体收入高于S村有关，但更为重要的是与政府的扶持有关。访谈时笔者了解到，D村近年来拿到了近8000万元的各项政府扶持资金，其中就有专门支持D村文体设施建设的，而S村拿到的政府扶持资金仅有2000万元，主要用于道路、水渠等硬件设施的修建。至于经济条件更好的D村为什么反而拿到更多政府扶持资金，则与政府偏好树立典型而投资有关。这种现象普遍存在于城乡内部，是城市偏向之外的另一种偏向性政策。

为了检验家长提供的信息是否准确，同时也因为儿童自身是更好的知情者，我们在儿童问卷中设置了类似的问题。但考虑到受访儿童如果很小，那么问卷是需要在家长的帮助下填写的，因而在题目的内容上做了一些变动并规定为单选题。28.8%的儿童反映所在社区没有适合儿童玩耍的

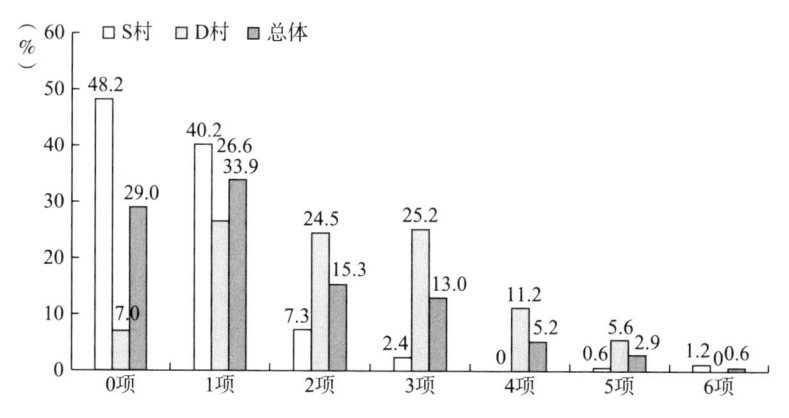

图 5-2 社区儿童文体设施集中程度（家长视角）

设施，比例上与家长的接近；近三分之二的儿童选择了篮球场作为适合儿童玩耍的场地（设施），这与家长的选择也类似；选择其他的比例很低，与家长反映的情况相差不大（见图 5-3）。交叉分析还显示，居住在城市社区的儿童认为社区内没有适合儿童玩耍场地的比例要低于居住在农村社区的儿童。相关分析还表明，是否有适合儿童玩耍的场地与儿童年龄呈正相关关系（$r=0.147$），越是低龄的儿童越难找到合适的玩耍场地。从图5-3中的场地类型看，适合低龄儿童玩耍的场地确实更少。篮球场等运动类场地主要适合男孩玩耍，因此适合女童玩耍的场地更加欠缺。进一步的相关分析发现，是否有适合儿童玩耍的场地与儿童在自由时间是否依赖手机、电脑、电视并不显著相关，说明现有场地还不足以改变儿童的不良休闲习惯；与儿童周末玩耍时间长短也没有显著相关关系，说明多数儿童周

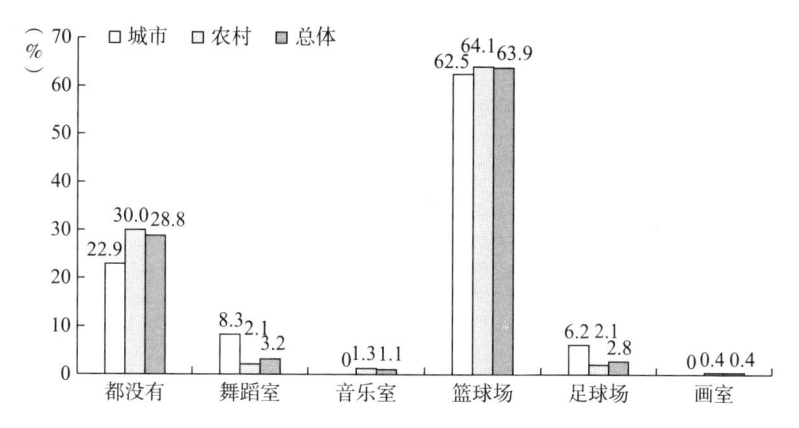

图 5-3 社区适合儿童玩耍的场地（儿童视角）

末玩耍并不依赖现有场地设施;与儿童是否有文体特长也不显著相关,说明现有场地并没有得到深度利用(如有组织地培养兴趣爱好)。究其原因,应该与现有场地并不适合所有儿童玩耍,而且现有场地的容纳量也十分有限(如相比于数百名儿童来说,存在少量篮球场或足球场)有关。交叉分析还显示,D村儿童也发现他们比S村儿童拥有更多的文体设施。

(二) 儿童社区伙伴

从统计结果看,多数儿童的玩伴数在2~7个,其中又以4~5个的为主;近30%的儿童认为自己有10个及以上的玩伴,不少儿童的玩伴数可能在20个及以上;也有极少数儿童没有玩伴。相比较而言,男孩和女孩拥有玩伴数分布非常接近,性别差异不大。年龄对玩伴数有较为明显的影响。有意思的是,无论是哪个年龄层,无论性别,4~5个玩伴都是最为集中的分布。小学生与幼儿园小朋友的差别表现在,小学生有10个及以上玩伴的更多;相似地,初中生有10个及以上玩伴的比例要高于小学生;高中/中职生的比例则又要高于初中生的(见表5-12)。这意味着,随着年龄的增加,越来越多的人会有更大的朋友圈,但同一年龄层的内部差异也会逐渐拉开:拥有5个及以下玩伴朋友圈的比例逐渐下降,拥有6个及以上玩伴朋友圈的比例不断上升。这是否为一个规律,还有待进一步的验证。将居住社区和玩伴数进行交叉分析后发现,城市儿童的玩伴数转折点为6~7人,而农村儿童的玩伴数转折点仍然为4~5人。这意味着,生活在城市社区的儿童比生活在农村社区的儿童更容易找到玩得来的伙伴。

表5-12 儿童玩伴数

单位:%

玩伴数量	男	女	合计	幼儿园	小学	初中	高中/中职
没有	0.8	1.2	1.0	4.5	0.0	1.3	1.0
1~3个	16.8	13.6	15.0	22.7	19.6	13.3	10.1
4~5个	32.8	31.5	32.1	45.5	36.1	30.7	26.3
6~7个	18.3	19.8	19.1	22.7	16.5	20.0	20.2
8~9个	6.1	3.1	4.4	4.5	6.2	4.0	4.0
10个及以上	25.2	30.9	28.3	0.0	21.6	30.7	38.4

为了弄清儿童玩伴数究竟受到哪些因素的影响，这里进行了相关分析。结果显示，儿童玩伴数与其年龄相关，而与性别不相关；与其功课强项数相关，而与学习成绩不相关；与其文体特长项数相关，而与综合表现不相关；与家庭社会交换圈相关，而与家庭规模不相关；与学校组织慈善捐赠和志愿服务、社区文体设施和开展课外活动都相关。为了排除交叉影响，这里继续进行了回归分析。从结果看，仅有年龄、文体特长项数、家庭社会交换圈、社区人际关系、社区娱乐活动、服务学习次数和同学安全事故等7个自变量对儿童玩伴数产生了显著影响。年龄越大、文体特长越多的儿童会拥有更多的玩伴，体现了个人特征因素的影响；家庭社会交换圈越大，儿童的玩伴越多，体现了家庭特征因素的影响；社区人际关系越好、社区组织儿童活动越多，儿童的玩伴也越多，体现了社区特征因素的影响；同学安全事故越多、服务学习次数越多，学生的玩伴越少，体现了学校特征因素的影响（见表5-13）。综合来看，儿童拥有多少玩伴受到个人、家庭、社区和学校等4类主体的综合影响。这也证明了家庭、学校和社区三方合作教育是有必要的。需要指出的是，目前学校开展的社区服务学习活动不利于学生之间互相交往。原因可能是上文提到的，学校在组织活动过程中偏向于成绩好的、有文体特长的、家庭收入水平高的学生。这种选择方式本身就不利于团结，会对儿童交往产生负面影响。将"服务学习次数"还原为慈善捐赠和志愿服务两个变量重新进行回归分析后发现，慈善捐赠产生了显著影响，而志愿服务则没有。如果这一结论得到进一步的证实，那就说明在中小学生中鼓励慈善捐赠是一件不合适的事。同样需要指出的是，社区是否组织儿童开展活动对儿童结交玩伴有重要的影响，而后面将看到社区很少这样做。这一方面反映了社区教育的缺位，另一方面也说明了社区教育的意义。

表5-13 儿童玩伴数影响因素的回归分析

自变量	非标准化系数	标准误	标准化系数	t	显著性
性别	0.075	0.192	0.025	0.389	0.698
年龄	0.212	0.119	0.130	1.790	0.075
居住社区	0.066	0.254	0.017	0.258	0.797

续表

自变量	非标准化系数	标准误	标准化系数	t	显著性
儿童综合表现	0.117	0.145	0.052	0.810	0.419
社区文体设施	-0.103	0.080	-0.097	-1.289	0.199
儿童玩耍场所	0.177	0.235	0.053	0.755	0.451
学校等级	0.356	0.243	0.096	1.460	0.146
文体特长项数	0.177	0.106	0.112	1.668	0.097
家庭规模	-0.063	0.068	-0.058	-0.924	0.357
不良休闲习惯	-0.271	0.192	-0.090	-1.417	0.158
学习成绩	0.202	0.168	0.082	1.203	0.230
社区课外活动	0.682	0.217	0.227	3.148	0.002
村安全事故	0.162	0.112	0.095	1.447	0.149
同学安全事故	-0.226	0.104	-0.149	-2.179	0.030
社区人际关系	-0.227	0.123	-0.119	-1.845	0.066
家庭社会交换圈	0.241	0.082	0.193	2.955	0.003
社区娱乐活动	-0.022	0.122	-0.012	-0.178	0.859
功课强项数	0.089	0.124	0.051	0.718	0.474
服务学习次数	-0.225	0.079	-0.195	-2.837	0.005
平时作业时长	0.150	0.116	0.111	1.297	0.196
周末作业时长	-0.006	0.103	-0.005	-0.063	0.950
假期作业时长	0.124	0.076	0.106	1.632	0.104
（常量）	1.825	1.168		1.563	0.119

注：$R^2 = 0.257$，调整的 $R^2 = 0.182$，$F = 3.428$，ANOVA Sig. $= 0.000$。

（三）儿童业余活动

爱玩是儿童的天性，而跟同伴一起玩耍更是结交朋友、建立友谊、了解社区和社会、培养兴趣和爱好、学会分享和互动、熟悉社会规则、培养团队意识等有益于儿童成长的重要活动形式。但从表 5-14 中可以看出，放学后、周末和假期从不找同伴玩或只是偶尔找的受访儿童比例高达 54.9%，而几乎每天都会找同伴玩的只有 10.6%，几乎成为儿童中的另类。从表 5-14 中可见，性别的影响也很明显：与男生相比，女生找同伴玩的更少，"宅"在家里的更多。年龄也有明显的影响：近八成的幼儿园小朋友几乎每天或经常去找同伴玩，但小学生的这一比例下降到五成左右，初中生下降到不足四成，高中/中职生则继续降至三成多一点。相关分析表明，儿童是否去找同伴玩耍与平时放学后和周末的作业时长有关，平时放学后作业需要时间越长（$r = 0.165$），周末作业时间越长（$r = 0.156$），越不可能出去跟同伴玩。进一步分析表明，儿童自由时间的同伴玩耍倾向与其学习成绩、综合表现，与社区是否有适合儿童玩耍的场地以及儿童拥有的玩伴多少，都没有显著相关关系。综合起来看，部分儿童自由时间的同伴玩耍倾向不足与学校布置作业过多和儿童自己完成作业的速度慢有关。

表 5-14 儿童放学后、周末和假期找同伴玩耍的情况（家长视角）

单位：%

	男	女	总体	幼儿园	小学	初中	高中/中职
几乎每天都会	12.9	8.7	10.6	31.8	11.8	6.3	6.8
经常去玩	39.4	30.4	34.5	45.5	38.7	32.9	26.0
偶尔会	43.9	51.6	48.1	18.2	39.5	55.7	63.0
从不出去玩	3.8	9.3	6.8	4.5	10.1	5.1	4.1

上一个关于儿童找同伴玩耍的问题只涉及频率，没有涉及时间长短。考虑到部分儿童放学后作业多因而没有时间出去玩，假期又因为时间太长可能记不清楚，因此问卷针对受访儿童在周末的玩耍时长进行了大致询问。从表 5-15 中可以看到，略超六分之一的儿童在周末跟同伴玩耍的时间不到 2 个小时，另有超三分之一的儿童与同伴一起玩耍的时间在 2~4 个小时，合起来看，超过五成的儿童在周末跟同伴玩耍的时间不到 4 个小时，而玩耍时间超过 6 个小时的儿童比例还不到四分之一。与男生相比，女生在周末的玩耍时间要略短一些。与低年级的儿童相比，初中生周末与同伴玩耍的时间更少一些，超过 6 个小时的占两成左右，而不到 4 个小时的则为六成左右。

每天做完作业后是儿童的自由时间。除了跟同伴玩耍外，儿童也可以以其他有益的方式独自支配自由时间。从表 5-16 中可见，受访儿童每天作业做完后最经常做的事是玩手机，其次是看电视，二者相加占 53.8%，与幼儿园儿童和小学生更多看电视不同，初中生和高中/中职生更倾向于玩手机、电脑；也有三成左右受访儿童选择了预习课程和读课外书，说明调研村的家长对儿童学习抓得是比较紧的；外出跟同伴玩耍的比例很低，尤其是高中/中职生的比例最低。与男生相比，女生更多将作业之余的自由时间用来预习功课和读课外书，而更少将时间花在看电视或玩手机、电脑上，但这种性别差异也只是相对的。总的来看，学习压力偏大，玩手机、看电视的比例过高，跟同伴玩耍时间过短，都不利于儿童成长，也说明所在社区在儿童业余生活的软硬件安排上是极其欠缺的。这一点从下面关于社区组织活动的情况中得到了证实。

表 5-15　周末跟同伴玩耍时间（儿童视角）

单位：%

	男	女	总体	幼儿园	小学	初中	高中/中职
2 小时以下	14.5	19.9	17.5	13.6	17.8	19.0	16.4
2~4 小时	35.1	36.0	35.6	31.8	28.0	43.0	41.1
4~6 小时	23.7	21.7	22.6	22.7	25.4	16.5	24.7
6~8 小时	15.3	10.6	12.7	18.2	13.6	13.9	8.2
8 小时及以上	11.5	11.8	11.6	13.6	15.3	7.6	9.6

表 5-16　作业后自由活动类型

单位：%

	预习课程	读课外书	看电视	玩手机	玩电脑	跟同伴玩耍
幼儿园	13.6	13.6	40.9	13.6	0.0	18.2
小学	8.3	17.7	36.5	16.7	1.0	19.8
初中	10.7	17.3	21.3	30.7	4.0	16.0
高中/中职	15.5	15.5	8.3	47.4	1.0	12.3
总体	11.7	16.5	23.5	30.3	1.7	16.2
女生	15.1	20.1	18.9	29.6	0.6	15.7
男生	7.6	12.2	29.0	31.3	3.1	16.8

为了更好地了解受访儿童作业之余的自由活动的性质和影响，这里将看电视、玩手机和玩电脑视为"非良性休闲活动"，将预习课程、读课外书和跟同伴玩耍视为"良性休闲活动"，生成了新变量"作业后自由活

动"。从表 5-16 中可以看出，只有 44.4% 的受访儿童在作业之余从事的是"良性休闲活动"。考虑到多数孩子的家庭作业时间较长，预习课程和读课外书也很难是非良性休闲活动。从下面的交叉表 5-17 可以看出，在家长眼里家庭教育问题项越多和综合表现越差的儿童，自我报告在学校学习成绩越差的学生，越倾向于选择"非良性休闲活动"，且相关性显著；玩伴越多的，自由时间找同伴玩耍倾向越强的，周末玩耍时间越长的儿童，越倾向于选择"良性休闲活动"，但未呈现显著相关关系。这就是说，平时玩多玩少（玩伴多少与平时作业后是否找同伴玩耍）与学习成绩和综合表现之间并无显著相关关系，而自由时间的休闲方式是否良性则与儿童的学习成绩和综合表现有显著相关关系。换句话说，对部分儿童来说，在非良性的休闲活动方式和学习成绩及综合表现之间，已经形成了一定程度的恶性循环。

表 5-17 作业后自由活动的相关分析

	家庭教育问题	学习成绩	综合表现	家庭作业负担	玩伴数	周末玩耍时间
家庭教育问题	1					
学习成绩	0.087	1				
综合表现	0.268 **	0.321 **	1			
家庭作业负担	-0.062	-0.042	-0.112	1		
玩伴数	-0.081	0.020	-0.007	0.174 **	1	
周末玩耍时间	0.049	0.121 *	-0.032	-0.064	0.083	1
作业后自由活动	0.152 *	0.175 **	0.146 *	-0.030	-0.059	0.122 *

注：* 在 0.05 水平（双侧）上显著相关；** 在 0.01 水平（双侧）上显著相关。

四 社区组织活动

社区除了为社区儿童提供文体活动场地及设施外，还有可能组织开展有利于儿童健康成长的各类课外活动。为了简单起见，问卷将社区开展的课外活动分为四大类，即体育类、文艺类、红色教育类和家风类。调查结果显示，半数以上的家长称社区没有组织过上述活动，城市社区的更接近六成。在开展过的儿童课外活动中，又以体育类和家风类的活动较多，但这两类活动都并不一定是由社区居委会组织的；文艺类活动和红色教育类活动开展得很少（见图5-4）。相比较而言，城市社区开展较多的是文艺类活动和红色教育类活动，这与城市拥有更多文艺资源有一定的关系，也与城市社区组织近年来重视开展文艺活动和红色教育有关；而农村社区开展较多的是体育类和家风类活动，与所调查的村庄均有篮球场等体育活动场所和家族组织有关。

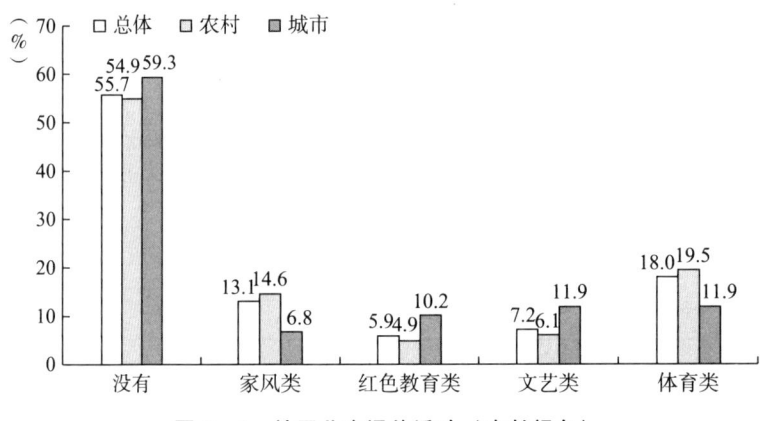

图5-4 社区儿童课外活动（家长视角）

从家长选择的总体分布看，有两点是可以肯定的：一是社区很少为儿童组织课外活动；二是开展的活动只覆盖很少一部分儿童。这种现象在城乡都很普遍，是社区儿童工作浮于表面的表现。相关分析还表明，社区是否组织儿童活动对家长及儿童知晓社区文体设施情况有显著的影响，在0.01置信水平下的相关系数分别为0.441和0.334。这说明，社区开展活动多，可以使更多家长和儿童了解社区文体设施情况；反之，开展活动少，则会导致家长和儿童对社区文体设施缺乏了解，从而导致这些本就稀缺的社区文体设施不能被充分使用。相关分析表明，社区是否组织儿童活动与其自由时间找同伴玩耍的经常性、周末找同伴玩耍的时长、是否有文体特长等都没有显著相关关系，说明社区儿童活动的质和量都没有达到吸引儿童到外面玩耍、改变玩手机和电脑等不良习惯的程度（见表5-18）。比较分析也证实，拥有更多文体设施的D村儿童并不比拥有较少文体设施的S村儿童有更多的玩伴和更经常出去玩耍。这一结论与前述关于社区文体设施对儿童影响的分析是一致的。

表 5-18　社区组织儿童活动产生的影响

	综合表现	学习成绩	周末玩耍时长	是否良性休闲	儿童玩耍场地	外出玩耍倾向	文体特长
综合表现	1						
学习成绩	0.321**	1					
周末玩耍时长	-0.032	0.121*	1				
是否良性休闲	0.146*	0.175**	0.122*	1			
儿童玩耍场地	-0.032	0.009	-0.016	0.007	1		
外出玩耍倾向	-0.053	0.000	-0.178**	-0.051	-0.116	1	
文体特长	0.050	-0.010	-0.044	-0.017	0.018	0.079	1
社区课外活动	-0.083	-0.110	0.000	0.003	0.334**	-0.105	0.104

注：* 在 0.05 水平（双侧）上显著相关；** 在 0.01 水平（双侧）上显著相关。

五　社区安全隐患

《国务院办公厅关于加强中小学幼儿园安全风险防控体系建设的意见》（国办发〔2017〕35号）、《中小学幼儿园安全管理办法》、《中小学公共安全教育指导纲要》（国办发〔2007〕9号）、《中小学健康教育指导纲要》（教体艺〔2008〕12号）、《中小学幼儿园应急疏散演练指南》（教基一厅〔2014〕2号）等政策文件的出台，说明政府及教育主管部门对儿童安全是非常重视的，同时也暗示儿童目前面临的安全风险是很高的。儿童的安全问题，当然不仅是校园安全问题。相比较而言，安全的社区环境对儿童健康成长更为重要。

我国农村社会近几十年来经历了千年未有之巨变，很多新元素的引入和旧元素的消失都增加了儿童在社区的生存和生活的风险。公路穿过村庄不仅增加了儿童交通事故的发生概率，也加快了外部世界的违法行为渗入村庄的速度；家用电器的普及增加了儿童的触电风险；电视机、手机、游戏的普及使儿童更容易接触到不健康的信息并形成不良生活习惯；楼房的普及增加了儿童从高处跌落的风险；血缘和亲缘共同体的衰落增加了儿童被亲戚、熟人拐卖和剥削的风险；父母外出打工降低了家庭对儿童的保护和教育能力，增加了儿童产生心理问题的风险；社区共同体的解体降低了社区对家庭的监管和保护能力，增加了儿童遭遇家庭暴力和外力侵害的风险；等等。从幼儿园到小学甚至到初中和高中，在家门和小区门之间的地带不再是家长可以放心的地区。这一现象比任何其他现象都更能说明社区环境的不安全。

本次调查从三个角度对儿童成长安全环境进行了考察。首先，我们在访谈中对村干部进行了询问，然后对家长及儿童进行了问卷调查。访谈中，村干部强调所在村是安全的。我们在走访中也觉察到，村民对我们这些外来人的态度是平和而友善的，在所调查的两个村庄中甚至随处可见白天出门不闭户的现象。

不过，从问卷分析的结果看，所调查的村庄对于儿童来说并不安全。对家长问卷的统计分析表明，近年来，村里18岁以下儿童发生过溺水、交通事故、烫伤、烧伤、触电、离家出走、吸毒、被拐卖、遭性侵、被拘留、被学校开除等多种恶性事故。其中，溺水、交通等事故的知晓率还是比较高的。这种情况与其他农村的情况类似。值得注意的是，尚有47.9%的调查对象选择了"其他"（见图5-5），说明还有大量问卷设置的选项之外的其他类型的儿童安全事故发生过，它们可能是食物中毒、高空坠落、被野兽咬伤、斗殴致伤、早恋堕胎等。尽管大部分儿童安全事故都是小概率事件，但对儿童及其家庭造成的伤害则是绝对不应被漠视的。从近

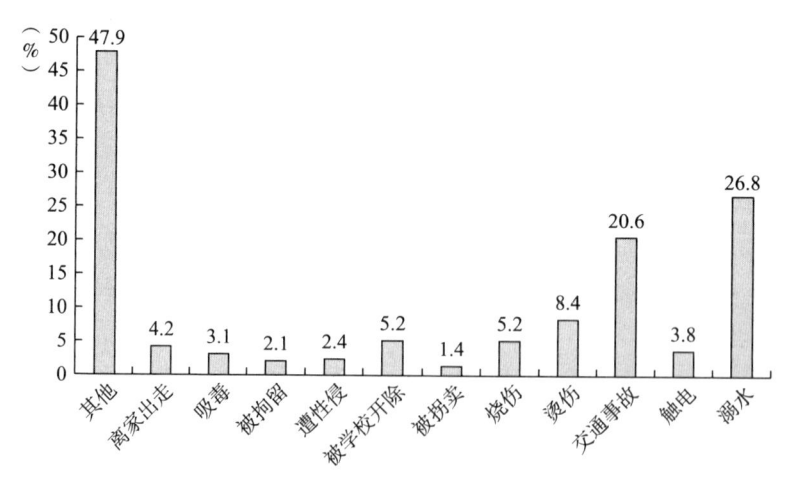

图5-5 村发生儿童安全事故的知晓率（$N = 286$）

年来各种各样的儿童安全事故都曾发生过但并没有引起村干部足够重视这一点看,重建儿童安全社区首先应提高社区组织的儿童安全意识和应对能力,因此任务并不轻松。

除28人未做选择外,大多数受访家长听说过的事故类型并不多。听说过3类及以上儿童安全事故的仅占10%左右(见表5-19)。出现这种情况的原因主要有四点。一是所调查村的行政村规模都比较大,地域面积大,村民间空间距离较远,不利于信息传播。交叉分析证实了这一点,处于丘陵地区的S村村民知晓3类及以上儿童安全事故的比例仅为4.7%,而处于平原地带的D村村民的同一比例则高达14.4%。二是现在的两个行政村均由数十个村民小组构成,这些村民小组间原先的联系也远较组内联系少,合并后的联系更少。三是现在村民外出务工的比例很高,平时在村里的时间较少,因此不仅互相联系少,而且信息流通不畅。四是有些事故如吸毒、遭性侵、被拘留等都是村民不愿外扬的"家丑",因此会尽量防止信息扩散。从家长知晓率与其社区娱乐活动频率之间存在一定程度的正相关关系($r=0.139$)这一点看,信息流通不畅确是事实。但信息流通不畅,加上所有的安全事故都是小概率事件,显然不利于提高村民的防范意识,更降低了村民采取集体预防行动的可能性。

表5-19 村儿童安全事故类型的知晓情况

单位:人,%

知晓事故类型数	选择人数	百分比	有效百分比	累计百分比
0类	15	4.8	5.2	5.2
1类	212	67.5	74.1	79.4
2类	32	10.2	11.2	90.6
3类	19	6.1	6.6	97.2
4类	5	1.6	1.7	99.0
5类	1	0.3	0.3	99.3
8类	1	0.3	0.3	99.7
11类	1	0.3	0.3	100.0
总计	286	91.1	100.0	
缺失	28	8.9		
全部样本	314	100.0		

从儿童问卷的分析情况看，63.4%的儿童对所在学校是否有同学发生过安全事故并不清楚（见图5-6）。这可能与部分儿童尚属"少不更事"的年龄有关，也与学校及家长在儿童面前会低调处理此类事情有关。交叉分析的结果证实了年龄因素的影响：高中/中职学生选择"不清楚"的比例降为51.0%，处于敏感阶段的初中生选择"不清楚"的比例为70.3%。比较家长和儿童对儿童安全事故的知晓率，可以发现，家长和学校的低调处理确实是有效果的。从家长问卷中近半数选择"其他"这一现象可以推断，如果问卷设计了更多的选项，那么选择"不清楚"的儿童受访者的比例将可能大幅下降。从儿童安全事故类型分布看，儿童的选择与家长的选择是基本一致的，溺水和交通事故知晓率依然是最高的，这从侧面说明了问卷数据的真实性。尽管提问时没有区分安全事故发生的地点是在学校还是在社区抑或是在其他地方，但还是可以判断，多数安全事故是发生在社区里的。

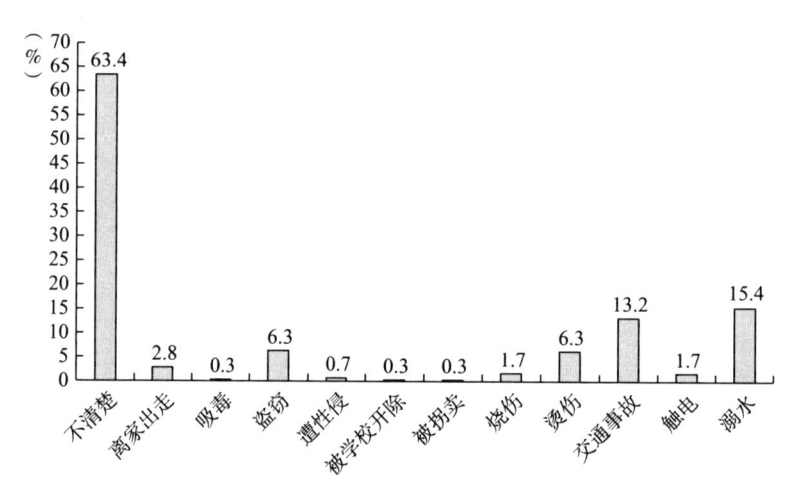

图5-6 同学安全事故的知晓率（$N=287$）

与家长的情况类似，知道同学发生过安全事故的儿童中的绝大多数只知道少数安全事故类型，知道3类及以上的比例为5.3%（见表5-20）。双侧相关性检验表明，受访儿童年龄越大，就越可能知道更多的事故类型（相关系数为0.196），就越不可能选择"不清楚"（相关系数为-0.186）。如果假定儿童安全事故信息是在家长、学校和儿童之间互相传递的，那么儿童对同学安全事故知晓不足虽然有助于减小安全事故对儿童的冲击，但显然不利于对家长和学校形成压力,促使其采取改变现状的举措。

表 5-20 同学安全事故的知晓情况

单位:人,%

知晓事故类型数	选择人数	百分比	有效百分比	累计百分比
0 类	180	57.3	63.2	63.2
1 类	60	19.1	21.1	84.2
2 类	30	9.6	10.5	94.7
3 类	8	2.5	2.8	97.5
4 类	4	1.3	1.4	98.9
5 类	2	0.6	0.7	99.6
8 类	1	0.3	0.4	100.0
总计	285	90.8	100.0	
缺失	29	9.2		
全部样本	314	100.0		

儿童在自由时间是否外出玩耍并不是儿童自己能够决定的事。征得家长同意是一般程序。以家长及儿童知晓安全事故项数多少来表示家长及儿童的安全意识强弱,则可以生产新的变量并与儿童周末外出玩耍时长、儿童在自由时间的外出倾向及平时完成作业后是否外出找同伴玩等变量进行相关分析。结果显示,家长的安全意识与儿童周末外出玩耍时长未形成显著相关关系,但儿童的安全意识强弱则会影响其是否会在平时完成作业后外出找同伴玩($r=-0.178$),会影响儿童平时、周末及寒暑假外出玩耍的频率($r=0.141$),也会影响儿童的玩伴数量。这说明,社区安全隐患多已经影响到儿童的休闲方式和社会交往,说明认知层面意识到的风险也会影响到儿童的行为,也说明父母屏蔽安全事故信息是一种"鸵鸟政策"。

小 结

由于在文献阅读阶段便已经了解到社区教育实践的不足,本次调研更多涉及了社区人文环境、社区存在的安全隐患、儿童自行探索的社区内娱乐休闲活动以及家庭编织的社会交换圈等。通过上文的描述和分析,本章发现的重要事实如下。

（1）农村社区共同体已经解体，人际关系越来越淡漠、家庭间的互助行为在减少、社区娱乐活动也很少，且对儿童在社区内的社会交往和娱乐活动都产生了不利影响。

（2）农村社区适合儿童使用的文体设施严重不足，尤其是文艺类设施更是紧缺，而且对于儿童没有什么吸引力，这显然不利于儿童在社区玩耍和游戏，也不利于儿童在玩耍中结交朋友、学习人际交往。

（3）儿童在自由时间的业余活动不健康现象比较普遍，玩手机、玩电脑和看电视的比例超过55%，且各年龄层都类似，这些不良的休闲方式已经与儿童学习成绩差、综合表现不良形成了恶性循环。

（4）农村社区很少主动开展儿童活动，超过半数的儿童及家长对此一无所知，说明社区所开展儿童活动规模很小，儿童参与率低，从类型上看也主要是一些文体活动，红色教育、家风教育开展得都非常少，总体上未能对儿童产生足够的良性影响。

（5）农村社区近年来出现过溺水、交通事故、烫伤、烧伤、触电、离家出走、吸毒、被拐卖、遭性侵、被拘留、被学校开除等多种恶性事故，社区安全隐患多，已经影响到儿童的休闲方式和社会交往。

（6）从家社合作的角度看，社区尚无法为家庭提供足够的支持，更不用说产生交叠效应；从校社合作的角度看，学校开展的社区服务学习活动对于儿童结交玩伴产生了负面影响，应予以关注。

第六章 社区教育重建

从前面三章的描述和分析中可以看到，社区确实是家庭、学校和社区三个教育主体中最弱的板块，与文献回顾中发现的类似。虽然家庭教育和学校教育也都存在一些问题，但在现有的制度和社会环境下家长和学校已经"各尽其力"了，改变起来难度很大。因此，在同等投入的前提下，从社区教育着手改善儿童的受教育条件应该是更为合理的选择。一方面农村社区的儿童教育基本上处于空白状态，一旦启动易见"补短板"效应；另一方面社区教育的参与，有助于与家庭和学校协作形成两方及三方交叠效应。本章将在挖掘农村儿童的社区教育需求和总结前面几章发现的基础上，就如何重建儿童社区教育展开讨论。

一 对社区教育的潜在需求

评估儿童对社区教育的潜在需求，不仅要了解儿童自身对社区教育的需要，也要了解家长所理解和体悟到的儿童需求，因为儿童作为未成年人，其想法未必成熟。

（一）家长对儿童社区教育的期待

考虑到家长（尤其是居住在农村或乡镇的家长）此前可能并不了解社区教育能够提供哪些类型的服务，本次调查问卷在选项设计上采取了比较笼统的做法，共设置了 10 个大类，没有进行更为细致的分类。这些社区教育服务类别是从现有文献中归纳总结出来的。从选择"其他"项的比例较低可以看出，问卷问题的分类设计是可以接受的。从统计结果看，有 309 名家长做出了选择，占样本总数的 98.4%，平均每位家长选择了 3.13 项。单项选择最频繁的是作业辅导和教孩子如何做人，其次选择较多的有开发孩子兴趣、安全自护教育、培养文体特长和学习传统文化，选择较少的是多做游戏活动和接受红色教育。作业辅导成为半数家长的首选，这与整个社会对于儿童学习成绩重视的氛围是一致的，农村家长较城市家长更加重视社区教育的作业辅导功能可能与农村社区缺少其他替代途径有关。需要在此加以说明的是，这里所说的农村家长或城市家长是根据其目前的居住地区划分的，所谓的"城市家长"中有八分之五的拥有农村户口，居住在乡镇的农村家长中也有 7.5% 的拥有城市户口。相关分析还显示，家长是否首选作业辅导与家庭收入水平及家庭教育开支是显著相关的（相关系数分别为 0.159 和 0.115），说明家庭收入水平低而教育费用高的家庭更倾向于要求社区教育提供作业辅导服务。近五成农村家长希望社区协助家庭教育孩子如何做人，反映了家长对儿童社会化教育缺失的焦虑，这与前面关于家庭教育传递价值失效的结论相吻合。有近四成的家长选择安全自护教育这一项，这与前面分析的儿童面临较多的社区安全隐患的结论是一致的。对红色文化教育的需求较少，应该是与农村社区还很少开展类似的社区教育活动因而家长对此知之不多有关。尽管如此，我们还是可以看到，近年来普遍开展的红色教育对家庭教育产生了一定的影响。相关分析还显示，家长是否选择学习传统文化和是否选择红色教育存在显著相关关系（相关系数为 0.195），这说明选择"红色教育"的家长很可能是将红色教育作为价值观和信仰的源泉来理解或相信的。

一般来说，面对多选项，经济收入低的人群及社会弱势人群的总选择次数总是相对要低一些。但本次调研发现，居住在农村社区的家长对于社区教育有着更高的期望。对此现象的解释只能是，农村社区更为缺乏这些类型的服务项目及活动，而且农村社区周围更难获得这些服务。相比较而言，农村家长更期待作业辅导、成长教育、儿童兴趣开发、传统文化学习等服务项目及活动，而对于安全自护教育和文体特长培训的要求相对较低。这说明农村家长培养儿童的方式和内容还比较传统。与 S 村相比，D 村拥有更好的经济条件、更多的儿童文体设施和社区儿童活动项目，但 S 村家长对社区教育的需求要更高一些。这说明：第一，经济条件更好的家庭可能更看重社区教育之外的其他选项（如市场培训）；第二，家长提出的需求更多地反映了他们对现实中儿童教育不足的理解和感知，而不是受到了现有社区教育的启发（见表 6-1）。

表 6-1 家长对社区教育内容的期待

单位：%

项目/活动类别	总体	城市社区	农村社区	S 村	D 村
作业辅导	50.2	34.5	53.6	53.6	46.2
培养体育特长	27.4	41.4	24.3	30.7	24.3
培养文体特长	37.1	43.1	35.5	39.8	34.7

续表

项目/活动类别	总体	城市社区	农村社区	S 村	D 村
学习传统文化	34.5	27.6	36.3	31.3	38.9
红色教育	12.3	13.8	12.0	11.4	13.2
教育孩子如何做人	48.4	41.4	50.2	51.8	44.4
开发儿童兴趣	40.6	29.3	43.4	41.6	40.1
多做游戏活动	12.3	12.1	12.4	13.3	11.1
安全自护教育	38.7	43.1	37.5	37.3	40.3
其他	5.8	6.9	5.6	5.4	6.2

由于本题没有选项限制，个别家长的选择项多达 10 项。为了分析家长选项的分布情况，这里生成了一个新的变量"家长对社区教育的期待值"，家长选择的项越多，得分值越高，表示家长对社区教育的期望值越高。从统计结果看，所有家长对于社区开展儿童教育都抱有期待。半数家长选择的是 2~3 项，其中又以选择 3 项的为最多。这意味着，虽然社区教育开设的服务项目/活动越多，覆盖家长视角下的儿童需求面就越大，但从效率的角度看，提供 3 项服务是最合适的。将家长的期待项与家庭收入水平和家长学历进行相关分析后发现，家庭收入水平，无论是客观上的还是主观上的，都不会显著影响家长的期待值的高低，但家长学历越高，越是期待社区教育提供更多类型服务。这可能是高学历的家长对孩子成长的期望值更高。与经济条件更好的 D 村家长相比较，S 村家长对 4 类及以上社区教育服务的期待值更高一些（见表 6-2）。

为了弄清家庭对社区开展儿童教育的期待值究竟受到哪些因素的影响，这里进行了相关分析。从结果看，家长对社区儿童教育期待值的高低，明显受到了家庭教育价值观强弱和家庭教育问题集中程度的双重影响，家长越重视儿童价值观教育的、家庭儿童教育问题越集中的，就越希望社区教育能够提供更加全面的服务。另外，对村里环境安全的认知也对家长的选择有影响，说明家长确实希望社区教育能够以某种方式协助解决儿童安全问题。这从一个侧面说明，近四成家长希望社区教育主体为儿童提供安全自护教育的诉求是真实的。家长自己参加社区娱乐活动并不会显著影响其对社区教育的期待，这就可以解释为什么只有少数家长希望社区教育主体多组织儿童做游戏活动。这也说明家长不太理解儿童游戏和玩耍对儿童成长的重要意义，也启示我们，未来的社区教育有必要从家社合作的角度开展家长教育能力培训活动（见表6-3）。

表6-2 家长对社区教育的期待值

单位：%

	1	2	3	4	5	6	7	8+
城市社区	17.2	19.0	34.5	15.5	6.9	1.7	3.4	1.7
农村社区	18.1	23.8	26.6	12.5	7.3	5.2	2.8	3.6
总体	18.0	22.9	28.1	13.1	7.2	4.6	2.9	3.3
S村	22.3	19.9	22.3	14.5	7.2	6.0	4.2	3.6
D村	12.8	26.2	35.5	11.3	7.1	2.8	1.4	2.8

表6-3 家长对社区教育期待值的影响因素

	家庭教育问题	村安全事故	家长学历	家庭教育价值观	社区娱乐活动
家庭教育问题	1				
村安全事故	0.079	1			
家长学历	-0.010	0.016	1		
家庭教育价值观	0.117*	0.070	0.002	1	
社区娱乐活动	-0.003	0.139*	0.105	0.128*	1
对社区教育期待值	0.234**	0.233**	0.117*	0.158**	0.094

注：* 在0.05水平（双侧）上显著相关；** 在0.01水平（双侧）上显著相关。

（二）儿童对社区教育的需求

家长对社区教育的功能预想，也不一定符合儿童的要求。为了了解儿童对社区教育的需求，问卷设计者从文献中梳理和归纳出了12类社区服务主体可能提供的服务项。从统计的结果看，平均每名受访儿童选择了3.21项，与家长问卷反映的情况类似。与家长最多选择了作业辅导和"成人"教育不同，儿童自己选择最多的是培养文艺特长和作业辅导；与家长选项波动较大不同，儿童自己选择的除了学习宗教知识和红色文化外，其他选择分布都还比较均匀；城乡儿童对于社区教育各类服务的期待差异不大，但也能感受到农村儿童的学业压力要大于城市儿童的,这与前者的出路比较狭窄和农村学历教育水平较低有关,有更高比例的农村儿童表达了对作业辅导和文艺特长培训的期待,也能感受到居住在城市的儿童比居住在乡镇的农村儿童面临更多的安全问题,因此有更高比例的城市儿童希望社区提供安全自护教育。值得注意的是,受访儿童对于亲子活动、公益活动、兴趣活动、观看电影、科技教育等适于在社区开展的活动,都是比较期待的。相比较而言,S村儿童对于社区教育的期待项更多,尤其表现在作业辅导、培养文艺特长和学习最新科技3个方面,反映S村儿童有着更高的成就需求(见表6-4)。

表6-4 儿童对社区教育内容的期待

单位:%

期待项	城市	乡镇	总体	S村	D村
作业辅导	28.3	44.9	41.8	49.3	34.1
培养体育特长	35.8	30.3	31.4	37.5	25.4
培养文艺特长	41.5	47.4	46.3	53.3	38.4
学习传统文化	32.1	32.5	32.4	32.2	33.3
学习红色文化	15.1	12.8	13.2	11.8	15.2
学习宗教知识	3.8	3.0	3.1	2.6	3.6
学习最新科技	18.9	18.4	18.5	23.7	13.8
组织兴趣活动	34.0	29.1	30.0	30.3	30.4
组织亲子活动	18.9	21.4	20.9	20.4	21.7
安全自护教育	34.0	28.6	29.6	32.2	27.5
组织公益活动	30.2	26.5	27.2	27.0	27.5
组织观看电影	26.4	26.9	26.8	22.4	31.9
总选择率	319.0	321.8	321.2	342.7	302.8

为了了解儿童选择的集中情况,我们同样生成了一个新的变量"儿童对社区教育的期待值",分值越高,表示儿童的选项越多。从表6-5中可以看出,无论是哪个学段,儿童对社区教育服务项目类型的期待最集中的都为3项,这与家长期待项的分析结果类似。相比较而言,幼儿园小朋友对社区教育的期待项要少一些,随着年龄的增长,期待项也逐渐增加;这

可能意味着，问卷预设的社区教育服务项目类型直观上更利于年龄较大的儿童参加。因此，如果未来的服务对象为年龄较低的儿童，服务项目类型和内容就得进行相应调整。进一步的相关分析表明，儿童对社区教育的期待值高低与儿童的学习成绩好坏呈显著正相关，但与伙伴数、周末玩耍时长、作业之余是否良性休闲等均无显著相关关系。这提示未来的社区教育组织者：儿童具体的真实的需求只能在服务活动中逐步了解。

表6-5 儿童对社区教育的期待值分布

单位：%

	幼儿园	小学	初中	高中/中职	总体
1项	23.8	18.6	16.4	17.3	18.0
2项	19.0	14.4	21.9	13.3	16.3
3项	28.6	34.0	31.5	26.5	30.4
4项	19.0	14.4	12.3	19.4	15.9
5项	4.8	4.1	8.2	13.3	8.3
6项	4.8	9.3	1.4	6.1	5.9
7项	0.0	2.1	5.5	2.0	2.8
8+项	0.0	3.1	2.8	2.1	2.4

相关分析的结果显示，农村儿童对社区教育的期待值受到了自身学习成绩和文体特长项数的显著影响，学习成绩越好、文体特长项越多的儿童，对社区教育的期待值越高，儿童对社区的期待值与儿童的年龄、玩伴数及周末玩耍时长之间并不显著相关，这说明儿童愿意接受社区教育并不是因为能有更多玩耍的机会，而是认为社区教育对其提升学习成绩和培养文体特长有帮助。这就是说，儿童虽然也希望能快乐地玩耍和娱乐，但还是更在意自己的学业成就。这显然是受到了父辈的影响。这种价值观的传递本身没有问题，但一旦儿童因此而压抑自己追求玩耍和游戏的本性，那就要引起重视了。这也提示未来的社区教育主体，要有意识地引导儿童回归喜欢玩耍的天性。儿童对社区教育的期待值，与其对课外培训辅导班的评价成负相关关系，这意味着，如果社区教育不提供作业辅导或不注重作业辅导的质量，那么它对儿童的吸引力就会下降。儿童对社区教育的期待值也受到其所面临的安全风险的影响，儿童所面临的安全风险越多，对社

区教育服务的期待值越高（见表6-6）。

表6-6 儿童对社区教育期待值的影响因素

	培训辅导班效果	学习成绩	同学安全事故	文体特长项数	玩伴数
培训辅导班效果	1				
学习成绩	0.147*	1			
同学安全事故	-0.030	-0.034	1		
文体特长项数	-0.138*	-0.084	0.131*	1	
玩伴数	-0.056	0.003	-0.050	0.192**	1
对社区教育期待值	-0.129*	-0.188**	0.144*	0.124*	0.037

注：*在0.05水平（双侧）上显著相关；**在0.01水平（双侧）上显著相关。

二 家长与儿童的参与意愿

农村社区教育，虽然不能排斥市场供应商，但因为农民的购买力有限也不能给予太大的希望，更何况市场化并不符合社区教育的本意，同样，考虑到农村基层政府的财力有限，因而也不能全部寄希望于政府购买公共服务，而且社区教育也不应该搞成纯粹的公共服务。因此，农村家庭的参与是必要的，具体体现在两个方面：一是家长提供部分资金支持，二是家长和孩子参与公益服务。

（一）家长承担费用的意愿

社区教育可以有多种筹资渠道，但所提供的服务大体上应该是公益或互益性质的。公益服务应该是低偿的，但不必是无偿的。本次调查的农村家庭在全国范围内是收入较高的，适当的付费应该是可行的，也是合理的。从问卷分析的结果看，只有约八分之一的受访家长表示不能收费，表示完全可以正常收费的家长约占四成，剩下超四成的家长认为可以少量收费，可见总体上以愿意缴纳及部分缴纳的为主。交叉分析表明，收入较低的S村家长的缴费意愿明显低于D村家长：约六分之一的S村家长表示社区教育服务不能收费，这一数据是D村的近两倍，只有约三分之一的S村家长认为可以正常收费,而超过半数的 D 村家长则认为可以正常收费。这意味着,家庭收入水平应该是影响家长付费意愿的重要因素。相关分析证实,家长对于儿童社区教育的缴费意愿与其收入主观自评无关,但与实际收入水平显著相关($r=0.148$),即实际收入水平越高的家庭,其自费承担部分及全部费用的意愿越高。换句话说,有些家长之所以不愿意全额缴费或部分缴费,与其家庭实际收入水平相对较低有关。交叉分析的结果与此类似,尤其是人均月收入在 999 元以下的家长的态度最为鲜明。不过,人均月收入为 8000 元及以上的高收入家庭的缴费意愿并没有人均月收入为 4000~7999 元的中高收入家庭高,而认为可以少量收费的家长比例则远高于后者(见表 6-7)。这可能与高收入家庭消费更加理性有关。类似的现象在其他调查中也有发现。高收入家庭具有更强的经济理性,与他们更经常地面对投资因而会更考虑投资回报率有关。社区教育对于高收入家庭来说,可能不算是优质投资;如果要正常收费,他们宁愿去社区之外选择更优质的教育资源。从前面的统计分析中,我们也确实发现,少量家长将自己的孩子送到长沙去上学。高收入家庭的这种选择确实反映了目前社区教育的问题。

表 6-7 社区教育缴费意愿

单位: %

	999 元以下	1000~1999 元	2000~3999 元	4000~7999 元	8000 元及以上	总体	D 村	S 村
不能收费	19.7	13.1	10.0	10.2	6.7	12.6	8.3	16.2
可以少量收费	47.5	45.2	50.0	28.6	46.7	44.7	39.6	49.1
正常收费	32.7	41.7	40.0	61.2	46.7	42.7	52.1	34.7
合计	100.0	100.0	100.0	100.0	100.0	100.0	100.0	100.0

相关分析表明,家长的缴费意愿与儿童的综合表现、学习成绩、学校等级、亲子关系、放学后自由活动是否正常、家长的学历、社区安全事故知晓率、家庭教育困难集中程度、儿童完成家庭作业的独立程度以及家长是否辅导孩子家庭作业之间均不存在显著相关关系。进一步的相关分析表明,家长的付费意愿与家长对社区教育的期待值之间并不显著相关。这说明家长并未因为对社区教育有更高的期待而更愿意付费。这可能说明两

点：一是目前的家长对于社区教育活动的质量总体上并没有高的预期，二是家长在观念上认为社区举办的教育服务就应该是不收费的。如果是第一点，那就意味着，未来社区教育要凭借服务质量吸引家长，还有很长的路要走；如果是第二点，那就意味着，未来社区教育服务要想收取部分费用可能会碰到意想不到的困难。

（二）家长的志愿服务意愿

互助互惠意识的形成，是社区重建的关键。社区教育主体开展公益活动，不发动社区居民无偿参与，那么所开展的公益活动的可持续性是难以保障的，而且这样做也不是社区重建的恰当方式。为了了解家长的志愿服务意愿，问卷设置了这样的问题：如果社区为儿童组织开展各类有益于其成长的免费活动，家长们是否愿意力所能及地无偿帮忙？从问卷统计的结果看，绝大部分家长是愿意提供志愿服务的，不乐意及不太乐意的占比不到4%。如此高的参与意愿不仅意味着比较容易形成广泛的舆论支持环境，而且意味着筹集本土资源的难度不会太大。相对而言，女性家长的志愿服务意愿更加强烈，接近99%的女性家长都非常乐意和比较乐意提供无偿服务（见图6-1）。这与通常的研究结论类似。多数家长有着较强的参与社区公益活动的意愿，说明以家社合作方式开展社区儿童教育还是有很大挖掘潜力的。

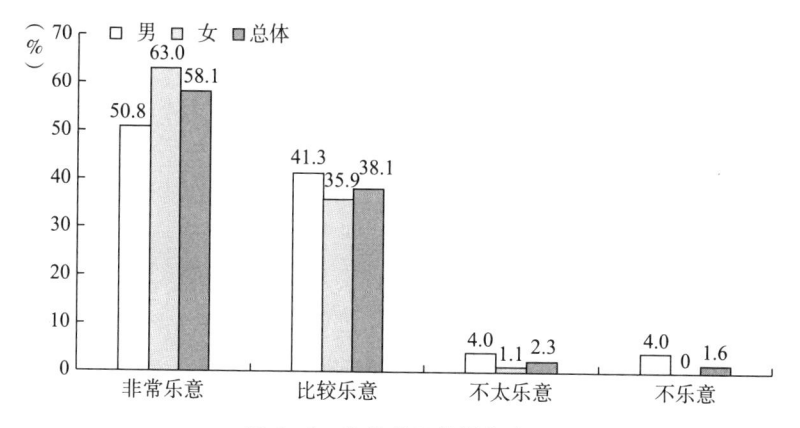

	男	女	总体
非常乐意	50.8	63.0	58.1
比较乐意	41.3	35.9	38.1
不太乐意	4.0	1.1	2.3
不乐意	4.0	0	1.6

图6-1 家长的无偿服务意愿

将家长的志愿服务意愿与家长的性别、年龄、健康状况、学历、夫妻关系、家庭收入水平、家长文体特长、配偶文体特长、社区人际关系、社会交换圈、社区娱乐活动等进行相关分析后发现，家长的志愿服务参与意愿受到了个人特征因素（性别、文体特长）、家庭特征因素（家庭收入水平、配偶文体特长）及社区特征因素（社区娱乐活动和社区人际关系）等的显著影响，而家长的学历、健康状况、家庭的收入水平、夫妻关系、社区的社会交换圈等则不会显著影响家长的志愿服务参与意愿。也就是说，性别为女性的、文体特长较多的、家庭收入较高的、配偶文体特长亦较多的、社区人际关系较好的、娱乐活动较多的家长，有着更强的志愿服务意愿（见表6-8）。将家长的志愿服务参与意愿与孩子的学习成绩、综合表现、与父母的亲子关系和文体特长项数进行相关分析后发现，孩子的综合表现越好（$r = -0.193$）、文体特长项越多（$r = 0.129$），家长的志愿服务意愿越强，其他因素则没有显著影响。这说明，良好的社区人文环境有利于家长参与社区教育，家长之所以愿意无偿地参与和协助，是因为家长希望社区组织的活动有助于自己的孩子更健康地成长。由此可以推测，如果没有限定性的前提条件，家长的志愿服务参与意愿不会这么强烈。另外，此次受访的家长是有未成年孩子的，至于孩子已经成年的家长是什么样的态度则不得而知。

表6-8 家长志愿服务参与意愿的影响因素

	参与意愿	性别	家庭收入水平	配偶文体特长	家长文体特长	社区娱乐活动	社区人际关系
参与意愿	1						
性别	-0.181**	1					
家庭收入水平	0.154**	-0.053	1				
配偶文体特长	-0.129*	-0.020	0.133*	1			
家长文体特长	-0.146*	-0.034	0.088	0.757**	1		
社区娱乐活动	-0.130*	0.140*	-0.092	0.335**	0.366**	1	
社区人际关系	-0.283**	0.101	-0.182**	0.086	0.103	0.099	1
社区教育期待	-0.111	0.025	-0.012	0.137*	0.148*	0.186**	0.072

注：* 在0.05水平（双侧）上显著相关；** 在0.01水平（双侧）上显著相关。

为了综合观察家长对于社区儿童教育的公益助力意愿，我们将家长的缴费意愿和志愿服务参与意愿合并成一个新的变量"家长助力社区教育意愿",分值越大,则意愿越强。从图6-2中可以看到,愿意正常缴费同时也非常乐意提供志愿服务的家长(分值为6)约占样本总数的四分之一,愿意正常缴费同时也比较乐意提供志愿服务的或愿意少量缴费同时非常乐意提供志愿服务的家长(分值为5)占样本总数的近四成,不愿缴费但非常乐意提供志愿服务的家长和不乐意及不太乐意提供志愿服务但愿意正常缴费的及愿意少量缴费也比较乐意提供志愿服务的家长(分值为4)占总样本的三成多,不愿缴费但比较乐意提供志愿服务的或不乐意提供志愿服务的但愿意少量缴费的家长(分值为3)占比很小,既不愿意缴费也不乐意提供志愿服务的家长(分值为2)占比更小。总体上可以预期,本次调查的农村社区如果开展儿童教育,会得到家长的较大力度的支持。与S村家长相比较,D村家长助力社区教育的意愿要更强一些。相关分析的结果显示,家长助力社区教育意愿强弱与其对社区教育的期待值之间并不存在显著相关关系。这意味着,如何才能让家长真的出钱出力支持社区教育,将是社区教育主体面临的重大挑战。

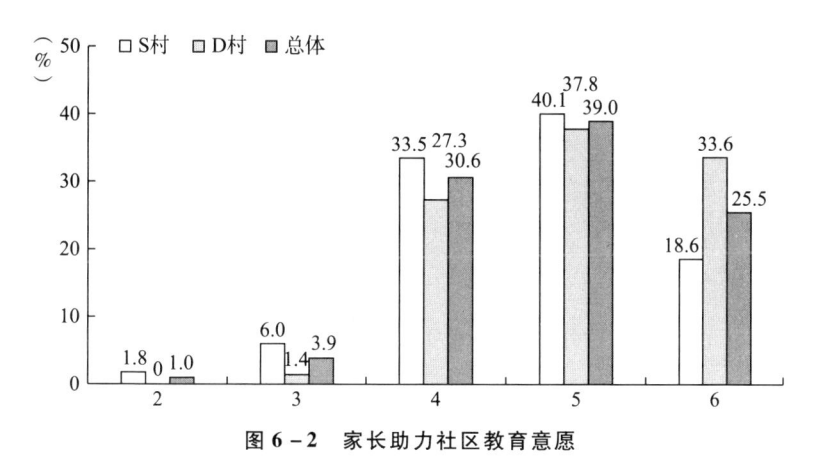

图6-2 家长助力社区教育意愿

(三) 儿童的志愿服务参与意愿

虽然从上文的分析看,社区教育有必要针对家长开展一系列服务活动,但社区教育的核心对象无疑还是社区儿童。因此除了家长外,我们还调查了儿童参与社区组织的公益志愿服务活动的意愿。问卷统计的结果与家长的情况类似,96.2%的受访儿童都非常乐意或比较乐意参加社区组织的公益志愿服务活动,只有3.9%的受访儿童表示不乐意或不太乐意。这说明，农村儿童总体上也是乐意参与公益志愿服务活动的。与男童相比，女童的志愿服务参与意愿要更强一些（见图 6-3）。交叉分析的结果显示，D 村儿童的志愿服务参与意愿略强于 S 村儿童的，但总体上没有什么太大的区别。

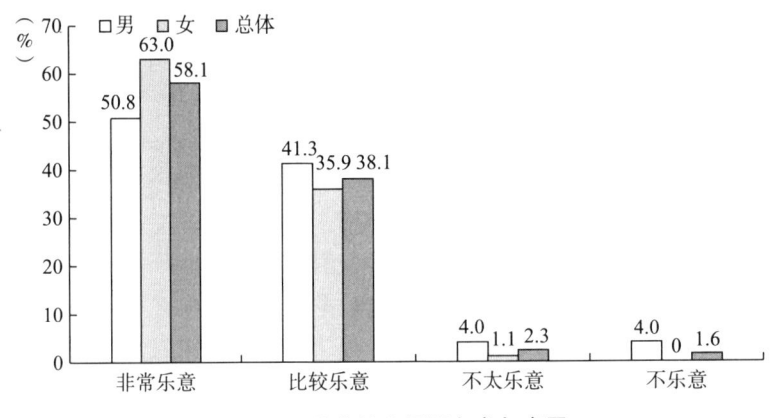

图 6-3　儿童的志愿服务参与意愿

相关分析的结果表明，儿童的性别、学习成绩、亲子关系、文体特长项数、家庭作业完成时长、社区人际关系等多个变量都会影响其参与社区志愿服务活动的意愿。为了解儿童的志愿服务参与意愿受到了哪些因素的影响，有必要进行回归分析。从表 6-9 中可见，儿童的性别、年龄、学校等级、学习成绩及综合表现都没有显著影响其志愿服务参与意愿，儿童在学校参加慈善捐赠和志愿服务的经历也没能显著影响其在社区参与志愿服务的意愿，说明校社合作的基础并不好。回归分析的结果显示，文体特长较多的、家庭作业负担较轻的、更能独立完成家庭作业的、更习惯于自己独立处理问题而不是找家长商量的、玩伴数较少的、家长参与社区活动较多的、家长参与社区志愿服务活动意愿较强的儿童，相应地会有更高的社区志愿服务参与意愿。这说明，儿童的志愿服务参与意愿既受到了家长的影响，也与儿童自身的行为控制能力密切相关。有意思的是，玩伴数越多的儿童，其志愿服务参与意愿越弱，说明儿童在与好友一起玩和参与社区志愿服务之间会明确选择前者。

相关分析证实，儿童的志愿服务参与意愿与其对社区教育期待值之间的相关性并不强（$r = -0.192$），具体地也只与作业辅导（$r = -0.117$）、接受红色教育（$r = -0.130$）和组织公益活动（$r = -0.190$）之间存在显著相关关系。出乎意料的是，儿童志愿服务参与意愿与组织兴趣活动、亲子活动、培养文体特长、学习最新科技等选项之间均不存在显著相关关系，说明儿童对于这些活动并没有特别的期待，或者说，在他们的观念中这些活动还没有跟交友、快乐、游戏、兴趣、玩耍等概念建立联系。如何在未来的社区教育活动中让儿童了解这些活动的内在含义，将是对社区教育主体能力和意识的巨大考验。

表6-9 儿童志愿服务参与意愿的影响因素

自变量	非标准化系数	标准误	标准化系数	t	显著性
性别	-0.021	0.079	-0.017	-0.264	0.792
年龄	0.027	0.047	0.040	0.570	0.569
学校等级	-0.004	0.056	-0.005	-0.077	0.939
学习成绩	0.066	0.066	0.063	0.999	0.319
综合表现	0.085	0.058	0.090	1.467	0.144
文体特长项数	-0.073	0.041	-0.111	-1.770	0.078
家庭作业负担	-0.033	0.014	-0.152	-2.375	0.018
亲子关系	0.003	0.029	0.007	0.110	0.913
独立完成家庭作业	0.078	0.040	0.121	1.951	0.052
独立处理问题	-0.186	0.069	-0.170	-2.688	0.008
慈善捐赠	-0.096	0.100	-0.061	-0.955	0.341
志愿服务	-0.128	0.085	-0.098	-1.501	0.135
社区课外活动	0.035	0.078	0.028	0.442	0.659
小区人际关系	-0.016	0.055	-0.018	-0.290	0.772
社会交换圈	0.016	0.032	0.032	0.513	0.608
社区娱乐活动	-0.146	0.048	-0.182	-3.013	0.003
玩伴数	0.060	0.027	0.145	2.260	0.025
家长参与意愿	0.210	0.068	0.193	3.101	0.002
（常量）	1.452	0.475		3.056	0.003

注：$R^2 = 0.271$，调整的 $R^2 = 0.214$，$F = 4.756$，ANOVA Sig. $= 0.000$。

三　社区教育的作为空间

儿童及其家长对于社区教育的需求，是设计和开展社区教育服务活动的重要依据。不过，从上文的分析中可以看到，儿童及其家长对于所列举的社区教育服务的内涵很可能并不真的了解，因为很多服务项目他们毕竟没有经历和体验过。因此，仅靠收集儿童及家长表达的服务需求是不够的，还必须了解专家对服务需求的甄别和判断。基于这样的理解，有必要结合前面几章的研究发现梳理一下农村社区教育的作为空间。

（一）主要发现

1. 家庭教育存在多重问题：近半数儿童的教育主体不是父母双方，有不少是祖辈负责教育，在家庭教育效果上存在一定的问题，尤其是部分家庭没有明确的教育主体，对儿童成长十分不利；超过八成的家长只有偶尔甚至从来不陪儿童做游戏，显示家长家庭教育的意识和能力都有问题；近八成家长只是偶尔或从不带儿童外出休闲，而且目前市场化的亲子游等活动对于亲子关系建设、儿童的成长都无明显益处；超四成家长从不辅导或很少辅导儿童作业，且家长辅导儿童作业的行为不会影响儿童的学习成绩及综合表现；多数家庭的亲子沟通存在问题，部分家庭没有亲子沟通，儿童遇到困难或不解的时候只能独自面对，很容易受到社会上不良因素的诱导，对儿童成长极为不利。

2. 家长与学校的沟通联系机制有待完善，只有约三成家长会经常联系老师沟通儿童的成长情况，且家长是否经常与老师联系沟通都不会显著影响儿童的学习成绩、综合表现、家庭教育问题集中程度以及儿童独立完成家庭作业程度等，说明现在的家校合作多流于形式，起不到协助家长教育儿童的作用。

3. 四分之一家长将教育费用太高列为家庭面临的主要困难之一，除了学校费用外，家长还需要向市场购买教育服务，是否给儿童报作业辅导班等与儿童的学习成绩、综合表现、家庭教育问题集中程度等都没有关系，说明目前的市场教育服务本身并非问题取向的，而是一种"流行"和跟风行为。

4. 目前的家庭教育面临多个方面的问题，涉及学习习惯（学习不求上讲、成绩差，作业拖拉、不能及时做完作业）、生活习惯（生活自理能力差，不爱做家务劳动，攀比心重、爱买名牌）、行为习惯（早恋，玩手机/电脑成瘾，交友不慎、常打架闯祸，经常随便拿别人东西，贪玩、不及时回家）、人际关系（闷在家里、朋友少，对长辈不够礼貌，经常和家长顶嘴、不听话）、健康安全（身体不好、体质差，放学在家没人管、不安全）等五个方面，平均每个家庭面临2.19个问题，超三分之一的家长面临3个及以上的家庭教育问题，而家庭教育面临问题越多，儿童的成长表现越差、亲子关系也越差。

5. 感恩社会、尊敬长辈、努力学习、礼貌待人、快乐成长、勤俭节约等基本价值观虽然为家长所认同，但无法有效传递给儿童，这既不利于为儿童塑造健康的成长空间，也不利于将儿童培养成合格的社会成员。

6. 中小学学校教育存在明显的城乡区别和等级差异；现在农村家庭已经不再反对女童接受教育，但还是愿意为男童投资更多。

7. 学校平时放学后、周末和寒暑假布置的家庭作业均偏多，虽然没有挤占儿童正常玩耍时间，但应该还是挤占了儿童必要的睡眠时间，关键是无益于提升儿童学习成绩；周末和寒暑假家庭作业有助于儿童形成课程强项，说明进一步开发儿童自我教育能力具有重要意义。

8. 学校素质教育对儿童的学习成绩、文体特长和功课建设等方面都有益处，但目前各类学校素质教育课程的开设都不全，农村学校的开设情况更差，因而直接不利于儿童培养兴趣爱好，间接不利于儿童提升学习成绩和综合表现。

9. 校社合作尚在萌芽阶段，协作内容既少且表面。目前学校开展的社区服务学习活动严重不足，且形式主义严重，七成左右儿童没有参加过或只参加过1~2次慈善捐赠和志愿服务活动，慈善捐赠和志愿服务活动尚不能成为帮助儿童成长的有效途径。

10. 家校合作少而无力。近九成家长没有听说过学校开家长会或只是参加过1~2次；44.4%的家长没有接待过教师家访，接待过的也以1次为主，极少有2次；学校很少在课后、周末及假期为儿童提供课业辅导和特长培训，农村地区更少见，且已经开展的课外活动对于儿童的综合表现和在校成绩都没有显著影响。

11. 农村社区共同体已经解体，人际关系越来越淡漠、家庭间的互助行为在减少、社区娱乐活动也很少,对儿童在社区内的社会交往和娱乐活动都产生了不利影响。

12. 农村社区适合儿童使用的文体设施不足,尤其是文艺类设施更是紧缺,而且对于儿童没有什么吸引力,这显然不利于儿童在社区内玩耍和游戏,也不利于儿童在玩耍中结交朋友、学习人际交往。

13. 儿童在自由时间的休闲活动不健康的现象严重,玩手机、电脑和看电视的比例超过55%,且各年龄层相差不大,这些不良的休闲活动已经与儿童学习成绩差、综合表现不良形成了恶性循环。

14. 农村社区很少主动开展儿童活动,超过半数的儿童及家长对此一无所知,说明社区所开展的儿童活动规模也很小,儿童参与率不高,从类型上看也主要是一些文体活动,红色教育、家风教育开展得都非常少,总体上未能对儿童产生足够的良性影响。

15. 农村社区近年来出现过溺水、交通事故、烫伤、烧伤、触电、离家出走、吸毒、被拐卖、遭性侵、被拘留、被学校开除等多种恶性事故,安全隐患多,已经影响到儿童的休闲方式和社会交往。

16. 从家社合作的角度看,社区尚无法为家庭提供足够的支持,更不用说产生交叠效应;从校社合作的角度看,学校开展的社区服务学习活动对于儿童结交玩伴产生了负面影响,反映学校作为组织方存在严重的问题。

综合上述发现,可以从家庭、学校和社区三方合力教育的角度出发,将湘县农村儿童教育面临的问题归纳为六个方面:其一,部分家庭无法提供足够的家庭教育,存在较大的功能缺位;其二,学校教育弱点明显,应该发挥的本位功能存在较大的缺位现象,突出表现在农村中小学教师素质不高、素质教育课程开设不全、家庭作业布置太多等方面;其三,公益性的社区教育主体缺失,营利性的市场教育服务供给少且低效,社区教育功能缺位问题严重;其四,家庭和学校在儿童教育方面沟通不畅、合作不多且效果甚微;其五,学校和社区在儿童教育方面的连接基本处于空白状态;其六,家庭和社区在儿童教育方面的合作尚未真正开始。从教育模式的角度看,目前湘县农村儿童教育属于不完整的"家庭+学校"二元模式,如图6-4所示;之所以不完整,不仅是因为家庭教育和学校教育自身均存在明显的能力不足,而且是因为家庭和学校之间的协作教育还基本上停留在家长配合学校督促儿童完成家庭作业上。社区教育尚未系统化,多元参与主体中除了为数不多的市场培训机构外还都处于萌芽状态，互相协作只是偶尔现象。正因如此，图6-4中社区教育的边界线条标示为虚线。

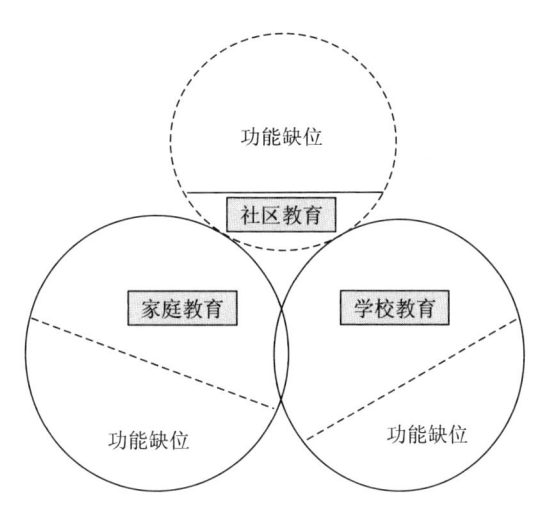

图6-4 农村儿童"家—校—社"三方合力教育现状

正是因为社区教育、家庭教育和学校教育都存在功能缺位问题，且家校合作有限、家社合作和校社合作尚未真正形成，湘县农村儿童成长面临多重困难：第一，两成家庭亲子关系不良，七成儿童与家长存在不同程度的沟通问题；第二，近四分之一的儿童没有文体特长，超过半数的儿童没有文艺特长；第三，两成儿童生活在人均月收入不到1000元的低收入家庭中，少量儿童生活在人均月收入不足500元的超低收入家庭中，这些儿童获得高质量市场服务的机会很少；第四，儿童可支配的自由时间少，超过半数的儿童周末自由玩耍的时间不足4个小时；第五，儿童玩伴数量少，近半数儿童的玩伴不足5个，少量儿童没有玩伴；第六，部分儿童没有能力独立完成家庭作业；第七，除少数儿童外，多数儿童在学习习惯（学习不求上进、成绩差，作业拖拉、不能及时做完作业）、生活习惯（生活自理能力差，不爱做家务劳动，攀比心重、爱买名牌）、行为习惯（早恋，玩手机/电脑成瘾，交友不慎、常打架闯祸，经常随便拿别人东西，贪玩、不及时回家）、人际关系（闷在家里、朋友少，对长辈不够礼貌，经常和家长顶嘴、不听话）、健康安全（身体不好、体质差，放学在家没人管、不安全）等五个方面存在或此或彼的问题，平均每个家庭面临2.19个问题，三分之一的家庭有3个及以上的问题；第八，四分之一的家庭将儿童教育问题列为最头疼的困难;第九,儿童在自由时间的休闲活动不健康的现象严重,玩手机/电脑和看电视的比例超过55%,且各年龄层都相差不大,这些不良的休闲活动方式已经与儿童学习成绩差、综合表现不良形成了恶性循环,亟须公益组织开展更多的有益于儿童身心健康的课外活动;第十,社区环境中安全隐患多,近年来出现过溺水、交通事故、烫伤、烧伤、触电、离家出走、吸毒、被拐卖、遭性侵、被拘留、被学校开除等多种恶性事故。重建社区教育已是刻不容缓的事。

(二) 社区教育的作为空间

从上面的总结可以看出,家庭、学校和社区三大儿童教育主体不仅自身缺少承担责任的能力,而且相互之间的沟通和合作也很缺乏,而对于经济条件宽裕的家庭来说可能是一条出路的市场教育服务却缺少实际的作用。在这种背景下,关于社区教育作为空间的设计在原则上应该尽可能宽广。

针对农村儿童在家庭教育、学校教育和社区教育及其交叠影响域中存在的问题,我们在表6-10中从社区教育的视角给出了相应的服务方案。这些服务方案从整体上呈现了社区教育的作为空间。有两点是非常明确的:一是这些服务远远超出了家长和儿童所表达的需求;二是这些服务不仅针对现有社区教育自身存在的不足,而且针对家庭教育和学校教育本位功能的缺失。具体地看,社区教育的作为空间包括六个组成部分:一是社区教育本位空间,如为儿童提供适合的玩耍场地和文体设施以及直接组织儿童参加兴趣活动或游戏活动;二是弥补家庭教育意识和能力不足空间,如代家长看护照料儿童;三是弥补学校教育不足空间,如开设各类素质教育班和教会儿童做时间计划;四是家社合作空间,如通过培训提升家长的家庭教育意识和能力或动员家长利用自己的特长开展儿童文体培训;五是校社合作空间,如联合学校开展社区志愿服务和课业辅导;六是家校社合作空间,如通过社区组织介入推动家长会和家访的规范化和常态化。

表6-10 儿童教育问题与社区教育的作为方式

现状与问题	社区教育的作为方式
1.1. 半数儿童的教育主体不是父母双方	"社区妈妈"/社区监护人

续表

现状与问题	社区教育的作为方式
1.2. 超过八成家长偶尔或从来不陪孩子做游戏	家长培训，亲子活动，游戏活动
1.3. 近八成家长只是偶尔或从不带孩子外出休闲	家长培训，兴趣活动
1.4. 超四成家长从不辅导或很少辅导孩子作业	课业辅导
1.5. 多数家庭亲子沟通存在问题	家长培训，亲子活动
1.6. 约三成家长经常联系老师，且形式主义严重	家长培训，家校社三方论坛
1.7. 四分之一家庭承担教育费用有困难，且市场服务低效	课业辅导，文体培训
1.8. 四成半儿童有不良学习习惯	课业辅导，习惯培养
1.9. 五成半儿童有不良生活习惯	生活自理能力教育
1.10. 六成儿童行为自律不够	自控力训练，行为矫正
1.11. 两成儿童人际交往能力不足	社交能力提升，团队合作训练
1.12. 一成儿童面临健康安全问题	体育活动，看护照料，安全教育
1.13. 基本价值观传递不畅	品行教育，志愿服务，拓展训练
2.1. 七成儿童家庭作业时间过长	作业辅导，学习能力训练
2.2. 学校素质课程严重不足	开设各类素质教育班
2.3. 校社合作少且表面，社区服务学习缺失严重	社校合作开展志愿服务活动
2.4. 家校合作少而无力，家长会少且无用，家访少且未能全覆盖	社校合作推动校家合作
3.1. 社区共同体衰退，人文环境恶化	儿童友好社区建设
3.2. 儿童文体设施严重不足	筹集资金，增加设施，整合资源
3.3. 五成半儿童自由休闲方式不健康	兴趣活动，游戏活动，行为矫正
3.4. 社区很少主动开展儿童活动	开展各类适合儿童的活动
3.5. 社区安全事故时有发生	安全自护教育，家长培训
3.6. 社区儿童服务严重缺失	筹集资源，整合力量，提供服务

四　社区教育的发展路径

社区教育的主体是多元的，这意味着，讨论社区教育的发展路径既要考察各类社区教育主体参与的可能性及服务供给能力，也要考虑如何才能建设综合性的牵头组织"社区青少年中心"。如果没有牵头组织，社区教育的系统化进程是无法推进的，社区教育参与主体之间的协作也就无从谈起。在具体讨论之前，有必要简单回顾一下目前农村社区儿童服务机构的构成情况。在乡镇范围内，存在正式的学校教育机构，但缺少非正式的校外教育机构；少量的校外教育机构又以营利性的培训机构为主，公益类儿童服务机构少之又少；乡镇主管领导认同社区教育，但强调缺少财政资金而难以有所作为；为数不多的社区儿童活动，参加人数很少，内容缺乏吸引力。在社区/村庄范围内，有正式的学校教育，但几乎没有商业培训机构，微观环境比较单一；社区负责人和家长都很重视教育，但所意指的实质是应试教育；有少量文体设施，但类型比较单一，缺少俱乐部性质的儿童文体组织。在这种社区儿童服务机构数量少和资源严重短缺的背景下，先建设综合性的牵头组织，再通过牵头组织来筹集资源、整合力量、培养新机构，成为社区教育发展唯一的合理选择。

（一）路径之一：依托学校建设综合性牵头组织

在排除商业机构后，建设综合性的社区教育牵头组织基本上只有两条路径可以选择：一是依托中小学校来建设，二是依托社区儿童公益组织来建设。依托学校的社区教育发展路径的内在优势有以下五点：其一，学校一般都有自己的教室、图书馆、运动场馆等各类资源设施，同时，学校作为体制内机构也能比较容易地利用红色教育基地、博物馆、文化馆、科技馆、青少年活动中心等社会教育资源，因此依托学校来建设可以利用现有的设施资源；其二，学校拥有强大的师资资源，可以利用教师在平时放学后、周末及寒暑假的时间提供高质量的看护、集体游戏活动、文体活动、阅读指导、综合实践、兴趣拓展、课业辅导等服务；其三，利用现有设施资源和师资资源，可以尽可能地减少投入、节约资金；其四，有明确的政策支持，不少地方教育部门制订的（平时和寒暑假）课后服务相关政策为学校开展托管服务获得财政补贴打开了政策通道，个别地方教育部门及时制订的托管服务收费标准为学校收取服务费提供了合法性依据；其五，免费或"普惠性"的收费标准比较容易得到从费用角度考虑问题的家长的支持，从目前各地出台的托管服务收费标准看，家长支付给学校的费用都远远低于支付给市场培训机构的费用。

不过，依托学校开展社区教育也存在明显的劣势，主要有五点：其一，由于多数农村中小学普遍存在教师编制不足、资源有限等问题，① 学校提供的课后服务最终都难免流于形式、变成以"看护"（教师监督学生在教室自习）为主的课后服务，无法满足学生个性化发展需求；② 其二，即便少数学校会按教育部的要求提供多种课后服务，但教师很难超越自身的局限对参加课后服务的学生进行细致的需求评估，因而所提供的服务缺乏需求基础和针对性，服务活动的时间分配也缺少合理性，难以满足学生课后成长的多元需求；③ 其三，教师在学校举办的课后服务中仍然是教师角色，会自动维护权威的师生关系和决策权力，而不会转向以学生为中心考虑问题及安排服务活动——这是由教师习惯于完成教学任务的职业习性和学校普遍重智育轻德育的倾向所决定的，从而使得在正常教学环境中适应不良的学生难以在课后服务的过程中获得矫正发展的机会；其四，学校尽管有不同专业的教师，有能力开办书法班、美术班、手工课、兴趣小组活动等课业以外的兴趣课程，但学校本质上就是一个教育机构，有自己运行的内在逻辑，因此很难转变成提供综合服务的社区教育机构；其五，在低成本、强行政的政策执行逻辑推动下，课后服务会迅速从原来的"三点半"或"四点半"放学后服务向寒暑假服务、课前服务、午间服务和周末服务扩张，服务对象也从最初的双职工家庭子女变为全部学生，而教师的服务能力和资源匹配并不会获得相应的增长，这不仅会进一步"稀释"学校的服务能力、降低教师的服务质量，而且会削弱家庭教育功能和挤压社区教育的成长空间。

总体而言，尽管学校拥有丰富的人力资源、设施资源、财政资源和体制优势，但依托学校建设社区教育的综合性牵头组织却因其内在劣势很难取得成功。实践证明，由于学校提供的课后服务无法满足学生及其家庭的

---

① 即便在发达地区，农村中小学校中合同制教师也占很大的比重，这些教师的薪资待遇要远低于编制教师。合同制教师的存在，本身就说明学校基本教学任务繁重，也意味着教师在完成基本教学任务后已经没有精力和时间提供额外的服务。另外，从收入补偿的角度看，目前无论是实行财政补贴制还是实行家长缴费制的地方都未能保障教师的课后服务补贴达到每小时 60 元，且不论这一补贴标准能否起到激励作用。对于学校来说，课后服务也会形成费用，但目前政策制订者对此根本没有考虑。
② 潘辰午、任娇旸：《中小学课后服务实施的问题及对策——基于学校管理的角度》，《教学观察》2021 年第 15 期。
③ 张网成：《社工主导寒暑期托管服务的探索研究》，《中国社会工作》2021 年第 25 期。

多元需求，家长在观望一段时间后会选择"用脚投票"，转而选择其他服务提供者。2017年《教育部办公厅关于做好中小学生课后服务工作的指导意见》（教基一厅〔2017〕2号）力推的课后服务在实践中反映出两个问题：一是目前只有部分学校为少量学生提供课后服务，二是学校所提供的课后服务质量不高因而普遍遭到冷遇。有学者将这种现象称为课后服务的功能窄化。[①] 2021年教育部力推暑期托管服务的结果再一次证明，学校并不合适承担社区教育职能。一是学校不积极。以广州市为例，在教育部办公厅发出《关于支持探索开展暑期托管服务的通知》（教基厅函〔2021〕30号）的当日，广州市教育局就下发了《关于做好小学生暑期托管服务工作的通知》，不可谓不积极，但结果全市938所小学中仅有106所开设了托管班，占比11.3%。二是家长不乐意。以被选作重点试验区的广州市越秀区（收费标准亦秉持了惠民原则）为例，近6.2万名小学生中仅有4535人次报名参加暑期托管，实际参加的只有3861人次，占小学生总数的6.2%。[②] 三是服务内容"遇冷"，原因是虽然解决了家长无力看管的问题但没有解决孩子的问题。[③] 前两个方面的"遇冷"或许会随着政策执行力度加大而很快有改善，第三个方面的"遇冷"则不容易有根本上的改变。诚然，目前各级教育主管部门推进的以学校为主体的课后服务质量不高问题可以通过完善制度设计和加强政策执行力度在一定程度上和一定范围内得到解决。不过，要实现这样的目标并不容易。更为关键的是，如果学校全时段地开展全员课后服务，那么现有的"家庭+学校"二元教育模式将朝着学校独大的"学校+家庭"二元模式方向演进，导致儿童只能在家庭和学校之间的"两点一线"移动，从而失去接受社区教育的机会。

（二）路径之二：依托社工机构建设综合性牵头组织

提供社区儿童教育的公益机构也有多种类型，如社区儿童之家、儿童

[①] 马莹、曾庆伟：《学校课后服务的功能窄化及其制度突围》，《当代教育科学》2018年第11期。

[②] 李应华等：《暑期托管报名冷热不均 家长老师心里到底怎么想？》，金羊网－新快报，2021年7月29日，https://news.ycwb.com/2021-07/29/content_40170084.htm，最后访问日期：2022年2月27日。

[③] 光明网评论员：《托管服务立足家长更要立足孩子》，光明网，2021年8月7日，https://m.thepaper.cn/baijiahao_13939789，最后访问日期：2022年2月27日。

关爱之家等。儿童关爱之家是由各级关工委成立的。据报道,全国各级关工委依托乡镇、社区、农村、学校,建设儿童关爱活动阵地 36.7 万多个,其中有 7 万多个农村留守儿童关爱阵地,为农村留守儿童和困境儿童提供了课后辅导、生活救助、心理疏导、情感抚慰等关爱服务。①但这些儿童之家均处于"四无"状态:无专门工作人员、无固定经费、无日常工作、无工作规划,因此根本不适合做儿童社区教育的综合性牵头组织。社区儿童之家则是由各级民政部门成立的,2015 年民政部还启动了"全国基层儿童福利与保护服务体系建设试点工作",推进"儿童福利主任"制度,致力于解决困境儿童保护"最后一公里"的问题。据报道,截至 2018 年 6 月,全国 31 个省份全面出台关于落实国务院关于完善农村留守儿童关爱服务体系和建立健全困境儿童保障工作体系意见的政策。上海、四川、安徽、浙江、宁夏、广西等地儿童福利主任覆盖率超过 75%。以四川省为例,全省已建成儿童之家 3.5 万个,在乡(镇)、村配备儿童福利督导员或儿童福利主任 4 万余名,基本实现了全覆盖。②但事实上,民政部门成立的社区儿童之家与关工委成立的儿童关爱之家一样也处于"四无"状态,所谓的"儿童福利主任"也都是兼职的村/社区干部,因此也不适合做儿童社区教育的综合性牵头组织。

综合考察多种提供社区儿童教育的公益机构后,我们发现,只有青少年社工机构较为适合来做社区教育的综合性牵头组织。尽管还不具有规模优势,但至少从理论上看,青少年社工机构具有以下三个方面的内在优势。首先,可以确保儿童服务全程高度规范。社工机构开展儿童服务,一般事先都会进行需求调查并在此基础上设计服务方案、安排服务内容,在方案实施过程中会在行动理论指导下不断反思与改进,在服务结束后会进行评估和总结。行事流程的规范化,是社工机构专业化发展的必然趋势。规范的行事流程,也是满足项目委托方监管需要的前提条件。对于保证社区儿童教育服务活动的多样性和服务内容符合服务对象的真实需要来说,规范的行事流程是一个必要条件。其次,能坚持以儿童为中心的原则。以

---

① 《推动关心下一代事业迈上新台阶——中国关工委 30 年工作情况综述》,《人民日报》2020 年 11 月 17 日。
② 赵晓明:《儿童福利主任:从泥土中走出来的惠童队伍》,《中国社会报》2018 年 6 月 25 日,第 A01 版。

儿童为中心，是儿童社会工作行业的基本原则，贯穿于社工服务的全过程。在服务过程中，社工会要求志愿者和自己一样视每名儿童为独特的、有着自己解决问题潜能的个体，以平等而非权威的姿态处理与儿童之间的关系，以包容而非歧视的态度接纳儿童的优点和缺点，以鼓励而非强制的方式促进儿童之间建立合作关系，以体验而非批判的方式让儿童认识彼此和处理彼此之间的矛盾和冲突。比如，因为坚持以儿童为中心，社工在辅导作业时不会直接告诉儿童正确的答案，而是引导他们认识到出错的原因。又如，基于以儿童为中心原则，社工安排了多次亲子沟通平行小组、户外探索、家校交流会等活动，原因在于儿童面临的很多问题与家庭教育有关。最后，适合提供社区教育。从家庭教育、学校教育和社区教育三分的角度看，综合程度很高的儿童服务应该属于社区教育范畴，其主要功能是满足儿童社会化需要，同时协助儿童满足其在学校教育和家庭教育过程中未能满足的生存需要和发展需要。在社区儿童教育机构发育成熟的情况下，社工机构只是社区儿童服务的提供者之一，可以在与其他儿童服务机构互补的过程中发挥更加专业的作用，即通过协调儿童与各方面的关系、调动儿童的主观能动性和激发儿童的潜能来解决其所面临的问题。但在目前社区儿童服务机构严重短缺的背景下，无论是由社工机构还是由学校抑或其他儿童服务机构单独提供的社区教育服务，都必须是综合性的，都会在一定程度上降低对自身的专业性要求。然而，相对而言，社工机构更适合提供综合性的儿童服务。其一，社工的资源整合者角色使社工机构更容易招募不同专业的志愿力量参与儿童服务；其二，以服务对象为中心的工作原则使社工更习惯于从儿童全面健康发展的角度来考虑其服务需求；其三，社工所熟悉的解构和赋权工作方法更利于协助儿童从多重不利的关系格局中解放出来，在社工倡导的平等和接纳氛围中获得自信、转向主动和激发潜能，从而更好地应对在家庭教育和学校教育中形成的问题并实现自助。

不过，社工主导建设社区教育的综合性牵头组织也会面临一些先天不足，具体有三点。其一，运行成本高。根据经验，社工机构开展儿童社区教育服务，在时间成本上要高出学校三倍及以上。同时，由于社工机构的日常运营也需要项目经费来支持，因此其运行成本除了服务活动经费和志愿者补助外，还包括场地使用费、社工工资和机构管理费用及税费等。综合来看，社工机构开展儿童教育服务的运行成本要远高于学校托管服务，虽然这也是社工机构能提供更高质量服务的前提条件。其二，公益项目支持不足。对社工机构这样的公益性民间组织来说，目前既不可能得到财政补贴，也不方便收取服务费，因为民政部作为社工机构的主管部门尚未制定相关政策。这意味着，社工机构开展社区儿童教育服务目前只能依靠公益项目资金的支持。令人尴尬的是，目前的各类公益项目很少支持社工机构提供社区儿童教育服务，支持社工机构连续开展服务的就更少了。也因此，社工机构主导儿童社区教育作为一种模式在可推广性和可持续性方面都面临严重的制约。其三，缺少基础设施资源。尽管教育部自2004年出台《关于推进社区教育工作的若干意见》（教职成〔2004〕16号）以来多次号召各类学校、教育培训机构和各种文化体育设施都要有组织、有计划地向社区开放，民政部在《关于进一步加快推进民办社会工作服务机构发展的意见》（民发〔2014〕80号）中也倡导过"面向民办社会工作服务机构开放公共和社会资源"，但作为体制外民间组织的社工机构很少有机会无偿或低偿使用这些学校基础设施和社会教育资源。正因为如此，近年来参与过社区教育服务提供的社工机构还不多见。

显然，目前青少年社工机构尚无力大规模地牵头社区教育重建、承担提供课后服务的历史重任。不过，民政部办公厅2021年4月20日印发的《关于加快乡镇（街道）社工站建设的通知》和国务院未成年人保护工作领导小组2021年6月6日印发的《关于加强未成年人保护工作的意见》（国未保组〔2021〕1号）为社工机构主导农村儿童社区教育重建提供了重大的政策契机。根据民政部办公厅的文件，至2025年底全国乡镇（街道）都要有社工站，村（社区）都要有社会工作者提供服务。从广东、江苏、天津等地制定的执行方案看，不少省市都争取在2023年底提前完成任务，而儿童关爱和社区融入则是这些社工站的重点服务领域。根据国务院未成年人保护工作领导小组的文件要求，到2025年，实现未成年人保护专业性社会组织县（市、区、旗）全覆盖。为此，需要"大力发展未成年人保护领域专业社会工作和志愿服务，充分发挥社会工作者在未成年人保护工作中资源链接、能力建设、心理干预、权益保护、法律服务、社会调查、社会观护、教育矫治、社区矫正、收养评估等专业优势，积极引导志愿者参与未成年人保护工作"。随着这两个文件的落地，青少年社会工作机构或将迎来发展壮大的机会，由社工机构牵头重建儿童社区教育的设想或将更具可行性。

（三）他山之石：经济发达国家课后服务实践与启示

课后服务在经济发达国家有比较悠久的历史，一开始主要是民间行为，承载主体以非营利组织为主。如加拿大的一些城市（多伦多、温哥华）早在 20 世纪初就为学前儿童和学龄儿童提供托管服务，目的是保证这些儿童放学后的安全。① 六七十年代，经济发达国家双职工家庭和单亲家庭数量上升导致一大批"挂钥匙儿童"的出现，"被忽视的""被剥夺安全感的"成了这些儿童的标志。② 出于对这些儿童身心健康发展的担忧，少数经济发达国家政府在 80 年代开始立法介入课后服务。目前，多数经济发达国家已经形成了比较完善的政策体系和较有成效的实践经验。下面从对课后服务的认识定位、服务对象、经费保障机制、场所供给、内容设计、师资配置、质量监管等方面进行简单的介绍。

第一，关于课后服务的时段与服务对象。虽然都是为儿童和青少年提供课后服务，但各国关于课后服务时段和服务对象的规定还是有一定差别的。如法国儿童与青少年活动中心的服务时段为上课前（5：30 之前）、午休（11：30～13：30）、放学后（15：00～18：30）、不上课的周三及周六、节假日、寒暑假，服务对象为 3～16 岁的儿童或学生。③ 新加坡的校内托管中心和社区托管中心开放时间为周一至周五的上午 7：30 至下午 7：00，周六开放至下午 1：30，课后服务对象为 7（二年级）～14 岁的学生。美国的课后服务时段分为放学后、周末和寒暑假，服务对象为学龄前和学龄儿童。④ 加拿大的课后服务时段为课前、课后和假期，服务对象主要是 5～13 岁的小学生，部分机构也提供学前儿童托管服务。⑤ 英国的课后

---

① Noel Young, *Caring for Play: The School and Child Care Connection. A Guide for Elementary School Principals, Child Care Professionals and School Board Officials* (Toronto: Exploring Environments, 1994), p. 97.
② Mick Coleman, "Latchkey Children and School Age Child Care: A Review of Programming Needs," *Child & Youth Care Quarterly* 18 (1989): 39–48.
③ 纪俊男：《法国：致力于提供人人可负担的课外托管》，《上海教育》2016 年第 11 期。
④ 康丽颖、贾丽：《中美儿童托管教育的比较分析》，《比较教育研究》2011 年第 12 期。
⑤ 何静、严仲连：《加拿大学龄儿童托管教育的内容、特点及启示》，《外国中小学教育》2015 年第 3 期。

服务时段为上课前、放学后和假期，服务对象为 8 岁以下的儿童，具体又分五种类型：部分时段看护服务，为 8 岁以下的儿童提供每周 5 天以上、每次 4 个小时以内的看护；临时看护，为看护儿童存在时间冲突的家庭提供暂时性看护服务；全日看护服务，由全日制看护机构为 8 岁以下儿童提供日间照料服务，每次的服务时长为 4 个小时以上；课后照顾，主要是在上学前、放学后、假期等学校非教学时间内为 8 岁以下的儿童提供每周 5 天以上、每次 2 个小时以上的日间照顾；居家保姆。①

第二，关于课后服务的社区教育属性与内容。课后服务不是学校教育的延伸，不讲授新课，而是为儿童课余生活的丰富、身心的健康发展提供多样化的教育活动与机会，这是各国的共识。法国在法规中明确指出课外活动中心不提供专门的课程学习。研究也证实，课后服务有助于青少年儿童发展人格和社会技能，具体包括调整情感的能力、提高自律、合作和适应环境的能力、提升处理冲突与决策选择的能力、改善儿童与同伴及家长的相处关系、减少儿童的反社会行为等。② 不过，课后服务不是学校教育的延伸，并不意味着不提供与课业相关的服务。如日本课后服务也包括指导作业、预习复习、补充学习等学习支援。英国的课后服务会组织复习功课、学业指导等活动。美国最初推行"放学后项目"更是以提升处境不利或学业不良儿童的学业成就为目的。③

各国的课后服务内容丰富多样，但基本上都分为保育（照料）和教育两个部分。如英国的课后服务有室内外体育活动或体育俱乐部（包含范围广泛的、有组织的体育活动，比如游泳课、跳舞课、足球训练等）、学业指导、音乐、阅读、扮演、艺术、手工、搭建类游戏和外出参观等。日本的课后服务除了学习支援外，还有实验或工作、英语会话、文化艺术等体验活动，棒球、足球等体育运动以及生活指导等。新加坡普通的中小学提供的课后服务活动（课程辅助活动，Co-Curricular Activities，简称 CCA）大概有 30 多种，分为以锻炼学生的健康活力、公平竞争和团队精神为目的

---

① 郭静、车丽娜：《英国课后服务的运行模式及启示》，《教学与管理》2019 年第 6 期。
② U. S. Department of Education, U. S. Department of Justice, *Safe and Smart: Making the After-School Hours Work for Kids*, 1998, pp. 9 – 20, https://www.ojp.gov/pdffiles1/nij/grants/179991.pdf.
③ 张亚飞：《主要发达国家中小学课后服务研究》，《外国教育研究》2020 年第 2 期。

的体育运动类，以培养学生的优雅品位以及对多元文化的欣赏力和包容精神为目的的表演艺术类，以培养学生的自立、自律及服务意识，同时培养学生的国家荣誉感和社会责任感为目的的制服团队类和以促进学生广泛地探索和延伸自己的兴趣与专长为目的的俱乐部和社团类等。① 法国课后服务内容因时段不同而有不同的安排：上课前，自习督导；午休，午餐、游戏和休息；下午放学后，15：00～16：30 为各种工作坊，体育、文化、艺术活动，16：30～18：30 为吃点心、自习看护、休息、功课和作业辅导；不上课的周三或周六、节假日和寒暑假，有体育活动（如足球、乒乓球、滑冰、马术、射击），文化艺术活动（如音乐、舞蹈、马戏、戏剧、绘画、多媒体技术），科技活动（如天文、计算机、摄影），环境探索（如观察动植物、参观自然文化遗产、观察和保护大自然）等。②

第三，关于课后服务的场地和承载主体。开展课后服务的场地，有些国家主要设在学校内（如日本的放学后儿童教室和放学后儿童俱乐部），也有的主要设在校外（如法国的儿童和青少年课外活动中心），也有的国家在校内外都有（如新加坡的校内托管中心和社区托管中心）。但不管场所设在校内还是校外，有三个特点是共有的：一是鼓励共享学校和校外公益机构的设施和资源，二是服务场所要么接近学生的家庭住宿地要么接近学校，三是政府对场所在保障儿童活动需要的室内外空间、食品加工储存、卫生设施条件等方面都做出了明确的规定。

课后服务的承载主体主要是学校和校外公益机构，但有些国家并不排斥商业机构。如新加坡的校内托管中心和社区托管中心都由外部专业的商业性托管机构或者志愿组织、福利机构（如 NTUC，即新加坡国家工会）运营。③ 美国鼓励公立学校、民间组织等多元主体向儿童和青少年提供放学后、寒暑假、周末的学习活动服务。④ 学校和校外机构合作提供服务，在很多国家都是受鼓励的。

---

① 《新加坡的中小学课后服务》，新加坡教育网，2020 年 4 月 14 日，http://www.iedusg.com/show-70-20383-1.html，最后访问日期：2022 年 2 月 27 日。
② 纪俊男：《法国：致力于提供人人可负担的课外托管》，《上海教育》2016 年第 11 期。
③ 王木子：《"钥匙儿童"在全球》，《教育家》2021 年第 34 期。
④ 吴开俊、孟卫青：《治理视角下小学生课后托管的制度设计》，《教育研究》2015 年第 6 期。

第四，关于课后服务的师资配置和储备。课后服务的工作人员并不都是学校教师。如在美国，课后服务工作人员还包括学校或非学校的教辅人员、大学生、课外中心运行人员、高中生、社区人员、家长、其他人员等。① 为确保课后服务质量，各国对从事课后服务的人员设置了准入资格并进行资格审核。如韩国为了保证"放学后学校"的师资质量，在各教育厅建立了"放学后学校支援中心"。该机构成员大多是大学教授，负责"放学后学校"教师的职前培训、在职进修和结业证书发放等工作，以确保从事课后服务工作人员的资质和素养。② 英国为课后服务师资制定了国家标准，从事课后服务的教师在职业资格上的最低要求是达到中级水平（指具有 1 年以上基于相关工作场所与内容的培训经历），对于那些需要熟练技能和监管的岗位，申请教师的职业资格需要达到高级水平（指具有 2 年以上基于相关工作场所和内容的培训经历，并且具有与岗位相适应的能力）。③ 日本课后服务项目的实施人员被称为"放学后儿童支援人员（专职）"，主要由地域社区的志愿者担任，多为大学生、退休的教职人员以及地方非营利组织的成员等，日本厚生劳动省对其任职资格做出了具体的规定，包括九条标准，从业人员只要满足其中一条即可。④

由于课后服务工作的报酬相对较低，责任又相对较重，再加上职业发展空间有限，所以师资流失已经成为许多国家课后服务发展过程中的常见现象，因此各国还建立了课后服务师资培训和储备制度。如法国政府双管齐下储备课后服务工作人员：一方面通过在公职人员内部选拔符合职业规范的人员或直接雇用管理人员（志愿者教师和志愿者）等方式来增加师资储备；另一方面通过制定"未来职业计划"，对岗位和从业者能力进行预先管理，鼓励年轻人参与到课后服务项目中，为他们提供职业技能培训，

---

① U. S. Department of Education, *21ˢᵗ Century Community Learning Centers Analytic Support for Evaluation and Program Monitoring: An Overview of the 21ˢᵗ CCLC Performance Data: 2015 – 16 (12ᵗʰ report)* (Washington, DC., 2017), p. 15.
② 娄仲良、范诗武、柯政：《发达国家课后服务政策实践对杭州的启示》，《创意城市学刊》2019 年第 1 期。
③ J. Plantenga, & C. Remery, *Child Care Services for Schoolage Children: A Comparative Review of 33 Countries* (Belgium: Publications Office of the European Union, 2013), p. 50.
④ 李冬梅：《日本：放学后儿童教室 + 放学后儿童俱乐部》，《上海教育》2016 年第 11 期。

以促进其顺利就业，从而稳定课后服务师资队伍。① 类似地，美国一方面尝试把未来教师培养和课后托管事业推进相结合，鼓励有资质的高中生、教育类大学和学院的学生参与课后服务项目，如美国南印第安纳大学教师教育系就要求学生必须有参与"放学后项目"的经历，这种做法既为"放学后项目"提供了高素质的教师队伍，又为未来教师提供了实地训练的空间，教师培养和课后服务发展相得益彰。另一方面为从事"放学后项目"的人员提供良好的职业发展和晋升机会，以此来扩展"放学后服务项目"的教师队伍，提高教师素质，应对课后项目师资紧张的问题，如实施"放学后项目"的学校与高等教育机构通过合作的方式，为助教提供教育学最低学士学位（Baccalaureate）或者硕士学位课程（Masters Degreeprogram）。②

第五，关于课后服务的监督与评估。为确保课后服务质量，各国都很重视服务监管与评估工作。如加拿大颁布了《国家儿童托管教育质量评估》（1991），对学龄儿童托管教育机构的环境、设施、安全、健康、课程、师生比、人员关系这7个方面做出详细的规定以保证托管教育的质量。③ 美国《保障安全和智力发展：为了孩子们的校外时间》的研究报告是保障和提升课后服务质量的纲领性文件。该报告对放学后服务项目的基本要素做出了明确规定，包含目标设置、工作人员素质、课程设置和评价等9大内容领域、29项具体要求，形成了一个完整的质量标准体系。④ 美国"放学后项目"的评估主要由联邦教育部、放学后联盟、全美放学后教育质量研究中心（National Center for Quality After-school）等政府机构和专门的课后服务教育研究机构进行调查、研究，搜集整理信息，评估项目质量，并及时发布调研报告。从2004年起，美国教育部每年都会依据《政府绩效和成果法案》（Government Performance and Results Act）的相关要求专门对各州负责课后服务的21世纪社区学习中心进行评估，总结课后服务取得的成效

---

① 纪俊男：《法国：致力于提供人人可负担的课外托管》，《上海教育》2016年第11期。
② 张亚飞：《主要发达国家中小学课后服务研究》，《外国教育研究》2020年第2期。
③ 何静、严仲连：《加拿大学龄儿童托管教育的内容、特点及启示》，《外国中小学教育》2015年第3期。
④ U. S. Department of Education, U. S. Department of Justice, *Safe and Smart: Making the After-School Hours Work for Kids*, 1998, pp. 26 – 37, https://www.ojp.gov/pdffiles1/nij/grants/179991.pdf.

和出现的问题，并在21世纪社区学习中心网站上发布。① 法国政府自2013年起，每年都会发布《"为了高质量的课外活动"使用指南》，为各地区课后服务的开展提供指导框架。法国课后服务的评估主要由政府负责。省社会团结局和人口保护局这两个部门或其他相关部门可以随时检查课后服务的主要机构——课外活动中心各方面的情况是否符合相应的法令。如果发现违规，管理机构可以依据规定中止托管机构或关闭场所等。另外，检查结果会形成书面评估报告，这些报告的数据是课后服务工作改进的重要依据。②

第六，关于经费来源渠道与保障机制。经济发达国家课后服务的资金保障一般分为两种模式，一是依赖于国家财政拨款支持，二是由政府、家长、基金会等多方共同承担课后服务成本，政府主要通过税收、等级价格减免等政策来减轻家长与相关机构的负担。③ 如日本课后服务经费是由国家、都道府县、市町村三方共同承担的，家长基本上不用担心相关费用问题。④ 法国课外活动中心的运营经费来自国家财政拨款。家庭所要承担的课后服务费用是由各市政委员会自行确定的，通常是根据家庭收支商数（Quotient Familial）确立的阶梯式价格，多子女家庭会有相应减免。为了避免收费问题成为儿童参与课后托管项目的障碍，法国的课外活动中心收费虽有地区差别，但价格都不高。⑤ 美国课后服务的资金来源主要有三方面：家长缴纳的费用；联邦、州和地方政府的拨款；基金会、商业组织、宗教组织和个人捐赠的资金等。⑥ 英国课后服务的费用主要是由政府、家长和服务机构三方来承担的。政府会对开办课后托管服务的机构进行拨款补助，但是资金的数额不大，机构运营支出主要来自学生缴纳的学费。政

---

① U. S. Department of Education, 21st Century Community Learning Centers (21st CCLC) Analytic Support for Evaluation and Program Monitoring: An Overview of the 21st CCLC Performance Data: 2013 – 14 (10th report), 2015. https://www2.ed.gov/programs/21stcclc/performance.html，最后访问日期：2022年2月27日。
② 纪俊男：《法国：致力于提供人人可负担的课外托管》，《上海教育》2016年第11期。
③ 娄仲良、范诗武、柯政：《发达国家课后服务政策实践对杭州的启示》，《创意城市学刊》2019年第1期。
④ 李智：《日本儿童课后照顾服务制度及其启示》，《中南大学学报》（社会科学版）2016年第2期。
⑤ 纪俊男：《法国：致力于提供人人可负担的课外托管》，《上海教育》2016年第11期。
⑥ 娄仲良、范诗武、柯政：《发达国家课后服务政策实践对杭州的启示》，《创意城市学刊》2019年第1期。

府会通过托管补助基金（Childcare Grant）、托管券（Childcare Vouchers）和税收减免（Tax Credits）等形式来支持家庭托管费用的解决。① 不过，面对庞大的社会需求，经费短缺已经成为困扰课后服务发展的难题。根据美国放学后联盟的统计，在2006~2007学年，美国联邦政府在课后服务方面的财政投入已经接近180亿美元，但仅能覆盖11%的总费用，且受益学生仅为650万人，还有1400万名儿童和青少年未能被纳入服务项目，而有近三分之一的课后服务承担方未能做到收支平衡。家长支付了全部费用（生均3190美元）的76%（生均2400美元），低收入家庭支付的比例也达到54%（1772美元）。②

第七，关于课后服务的政策定位和法制建设。由于课后服务不仅能消除上班族父母的后顾之忧，而且能通过丰富的课外活动促进儿童的发展，因此多数经济发达国家均已将其纳入公共福利覆盖范围，并已经建立了比较完善的法律保障体系。如日本在1998年正式实施了《儿童福利法》修正案，由此课后服务获得了法律保障，同时也确立了其作为社会福利事业的地位。从2007年起，日本陆续制定了《放学后儿童计划》《推进"放学后儿童计划"中相关部门与学校的相互协作》《放学后儿童综合计划》等8项政策，以规范和促进课后服务的发展。③ 美国加利福尼亚州在20世纪80年代制定并试行了《学龄儿童社区托管法》（SACCCA），内容涉及儿童到校前和离校后的看管服务地点安排、资金来源、具体执行等方面，由州教育部门负责管理。1998年，美国政府推行"21世纪社区学习中心计划"（21st CCLC），开始全面推进课后服务。2002年颁布《不让一个孩子掉队》（No Child Left Behind）法案，2015年又颁布《每个学生成功》（Every Student Succeeds）法案，使课后服务成为美国公共服务体系的重要组成部分。④ 法国以课外活动中心为主要场所为儿童和青少年提供课后服务，对

---

① GOV, UK Childcare and parenting, *Financial support for childcare*, https://www.gov.uk/browse/childcare-parenting/childcare，最后访问日期：2022年2月27日。
② Afterschool Alliance, *Roadmap to Afterschool for All Executive Summary*, http://www.afterschoolalliance.org/documents/roadmap/RoadmapKeyFindings.pdf，最后访问日期：2022年2月27日。
③ 屈璐：《日本课后服务的路径与机制研究——以牛久市学社合作模式为例》，《现代远距离教育》2019年第2期。
④ 张亚飞：《主要发达国家中小学课后服务研究》，《外国教育研究》2020年第2期。

于课外活动中心的设立和活动开展,有着严格的法律和条例加以规范,如《社会行为和家庭法》《公共卫生法》以及相关教育法令涵盖了从课后服务机构创立到运作评估等各个环节。① 加拿大政府出台了多项法律法规覆盖了课后服务机构的创办、卫生、工作人员聘用、课程活动设置等各个方面。大多数省、地方政府也相继颁布法律保证学龄儿童托管教育的实施,如育空地区2002年修订出台的《儿童托管法案》(Child Care Act)、安大略省2014年颁布的《儿童托管和早期教育法案》(The Child Care and Early Years Act)。②

经济发达国家的课后服务是在儿童放学与家长下班作息时间不匹配、家庭教育和学校教育无法全面满足儿童健康成长需求的大背景下发展和成熟起来的。我国近期推动课后服务面临类似的时代背景。正因如此,经济发达国家积累的经验和做法对于我国进一步完善课后服务事业是有借鉴意义的。具体来说,完善课后服务供给需要做到以下几点:一是要明确课后服务的社区教育性质,避免将其办成学校教育的延伸和家庭教育的替代;二是要明确课后服务的公共福利性质和政府管理、投入责任;三是要清醒地认识到课后服务的教育功能,而不仅仅是提供生活照料("看护");四是要以满足儿童及其家长的个性化需求为目的设置课后服务的时段和内容;五是要建立课后服务人员的准入标准,重视课后服务师资的培训和人才储备,不能简单地将中小学教师等同于课后服务教师;六是要建立课后服务监管和评估体系,重视服务质量的提升;七是要建立学校和社区之间的合作机制,确保校内外公共资源的共享利用,积极推动校外机构参与;八是要在不断增加政府财政投入的前提下,完善多渠道经费筹集机制;九是建立家长阶梯式缴费制度,切实减轻低收入家庭的缴费负担;十是建立和完善课后服务相关法律制度和政策保障体系。

不过,我国课后服务发展的背景与经济发达国家有所不同。经济发达国家的课后服务是在已有社区教育不能适应社会变迁要求的背景下开始推进的,是一场建构主义的改革行动,目的是增强社区教育机构(而不是学校)服务儿童和青少年成长的可获得性(Capacity)和能力(Ability),其

---

① 邹燕舞:《法国小学生托管教育——课外活动中心运作模式及启示》,《四川师范大学学报》2012年第1期。
② 何静、严仲连:《加拿大学龄儿童托管教育的内容、特点及启示》,《外国中小学教育》2015年第3期。

最终结果是形成新的儿童社区教育体制。政府全方位参与，是新的儿童社区教育体制的一个重要特点。社区教育机构运营更加规范和正式，是新儿童社区教育体制的另一个特点。不过，在新儿童社区教育体制中，课后服务会成为社区教育的重要组成部分，会强化社区教育功能，但不会取代社区教育。从目前掌握的资料看，没有一个国家的课后服务能服务所有法定年龄段的儿童。如美国的课后服务行动仅服务了约三分之一的符合条件的儿童和青少年。法国的课外托管中心每年接待的未成年人约450万人，①约占适龄儿童的三分之一。新加坡的课程辅助活动也只要求学生有75%的出勤率。② 我国的课后服务是在社区教育机构缺位的背景下开始推进的。几乎没有现成的社区教育基础可以利用，并不意味着我国的课后服务只能选择由学校主导的发展路径。学校主导课后服务，虽然可以利用其自身优势快速启动并形成规模，但也不可能做到所有学生全覆盖，而且很容易偏离社区教育方向。③ 而如果没有学校的大力支持和充分配合，民政部推动的乡镇（街道）社工站建设及国务院推动的未成年人保护工作，最终只会给困境儿童提供更多的服务，而不会对儿童社区教育重建有更大的促进作用。因此，综合把握民政部推动社工站普建行动和教育部推动课后服务普及行动的历史性机遇，协同推进社会工作主导下的课后服务发展和儿童社区教育重建，才是合理的选择。

五 社区教育重建的关键举措

（一）完善政策设计

从教育部关于课后服务和暑期托管服务两个文件将课外服务规定为看

---

① 邹燕舞：《法国小学生托管教育——课外活动中心运作模式及启示》，《四川师范大学学报》2012年第1期。
② 《新加坡的中小学课后服务》，新加坡教育网，2020年4月14日，http://www.iedusg.com/show-70-20383-1.html，最后访问日期：2022年2月28日。
③ 在2021年7月13日教育部举行的新闻通气会上，基础教育司司长吕玉刚要求各地各校确保2021年秋季开学后实现义务教育学校课后服务（每周5天、每天至少2个小时）全覆盖，并努力实现有需要的学生全覆盖。据笔者在江苏的走访情况看，今年秋季确实所有公立中小学都落实了教育部的指示，但只有约七成的小学生和五成的初中生接受课后服务。不可思议的是，所有公益性社工机构提供的课后服务也被叫停。

护、游戏活动、文体活动、阅读指导、综合实践、兴趣拓展、作业辅导等内容看，从严控培训机构从事学科类培训的行动看，政策制定者是了解学校教育和非学校教育之间区别的，也是理解儿童托管服务的非学校教育性质的。不过，两个文件都没有明确课外服务的社区教育属性。这样做不利于正确指引实践者和引导学校之外的机构参与，也不利于参与机构基于学生的真实需求组织课外服务活动。只有让校外服务回归儿童社区教育范畴，才能针对学校教育和家庭教育的不足讨论问题，才能围绕着儿童的切实需求设计服务方案，让公共资源和公益资源真正合理地用在"刀刃"上。正因此，必须完善政策设计，从立法的角度明确农村社区儿童教育的功能及其在农村社区教育中的地位，明确社区教育与家庭教育和学校教育之间的关系。

（二）激活社区儿童服务中心

目前城乡社区一般都有儿童之家或青少年活动中心，但基本处于闲置状态，少量为儿童提供社区教育服务的机构也处于一盘散沙的状态。要让假期托管服务回归社区教育本位，必须激活社区儿童服务中心这样的综合性服务机构，并由社工机构入驻运营。作为儿童社区教育平台，社区儿童服务中心应该发挥资源链接、信息汇总、资金筹集和服务整合等功能。作为中心的重要利益相关方，学校应该开放设施资源并提供合适的课业辅导服务，教师可以作为志愿者参与服务，文化馆等可以开放社会教育资源并提供合适的阅读指导等服务，商业培训机构可以参与提供非学科类培训等服务，社工机构则在提供专业服务的同时负责社区教育服务的整体策划、运行监管和综合评估。

（三）制定社区儿童服务分类标准

在中央政府多年来力推的"家庭—学校—社区"三方合力教育机制中，学校教育具有明显的公共服务性质，家庭教育具有明显的私人服务性质，而社区教育具有明显的社会服务性质。作为社会服务的社区教育，一般情况下主要由公益类社区机构和公共类官方机构提供，但也并不完全排斥市场服务。在学校教育和家庭教育无法满足部分儿童健康成长需求、市场培训机构声誉不佳的现实背景下，儿童社区教育则会需要更多的（准）

公共服务和公益服务。不过。社区儿童教育，可以采取公益服务或公共服务的方式，至少在理论上也可以采取市场服务的方式。为了合理整合各类教育资源、合法使用公共教育资源，有必要及时制定标准区分不同类型的社区儿童教育服务。

（四）完善资金保障机制

教育部规定的"财政补贴+服务性收费"的资金筹集机制，是基于由学校提供课外服务提出的，并不适合以社工机构为主提供社区教育服务的情况。事实上，对于公益类和公共类服务来说，服务性收费是很难找到法理依据的，财政补贴和服务性收费之间的份额比例也难以合理确定。政策规定的资金保障机制应该是针对公益类和公共类服务而制订的。对于政府认定的公共类服务，所需经费应该由财政资金来解决；对于政府认定的公益类服务，所需经费则应该主要由财政资金来解决，同时吸纳社会捐赠。市场类服务不应该获得财政资金，因此制订限价或指导价也不应该是教育主管部门的事。在保障社区儿童服务中心的日常运行所需之外，财政资金支持的公共类和公益类服务应该采取项目制，以确保服务的质量和效率。为提高项目资金使用率，社区教育服务提供者应尽量吸纳志愿者（包括教师志愿者）参加服务。在财政资金和公益捐赠不足以满足全部政策对象的服务需求的情况下，应允许社工机构收取较高收入家庭的服务费。

（五）示范性项目先行

面向儿童的社区教育提倡已有20多年，至今鲜见成功案例，足见障碍之多、困难之大。因此示范性项目建设必须以研究为先导，必须坚持学术研究与政策研究相结合、基线研究与跟踪研究相衔接。各级政府财政部门应设立"农村社区儿童教育示范性项目"专项资金，重点支持若干示范性项目及相关研究工作。基于推广价值考虑，示范性项目的实施地应该选择发展水平一般及偏上的农村社区；示范性项目的承建主体应该是负责任、有能力的青少年社会工作机构。

参考文献

埃弗雷特·M. 罗杰斯：《创新的扩散》，辛欣译，中央编译出版社，2002。
埃米尔·迪尔凯姆：《自杀论》，冯韵文译，商务印书馆，1996。
曹瑞、麦清、郝琦：《校外教育、社区教育和社会教育概念分析》，《中国校外教育》2014年第S2期。
陈宝林等：《苏州外来儿童心理行为问题特征分析》，《中国学校卫生》2010年第4期。
陈林英：《中小学生行为问题与影响因素关系的研究》，硕士学位论文，华中科技大学，2008。
党云皓、姚梅玲：《农村留守儿童心理行为问题现状调查》，《中国妇幼保健》2010年第11期。
郭润明：《建立学校—家庭—社区教育共同体的条件探析》，《教育科学论坛》2015年第24期。
郭伟桐：《山东省12~16岁青少年行为问题及与社会能力流行病学调查》，硕士学位论文，山东大学，2020。
韩俊：《基本公共服务均等化与新农村建设》，《红旗文稿》2007年第17期。
何淑华等：《中山市学龄儿童行为问题及影响因素研究》，《预防医学》2019年第5期。
胡宏伟、郭少云：《照顾状态与留守儿童行为问题——基于中国留守儿童数据调查》，《河北大学学报》（哲学社会科学版）2018年第3期。
胡鸣：《家校合作价值论研究》，《教育进展》2017年第3期。
黄彩清：《父母参与对儿童发展的关系研究综述》，《心理学进展》2014年第1期。

贾丽萍、邵建岗：《儿童社会化发展与家庭教养方式的关系研究》，《心理学进展》2015年第5期。

蒋秀江：《学校、家庭、社区三位一体的青少年心理健康教育模式研究》，《山东广播电视大学学报》2018年第2期。

李天燕：《家庭教育学》，复旦大学出版社，2007。

李杨：《"学社融合"视角下日本放学后儿童计划的研究》，硕士学位论文，哈尔滨师范大学，2018。

梁达理：《基础教育学校、家庭、社区三方联动助推学生教育的信息技术模型建构研究》，硕士学位论文，北京邮电大学，2017。

罗伯特·K.默顿：《社会理论和社会结构》，唐少杰、齐心等译，译林出版社，2008。

罗伯特·帕特南：《独自打保龄——美国社区的衰落与复兴》，刘波等译，北京大学出版社，2011。

潘辰午、任娇旸：《中小学课后服务实施的问题及对策——基于学校管理的角度》，《教学观察》2021年第15期。

乔伊丝·L.爱普斯坦等：《学校、家庭和社区合作伙伴：行动手册》（第三版），吴重涵、薛惠娟译，江西教育出版社，2012。

舒新城、孙承光编《中华民国之教育》，中华书局，1933。

孙刚成、田玉慧、王安新：《村小消失后对农村文明的不利影响》，《集美大学学报》（教育科学版）2015年第1期。

孙煜明：《试谈儿童的问题行为》，《南京师大学报》（社会科学版）1982年第4期。

王栋：《广州市白云区学龄期流动儿童行为问题影响因素的比较分析》，硕士学位论文，南方医科大学，2015。

王秋霞：《家、园、社区协同教育的现状、影响因素和发展路径》，《学前教育研究》2014年第5期。

吴春霞、何忠伟、郑小平：《城乡公共品财政投入差距及影响因素分析——以农村义务教育为例》，《农村经济》2009年第5期。

吴笛、郑东辉：《美国家长参与家庭作业研究述评》，《当代教育科学》2017年第11期。

吴重涵：《从国际视野重新审视家校合作——〈学校、家庭和社区合作伙伴：行动手册〉中文版序》，《教育学术月刊》2013年第1期。

吴遵民、赵华：《我国社区教育的"三无"困境问题研究》，《中国远程教育》2018年第10期。

武丽杰等：《哈尔滨市学龄儿童行为问题流行病学调查》，《中国学校卫生》2002年第6期。

许丽静、郭泉源：《城乡一体化进程中"家庭—学校—社区"三位一体教育良性互动策略研究——以福建省晋江县域教育现状为例》，《现代教育科学》2015年第4期。

杨文：《社区教育资源开发与儿童成长社区构建》，《学前教育研究》2017年第11期。

余晓敏：《小学生行为问题及影响因素研究》，博士学位论文，华中科技大学，2010。

岳瑛：《我国家校合作的现状及影响因素》，《天津市教科院学报》2002年第3期。

张力：《新中国70年教育事业的辉煌历程》，《中国教育报》2019年9月14日，第3版。

张网成：《论乡村自治制度与农村经济发展模式》，《宏观经济研究》2009年第3期。

张网成：《南江社会的分层与反制》，北京交通大学出版社，2015。

张网成、郭新保：《志愿家庭：北京经验与反思》，社会科学文献出版社，2018。

张永、张艳琼：《家校社合作的反思与重构：基于实践共同体的视角》，《终身教育研究》2020年第3期。

赵蓓等：《镇江市6~16岁儿童青少年行为问题检出率及社会能力调查》，《四川精神卫生》2018年第4期。

赵忠心：《家庭教育学——教育子女的科学与艺术》，人民教育出版社，2001。

中共中央文献研究室：《毛泽东农村调查文集》，人民出版社，1982。

周来娣：《基于重叠影响阈理论对江阴市农村初中家校沟通的调查研究》，硕士学位论文，苏州大学，2011。

朱赛红：《教师与家长关系的现状分析——从几则案例说起》，《当代教育科学》2004年第2期。

C. Huff, M. A. Widmer, K. J. McCoy, B. J. Hill, "The Influence of Challenging Outdoor Recreation in Parent-Adolescent Communication," *Therapeutic Recreation Journal* 37 (2003): 18 – 37.

D. L. Groves, "Family Leisure Interactions," *Journal of Instructional Psychology* 2 (1989): 98 – 103.

E. A. Patall, H. Cooper, J. C. Robinson, "Parent Involvement in Homework: A Research Synthesis," *Review of Educational Research* 78 (2008): 1039 – 1101.

F. L. Van Voorhis, " Interactive Homework in Middle School: Effects on Family Involvement and Science Achievement," *The Journal of Educational Research* 96 (2003): 323 – 338.

I. Theilheimer, "Let's Gas up Canada's Families through Recreation and True Community Support," *Recreation Canada* 3 (1994): 5 – 9.

Joyce L. Epstein, "School/Family/Community Partnerships: Caring for the Children We Share," *The Phi Delta Kappan* 9 (1995): 701 – 712.

K. Hart, "Values Programming in Family Recreation," *Leisure Today: Journal of Physical Education, Recreation & Dance* 8 (1984): 38 – 40.

K. M. Smith, P. A. Freeman, R. B. Zabriskie, "An Examination of Family Communication within the Core and Balance Model of Family Leisure Functioning," *Family Relations* 1 (2009): 79 – 90.

M. S. Wells, M. A. Widmer, K. J. McCoy, "Grubs and Grasshoppers: Challenge-Based Recreation and the Collective Efficacy of Families with at-Risk Youth," *Family Relations* 53 (2004): 326 – 333.

P. Freeman, R. B. Zabriskie, "Leisure and Family Functioning on Adoptive Families: Implications for Therapeutic Recreation," *Therapeutic Recreation Journal* 37 (2003): 73 – 93.

R. B. Zabriskie, B. P. McCormick, "Parent and Child Perspectives of Family Leisure Involvement and Satisfaction with Family Life," *Journal of Leisure Research* 35 (2003): 163 – 189.

图书在版编目(CIP)数据

儿童成长与社区教育：基于湘县的田野调查 / 张网成著. -- 北京：社会科学文献出版社，2022.3
 ISBN 978 - 7 - 5201 - 9922 - 3

Ⅰ.①儿… Ⅱ.①张… Ⅲ.①社区 - 儿童教育 - 研究 - 湘县 Ⅳ.①G61

中国版本图书馆 CIP 数据核字(2022)第 047135 号

儿童成长与社区教育
——基于湘县的田野调查

著　　者 / 张网成
出 版 人 / 王利民
责任编辑 / 孟宁宁
文稿编辑 / 杨言妮
责任印制 / 王京美

出　　版 / 社会科学文献出版社·群学出版分社（010）59366453
　　　　　　地址：北京市北三环中路甲29号院华龙大厦　邮编：100029
　　　　　　网址：www.ssap.com.cn
发　　行 / 社会科学文献出版社（010）59367028
印　　装 / 三河市尚艺印装有限公司

规　　格 / 开　本：787mm × 1092mm　1/16
　　　　　　印　张：14.25　字　数：223 千字
版　　次 / 2022 年 3 月第 1 版　2022 年 3 月第 1 次印刷
书　　号 / ISBN 978 - 7 - 5201 - 9922 - 3
定　　价 / 98.00 元

读者服务电话：4008918866

版权所有 翻印必究